어린이를 위한
과학 개념어 100

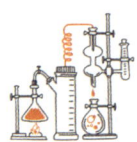

우리 생활과 밀접한 과학 기술은 어떻게 발전해왔을까요?
미래에 활약할 나노 공학, 인공 지능, 우주 개발에 대해 상상해본 적이 있나요?

어린이 미래 교양 시리즈 11

어린이를 위한 과학 개념어 100

강다현 · 김현벽 글

이케이북

들어가는 말

과학은 호기심과 상상력으로 발전해요
미래에 펼쳐질 공상과학 같은 현실을 상상해봐요

과학 선생님이 들려주는 이야기책이에요

어릴 때는 과학을 무척 좋아하던 아이들이 학년이 올라갈수록 점점 과학을 너무 어려워해요. 어려운 용어를 외워야 하고, 계산이 복잡한 학문이라고 생각하기 때문이에요. 계산을 잘하고, 지식을 많이 외운다고 과학을 잘하는 것은 아니에요. 과학은 주변 현상에 대한 궁금증에서 출발한답니다. 이 책에는 옛날이야기처럼 재미있게 읽을 수 있는 이야기를 담았어요.

초등 과학 교과서에서 가장 중요한 개념 100가지를 선정했어요

이 책에서는 초등 과학 교과서에 등장하는 과학 용어 중에서 중·고등학교에서도 중요하게 다루어지는 개념 100가지를 선택했어요. 이 책은 사전처럼 용어의 뜻을 찾아 외우는 책이 아니에요. 과학 개념과 관련된 다양한 현상, 그리고 역사나 과학자에 대한 에피소드를 읽으면서 머리가 아닌 느낌으로 이해할 수 있도록 구성했어요. 순서는 중요하지 않아요. 관심 있는 개념부터 시작해서, 관련된 개념으로 확장해가면서 읽으면 다양한 과학 개념과 원리를 서로 연결할 수 있어요.

과학은 쪼개어진 개념이 아니에요

과학은 각각의 개념들의 단순한 모임이 아니에요. 실제 과학의 발전은 분야를 넘나들면서 서로서로 영향을 끼치며 혼돈스럽게 얽혀서 이루어져요. 개구리 뒷다리 실험이 전지의 발명으로 이어진다거나 작은 것을 확대해보기 위해 만든 현미경이 세포의 발견으로 이어진 것들이죠. 여러분도 본문에서 재미있게 읽은 하나의 개념이 있다면 이것이 다른 개념과 어떻게 연결될지 계속 고민해보세요. 과학이 큰 그림으로 다가오면서 더 큰 재미를 느낄 수 있을 거예요.

1부에서는 자연 현상의 원리를 탐구하는 학문인 물리학에 대해 알아봐요. 일상생활에서 볼 수 있는 운동 현상에서부터 열, 소리, 빛, 전기 현상 그리고 원자력까지 살펴볼 거예요.

2부는 물질을 다루는 화학을 담고 있어요. 물질의 분리와 원소, 원자, 분자에서부터 물질 사이의 반응과 관련한 현상으로 상태 변화, 용해, 연소, 산과 염기까지 다루어요.

3부에서는 생명의 신비로운 현상을 다루는 생물학을 공부해요. 세포에서 출발해서 동물과 식물의 기관 구조를 살펴봐요. 그리고 생명체 전체에 걸친 공통점에 대해서 이야기해요.

4부는 지구와 지구를 품고 있는 태양계 나아가서 우주까지 여행하게 돼요. 지질, 지진, 화산부터 판

구조까지 알아보고, 대기 현상과 관련한 날씨를 살펴봐요. 지구를 벗어나서 태양계와 각종 천체까지 이야기는 점점 커져요.

5부는 오늘날 우리 생활과 밀접한 기술들과 가까운 미래에 큰 영향을 미칠 것으로 예상되는 공학에 대해서 살펴봐요. 나노 공학, 인공 지능, 우주 개발 등 곧 눈앞에서 현실이 되는 영화 같은 세상을 과학으로 설명해줘요.

부모와 아이가 함께 읽는 과학 교양서예요

이 책은 자칫 어려울 수 있는 과학 개념을 다양한 현상과 은유를 이용하여 이야기 형식으로 풀어가고 있어요. 한 가지 개념에서 출발하여 다른 개념으로 연결하여 생각을 확장하다 보면 용어의 뜻을 저절로 알게 된답니다. 부모님과 함께 읽으면서 서로의 생각에 대해 이야기해보면 이 책을 200% 활용할 수 있을 거예요. 이 책으로 과학을 좋아하는 여러분의 꿈을 더 키우고, 생각의 폭을 넓힐 수 있길 바랍니다.

"총명함은 많이 안다는 것이 아닙니다. 뛰어난 지성은 지식 자체에서 나아가서 지식을 조직하고 사용하는 응용력과 판단력을 말합니다." (칼 세이건)

2017년 11월
강다현·김현벽

| 차례 |

들어가는 말 4

1부 물리

표준과 측정 10 운동 12 속도와 속력 14 힘 16 중력 18 소리 20 소리의 3요소 22 온도와 열 24 열의 이동 26 정전기 28 도체와 전류 30 전류, 전압, 저항 32 전기 회로 34 자석 36 전자석 38 빛 40 투명, 불투명, 반투명 42 빛의 반사 44 거울 46 빛의 굴절 48 렌즈 50 빛의 분산과 산란 52 원자력 54 방사능 56

2부 화학

순물질과 혼합물 60 혼합물의 분리 62 원자 64 원소와 주기율표 66 원소주기율표 68 분자 70 수소, 헬륨, 리튬, 질소 72 산소 74 이산화탄소 76 교과서에 나오는 화합물 78 상태 변화 80 압력 82 보일의 법칙 84 샤를의 법칙 86 용액, 용해, 용매, 용질 88 연소 90 반응 속도 92 산과 염기 94 지시약 96 볼타 전지 98

3부 생물

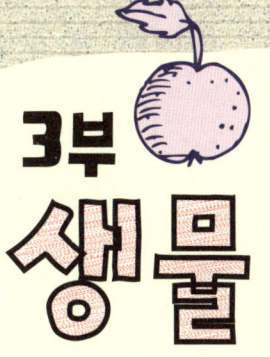

세포 102　광합성 104　유전(멘델의 법칙) 106　DNA, 염색체, 유전자 108　신경계 110　뇌 112　감각 기관 114　호르몬 116　순환계 118　혈액 120　배설 기관 122　호흡 기관 124　소화 기관 126　단백질 128　비타민 130　식물의 구조 132　증산 작용 134　꽃가루받이 136　발아 138　진화 140　균류 142　생물의 분류 144　생태계 146　공생과 기생 148

4부 지구과학

암석 152　지진 154　화산 156　판 구조론 158　풍화, 침식, 퇴적 160　지층 162　화석 164　지질 시대 166　바람 168　대기압 170　날씨 172　해양(바다) 174　남극과 북극 176　지구 178　지구의 자전 180　공전 182　달 184　태양 186　태양 고도 188　태양계 190　천체 192　별 194

5부 미래공학

다이오드 198　나노 기술 200　메타 물질 202　생체 모방 204　로봇 206　3D 프린트와 4D 프린트 208　질병과 약 210　인공 지능과 알파고 212　우주 탐사와 개발 214　자동차의 미래 216　창업가 정신 218

먼 옛날 처음으로 자연과 우주를 바라본 우리 조상은 경이로움과 호기심을 느꼈어요. 우주에서 벌어지는 일들은 복잡해 보이지만 그 속에 규칙성을 숨기고 있어요. 물리학은 자연 현상에 숨어 있는 규칙에 대해 탐구하는 학문이에요. 인류는 오랜 노력 끝에 자연 현상에 대해서 많은 것을 이해하게 되었어요. 더 이상 자연 현상을 두려워하지 않고 자연 법칙을 생활 속에 활용할 수 있게 되었지요. 오늘날의 물리학은 입자 충돌기를 통해 원자보다도 작은 미시 세계를 탐구하고 우주 멀리에서 오는 중력파를 관측할 수 있게 되었답니다.

01 표준과 측정

이집트 기자에 있는 대피라미드는 지금으로부터 약 4,500년 전에 지어졌어요. 하지만 그 정확도는 현대 건축물보다도 뛰어나요. 고대인들이 정밀한 건축물을 지을 수 있었던 것은 측량 기술 덕분이었어요.

대피라미드

 ## 표준과 측정

쌀을 살 때 많이 필요하다거나 적당히 필요하다고 이야기하면 파는 사람은 사는 사람이 얼마만큼의 쌀이 필요한지 알 수 없어요. 양을 정하는 약속이 필요해요. 킬로그램(kg)이나 가마 등의 약속을 '표준'이라고 하고, 이러한 표준을 기준으로 물건의 양이나 물체가 가진 성질을 나타내는 것을 '측정'이라고 해요. 예를 들어 우리가 얼마나 무거운 추를 1kg으로 할지 정하는 것을 표준을 정한다고 한다면, 이렇게 정한 추를 가지고 쌀의 무게를 재는 것을 측정이라고 할 수 있어요. 부피의 측정도 마찬가지로 생각할 수 있어요. 얼마나 많은 액체를 담는 그릇을 1L로 할지 정하는 것은 표준을 정하는 것이고, 이렇게 정한 그릇을 가지고 주어진 액체의 양을 재는 것은 측정이에요.

단위의 통일

근, 그램, 온스, 파운드 등은 모두 질량의 단위예요. 힘들게 표준을 정했는데 표준의 이름이 너무 많아졌어요. 나라와 시대에 따라 편리하게 표준을 정하다 보니 이렇게 되었지요. 이렇게 다양해진 단위를 통일하기 위해 만들어진 것이 국제단위계예요. 1875년 프랑스 파리에서 17개 나라가 모여서 질량과 길이의 단위에 대해서 조약을 맺었지요. 이것이 1921년에 국제도량형총회로 발전하여 모든 물리량에 대해서 국제단위가 탄생하게 되었어요. 국제도량형총회는 4~6년마다 열리고 있는데, 우리나라도 가입되어 있어요.

오늘날 질량의 표준은 얼마만큼의 양일까요?
프랑스 파리 외곽의 국제도량형국에 보관되어 있는 국제킬로그램원기가 1킬로그램의 표준이에요. 이 원기는 백금 90%, 이리듐 10%의 합금으로 지름과 높이가 39.17mm인 원통이에요. 원본과 6개의 복사본이 국제도량형국에 보관되어 있고, 우리나라에는 공식 복제본이 한국표준과학연구원에 있어요.

국제킬로그램원기 복제본

무게를 재는 용수철저울과 질량을 재는 접시저울

질량과 무게는 비례하지만 두 양은 엄연히 달라요. 물체의 질량은 지구에서나 달에서나 변함이 없지만, 물체의 무게는 달에서 측정했을 때 더 적어져요. 질량은 외부 환경에 상관없이 물체가 가지는 고유한 양이지만 무게는 물체가 받는 중력을 측정한 양이기 때문이에요.

용수철저울이나 앉은뱅이저울이 표시하는 값은 물체의 무게이고, 접시저울에 물체와 분동을 얹어서 비교하여 재는 양이 질량이에요. 무게를 흔히 킬로그램으로 이야기하지만 정확한 무게 단위는 뉴턴(N) 또는 킬로그램중(kgf)이에요.

접시저울   용수철저울

정의
- **측정** 일정한 기준(표준)을 가지고 물체의 양이나 성질을 수치화하는 것
- **단위** 어떤 기준(표준)의 이름 **질량** 물체가 갖는 고유의 역학적인 양. 기본 단위는 kg
- **무게** 물건의 무거운 정도. 중량

02 운동

놀이공원에는 시계추처럼 움직이는 바이킹, 빙글빙글 회전하는 다람쥐통, 높은 곳에서 아래로 떨어지는 자이로드롭 등이 있어요. 다양한 놀이 기구들은 겉으로 보기에 서로 다른 운동을 하고 있지만 모두 같은 원리로 설명할 수 있어요.

 야구공이 날아가는 것, 파도치는 것, 태양의 공전도 운동이에요

야구장에서 야구공이 날아가는 것, 괘종시계의 시계추가 흔들거리는 것, 거리에 자동차들이 달리는 것, 비행기가 하늘을 날아가는 것, 이러한 모든 것을 운동이라고 해요. 자연 현상에서도 운동을 찾을 수 있어요. 바닷가에 파도가 치고 밀물과 썰물이 생기는 것, 장마철에 태풍이 부는 것, 여름에 비가 오고 겨울에 눈이 오는 것 등의 날씨 현상과 지구가 자전과 공전을 하는 것, 혜성이 주기적으로 나타났다 사라지는 것, 태양이 은하계 중심을 공전하는 것, 은하들이 가까워지는 것 등의 자연 현상들도 운동 현상이에요. 심지어는 우주 자체도 팽창하고 있으니 정말 우리는 운동에 둘러싸여 있다고 해도 과언이 아니지요.

 운동 변화의 원인은 힘이에요

괘종시계는 한 번 시계추를 들어서 움직이게 하면 배터리가 없어도 스스로 왔다 갔다 하지요. 하지만 우주로 힘차게 날아가는 로켓은 엔진의 힘을 이용하여 운동해요. 왜 시계추는 힘을 주지 않아도 움직이고, 로켓은 힘을 받아야 운동하는 걸까요? 사실 시계추에도 지구가 시계추를 당기는 보이지 않는 힘이 작용한 거예요. 이처럼 속도가 변하는 모든 운동은 반드시 힘이 있어야 일어난답니다.

속도의 변화를 감지하는 반고리관

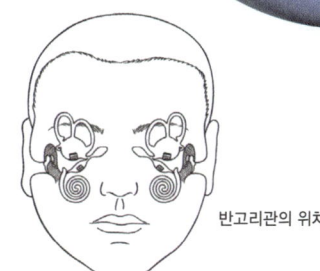

반고리관

사람은 눈 이외에 속도를 감지할 수 있는 기관이 없어요. 대신 가속도를 감지할 수 있는 기관은 있어요. 바로 귓속에 있는 반고리관이에요. 지구상 대부분의 포유류에 있는 반고리관 속에는 림프액이 차 있어요. 그래서 어느 방향으로든 속도가 변하면 림프액이 움직여 감각 세포를 자극하지요. 이 감각이 신경을 통해서 뇌로 전달되면 비로소 가속도를 느끼게 된답니다.

반고리관의 위치

운동에 관한 세 가지 법칙을 정리한 뉴턴

운동의 원인을 밝힌 사람은 영국의 과학자인 아이작 뉴턴(1643~1727)이에요. 뉴턴은 힘이 물체의 속도를 변화시켜 운동을 일으키는 것이라고 했어요. 뉴턴은 운동에 관한 세 가지 법칙을 정리했어요.

첫째는 물체에 힘이 작용하지 않으면 물체는 계속 같은 속도로 움직인다는 관성의 법칙이에요.

둘째는 물체에 힘이 작용하면 속도가 변한다는 가속도의 법칙이지요.

마지막은 힘은 항상 쌍으로 존재한다는 작용 반작용의 법칙이에요. 홧김에 돌멩이를 차면 도리어 내 발이 아프지요? 모든 힘은 쌍으로 존재하기 때문이에요. 얼음 위에서 친구를 밀면 친구만 밀리는 것이 아니라 나도 뒤로 밀리는 것도 작용 반작용 법칙 때문이에요.

아이작 뉴턴

정의	**운동** 시간에 따라 물체의 위치가 변하는 것
	가속도 속도의 변화

03 속도와 속력

비행기는 아주 빠른 교통수단이에요. 여객기는 보통 1초에 250m를 날아간답니다. 방향에 관계없이 물체의 빠르기를 나타내는 양을 속력이라고 해요. 속력은 어디로 가는지 방향을 모르는 상태예요. 어느 방향으로 얼마큼 빠른지를 나타내는 양은 속도라고 해요.

우사인 볼트

세계에서 가장 빠른 비행기, SR-71 블랙버드

속도와 속력

    방향에 관계없이 물체의 빠르기만을 나타내는 양을 속력이라고 해요. 친구와 누가 더 빠른지 달리기 시합을 하면 결승선에 먼저 도착한 사람을 빠르다고 하지요. 생활 속에서 빠르다거나 느리다고 말하는 것은 대부분 속력이에요. A와 B가 20m를 달리는데 둘 다 10초가 걸렸다면 둘의 속력은 같지요.

    만약 A는 동쪽으로, B는 서쪽으로 달린다면 도착 지점이 달라져요. 이렇게 속력은 같지만 운동하는 방향이 다른 경우 속도가 다르다고 말해요. 속도는 빠르기뿐만 아니라 운동하는 방향도 함께 나타내는 양이에요.

여러 가지 속력 비교

달팽이	0.00233m/s
우사인 볼트	10.44m/s
치타	33.33m/s
레이싱 자동차	111.11m/s
고속 열차	159.44m/s
지구의 자전 속력 (적도에서 회전 속력)	463.89m/s
초음속 여객기	680m/s
태양의 자전 속력 (적도에서 회전 속력)	1,996.54m/s
로켓	7,900m/s
지구의 태양 공전 속력	30,000m/s
우리 은하와 안드로메다은하가 가까워지는 속력	120,000m/s
태양의 우리 은하 중심 공전 속력	217,000m/s
빛의 속력	299,792,458m/s

현재까지 빛보다 빠른 물체는 발견되지 않았어요

아인슈타인의 특수 상대성 이론에 따르면 빛보다 느린 물체를 빛의 속력으로 움직이게 하려면 무한한 양의 에너지가 필요해요. 빛보다 빠른 물체는 불가능할 것으로 생각하지요. 하지만 처음부터 빛보다 빠른 물체가 있다면 어떨까요? 아직까지 발견되지 않았지만 빛보다 빠른 가상의 물질을 타키온이라고 부른답니다.

정의
- **속력** 물체의 빠르기 (물체가 이동한 거리 ÷ 물체가 이동하는 데 걸린 시간)
- **속도** 물체의 빠르기와 운동 방향을 동시에 나타내는 양 (물체의 위치 변화 ÷ 물체가 이동하는 데 걸린 시간)

04 힘

친구를 갑자기 떠밀거나 친구에게 떠밀려서 넘어진 적이 있나요? 가만히 서 있다가도 떠밀리면 저절로 움직이게 돼요. 물체의 운동도 무언가에 의해 밀리거나 당겨진 것으로 생각할 수 있어요. 이것을 물체가 힘을 받았다고 해요.

과학에서 말하는 힘은 물체의 운동을 변화시켜요

축구공을 발로 찼을 때 축구공이 날아가는 것은 힘이 축구공의 운동을 변화시킨 거예요. 축구공을 잡고 양쪽을 눌렀을 때 축구공이 찌그러지는 것은 힘이 축구공의 모양을 변화시킨 거예요.

어떤 물체에 힘을 주면 물체의 운동 상태가 변하거나 모양이 변하게 되지요. 장난감 자동차를 밀면 차가 앞으로 나아가고 움직이는 차를 잡으면 차는 멈추지요. 힘이 자동차의 속력을 바꾸었지요. 앞으로 가고 있는 차를 옆에서 밀면 차가 움직이던 방향이 바뀌어요. 바로 힘이 자동차의 운동 방향을 바꾼 거지요.

전기력과 자기력

전하를 띤 물체 사이에 작용하는 힘이 전기력이에요. 가령 (+)전하와 (-)전하 사이에는 서로 잡아당기는 힘이 작용하고, (+)전하와 (+)전하 사이에는 서로 밀어내는 힘이 작용해요. 전기력은 우리 생활을 편하게 해주는 전기 현상의 기초가 되는 힘이지요.

N극과 S극을 가지는 자석도 서로 잡아당기거나 밀어내는 힘을 받아요. 이것이 자기력이에요. 자석뿐만 아니라 전류가 흐르는 두 전선 사이에도 자기력이 있어요. 냉장고에 메모지를 붙일 때에도 자석을 이용해요. 대항해 시대에 중요한 역할을 했던 나침반도 자기력을 이용해 만들었지요.

마찰력

책상 위에 놓인 책을 밀면 책이 책상에서 미끄러지다가 멈춰요. 미끄러지는 책에 힘이 작용하여 속력이 느려지지요. 바로 마찰력 때문이에요. 마찰력은 두 면이 접촉했을 때 두 면 사이에서 발생해서 운동을 방해하는 힘이에요. 마찰력은 불편한 것 같지만 일상생활에서 없어서는 안 되는 힘이에요. 컵을 잡아 올릴 수 있는 것도 마찰력 때문이에요. 자동차의 브레이크를 밟았을 때 정지하는 것도 도로와 바퀴 사이의 마찰력 때문이랍니다.

탄성력

새총의 고무줄을 잡아당겼다가 놓으면 고무줄이 원래 상태로 돌아가면서 총알이 날아가요. 용수철을 눌렀다가 놓으면 다시 튀어나와요. 용수철이나 고무줄이 늘어났을 때 원래 상태로 되돌아가려는 힘을 탄성력이라고 해요. 양궁 선수가 활을 쏘는 것, 사격을 할 때 쓰는 총, 볼펜도 용수철의 탄성력을 이용해요.

부력

고대 그리스의 수학자이자 물리학자인 아르키메데스(기원전 287~212)는 목욕탕에서 자신의 부피만큼 물이 넘치는 것을 보고 '유레카'를 외치며 왕이 내린 문제를 해결한 것으로 유명해요. 물이 가득 찬 목욕탕에 들어가면 물이 밖으로 넘쳐요. 이때 넘친 물의 부피는 목욕탕에 들어간 우리 몸의 부피와 같은 양이에요. 이 원리를 이용해 아르키메데스는 왕관이 순금이 아니라는 것을 밝혀냈어요. 아르키메데스의 원리를 '부력의 원리'라고도 해요. 얼음을 물에 넣으면 얼음이 바닥으로 가라앉지 않고 떠요. 부력 때문이지요. 물속에 있는 물체가 받는 힘이 부력이에요.

아르키메데스

정의 **힘** 물체의 운동 상태를 변화시키거나 모양을 변화시키는 원인

05 중력

옛날 사람들은 지구가 편평하다고 생각했어요. 지구가 둥글다면 지구 반대편 사람들은 지구 바깥으로 떨어질 거라고 생각했지요. 배를 타고 세계 일주를 하게 되면서 지구는 실제로 둥글다는 것을 알게 되었어요. 그렇다면 둥근 지구 위에 사람들은 어떻게 땅에 붙어 있을 수 있는 걸까요?

중력과 만유인력

지구에서 물체를 던지면 모두 땅으로 떨어져요. 지구가 물체를 잡아당기기 때문인데, 이러한 힘을 중력이라고 해요. 무거운 물체에는 가벼운 물체보다 중력이 크지요. 물체마다 작용하는 중력의 크기는 무게로 표시해요. 지구만 물체를 잡아당기는 것은 아니에요. 달에도 중력이 있는데 지구 중력의 1/6밖에 되지 않아요. 그래서 달에 가면 우리 몸이 가벼워지지요.

지구와 달뿐만 아니라 우주에 있는 질량을 가진 모든 물체는 서로 잡아당기는 힘이 있어요. 이것을 만유인력이라고 해요. 책과 나 사이에도 잡아당기는 힘이 있어요. 하지만 책은 나에게 끌려오지 않지요? 분명 힘은 있지만 힘의 크기가 매우 작기 때문이에요.

중력에 의한 현상은 생활 속 곳곳에 숨어 있어요

물체를 떨어뜨리면 아래로 떨어지는 것, 물체를 옆으로 던지면 포물선을 그리면서 떨어지는 것도 중력 때문이에요. 만약 중력이 없다면 장대높이뛰기 선수는 우주로 튀어나가게 될 거예요.

휴대폰 전원을 켜면 시간이 자동으로 맞춰지는 것에도 중력이 숨어 있어요. GPS 인공위성을 이용하여 시간을 맞추는데, 인공위성이 지구를 회전할 수 있는 것 또한 지구의 중력 때문이에요. 달이 지구 주위를 공전하고 있는 것은 지구의 중력, 지구가 태양 주위를 공전하고 있는 것은 태양의 중력 때문이랍니다.

> **무게와 질량의 단위는 달라요**
> 체중계로 몸무게를 쟀을 때 몸무게의 단위는 킬로그램중(kgf)이에요. 킬로그램(kg)은 잘못된 표현이에요. kg(킬로그램)은 질량의 단위예요. 질량은 물체의 고유한 양으로, 지구에서 측정하든 달에서 측정하든 크기가 같아요. 하지만 무게는 장소에 따라 변해요. 지구가 물체를 끌어당기는 힘과 달이 물체를 끌어당기는 힘이 다른 것처럼요.

중력이 없거나 중력을 느끼지 못하는 무중력 상태

영화를 보면 우주선이나 우주 정거장 안에서 우주인이 둥둥 떠 있는 장면이 많이 나와요. 지구를 완전히 벗어난 우주에서는 중력이 없는 무중력 상태예요.

우주 정거장에서는 지표에서의 중력보다 10% 정도 작을 뿐이에요. 우주 정거장과 우주인이 같이 지구 주위를 돌고 있기 때문에 우주 정거장 안에서는 마치 중력이 사라진 것처럼 느껴진답니다. 이렇게 중력이 있지만 중력을 느끼지 못하는 것도 무중력이라고 해요.

무중력 상태 훈련

무중력 상태의 생활

몸이 둥실둥실 떠다니면서 다리에 몸무게가 실리지 않게 되면 다리가 엄청 가늘어지고 얼굴은 퉁퉁 붓게 돼요. 또한 근육과 뼈를 활용하지 않기 때문에 영양소가 근육과 뼈에서 빠져나가 근력이 약해져요. 그래서 우주인들은 고칼로리 음식을 섭취하고 우주선에서 의무적으로 운동을 해야 해요. 용변을 볼 때도 몸을 묶지 않으면 작용 반작용의 법칙으로 인해 몸이 이리저리 밀린다고 해요.

> **정의**
> **만유인력** 질량을 가진 두 물체가 서로 잡아당기는 힘
> **중력** 만유인력의 다른 이름. 지표에서 지구가 물체를 잡아당기는 힘을 가리킬 때도 쓰임
> **무게** 중력의 크기. 단위는 N(뉴턴), kgf(킬로그램중)

06 소리

〈난타〉 공연에서는 주방 도구들을 가지고 기상천외한 소리를 만들어요. 일상생활에서도 주변의 물체를 두드리면 소리가 나지요. 물체에 스피커가 달린 것도 아닌데 물체는 어디서 소리를 만드는 것일까요? 또 물체에서 나는 소리를 우리는 어떻게 들을 수 있는 것일까요?

🧪 소리는 어떻게 생기고, 전달될까요?

책상 위에 둔 휴대폰이 진동하면 "웅-" 하는 소리가 들려요. 휴대폰이 진동하는 것처럼 물체가 떨리면 소리가 발생해요. 기타를 치면 줄이 떨리고, 북을 치면 북의 가죽 부분이 떨리는 걸 볼 수 있어요. 목의 성대 부분에 손을 얹고 큰 소리로 말해봐요. 이렇게 소리는 물체의 진동에 의해 발생한답니다.

이렇게 발생한 소리는 어떻게 전달될까요? 소리가 전달되려면 물체가 진동한 곳에서 다른 곳으로 옮겨주는 공기나 물과 같은 물질이 필요해요. 뒷사람이 달려가서 앞사람에게 배턴을 전달하는 이어달리기처럼 공기 중이나 물속에 있는 입자가 진동하면서 가까운 다른 입자를 진동시켜서 차례대로 소리 에너지를 전달해줘요. 놀이터 철봉에 귀를 대고 반대편에서 친구가 막대기로 때리는 소리를 들어보세요. 이때는 철봉이 진동하면서 소리를 전달한답니다.

우주에서는 소리를 들을 수 없어요
영화에서는 우주선이 폭발할 때 엄청난 소리가 나기도 해요. 진공인 우주에서는 실제로 아무 소리도 들을 수 없어요. 소리를 전달해주는 물질이 없기 때문이에요. 우주인들은 서로 대화할 수 있어요. 우주복을 입은 우주인들이 머리를 맞대고 있으면 우주복의 떨림을 통해서 소리가 전달되기 때문이에요.

소리는 얼마나 빠를까요?

세상에서 가장 빠른 것은 빛이에요. 소리는 빛보다 훨씬 느리지만 비행기보다는 빨라서 1초에 340m를 이동해요. 이것을 이용하면 천둥과 번개가 치는 날 언제쯤 비가 올지 예상할 수 있어요. 번개는 빛을 보는 거고, 천둥은 소리를 듣는 거예요. 천둥과 번개는 같은 장소에서 발생해요. 빛이 소리보다 훨씬 빠르기 때문에 번개를 먼저 보고, 그 다음에 천둥소리를 듣게 되지요.
　번개와 천둥이 동시에 오는 경우도 있어요. 천둥과 번개가 발생한 장소가 내가 있는 곳과 아주 가깝다는 의미예요. 그러면 곧 비가 내리지요. 반대로 번개가 보이고 한참 뒤에 천둥소리가 들리면 발생 장소가 아주 멀다는 의미예요. 당분간은 비가 내리지는 않을 거예요.

천둥과 번개

박쥐는 소리로 세상을 봐요

주로 어두운 동굴 속에 사는 박쥐는 시력이 아주 나빠요. 앞도 거의 보지 못하고 색깔 구별도 못해요. 그런데도 장애물을 획획 피하고 먹이를 단번에 낚아챌 수 있어요. 눈이 아니라 초음파로 세상을 볼 수 있기 때문이에요. 초음파는 아주 높은 음이라서 사람이 들을 수 없는 영역의 소리예요. 동물 중에서 박쥐나 돌고래는 초음파를 이용해 세상을 본답니다. 박쥐가 보내는 초음파가 장애물을 만나면 반사되어 돌아오는데, 이 메아리를 이용하여 장애물의 거리와 방향을 알 수 있다고 해요.

박쥐

정의　**소리** 공기나 물과 같은 매질을 통해 전달되는 파동이 귀에 들리는 것

07 소리의 3요소

소리는 크게 세 가지의 특징으로 구분할 수 있어요. 물체를 세게 두드리면 소리가 커지고 약하게 두드리면 소리가 작아져요. 큰 물체와 작은 물체를 두드릴 때에는 소리의 높낮이가 달라지지요. 종류가 다른 물체를 두드리면 소리의 느낌도 달라져요.

소리의 세기는 파동의 진폭과 관련이 있어요

소리의 크기, 즉 큰 소리와 작은 소리를 소리의 세기라고 해요. 스피커 볼륨이 바로 소리의 세기예요. 기타 줄을 세게 퉁기면 큰 소리가 나고, 약하게 퉁기면 작은 소리가 나지요. 물체의 진동이 소리를 만들어 기타 줄이 크게 또는 작게 떨리는 것을 볼 수 있어요.

소리에는 높은 소리와 낮은 소리가 있어요

피아노를 칠 때 '높은 도'와 '낮은 도'는 소리의 높낮이가 다른 거예요. 기타의 여섯 개 줄은 각각 다른 음을 낸답니다. 기타를 연주할 때 음의 높낮이를 조절할 수 있는 방법은 세 가지가 있어요. 줄의 굵기를 바꾸어서 높낮이를 바꿀 수 있어요. 가는 줄일수록 높은 소리가 나지요. 둘째 방법은 기타 줄 끝에 있는 줄감개를 조절하여 줄을 팽팽하게 또는 느슨하게 만들어요. 줄이 팽팽할수록 소리가 높아지고, 느슨할수록 낮아져요. 셋째는 길이를 조절해요. 손으로 줄의 길이를 짧게 잡을수록 높은 소리가 나고, 길게 잡을수록 낮은 소리가 난답니다.

소리의 고유한 특성을 소리의 맵시라고 해요

친구에게 전화가 왔을 때 목소리만 듣고도 누군지 알 수 있나요? 사람마다 얼굴 모양이 다르듯이 목소리도 달라요. 악기도 마찬가지예요. 피아노로 치는 '도'와 기타로 치는 '도'는 같은 음이지만 소리의 느낌이 달라요. 바흐의 음악을 파이프 오르간, 아코디언, 기타로 연주하면 제각각 느낌이 다르답니다. 음악에서 소리의 맵시를 활용하면 다양한 느낌으로 변화를 줄 수 있어요.

소리의 크기는 데시벨로 나타내요
데시벨(dB)은 전화를 발명한 것으로 유명한 미국의 과학자 알렉산더 벨(1847~1922)의 이름을 따서 만든 단위예요. 사람의 목소리는 40~50데시벨 정도예요. 너무 큰 소리는 청력에 좋지 않아요. 70데시벨이 넘어가면 청력에 손상을 가져온답니다.

구급차 사이렌은 '라' 음이에요

구급차의 사이렌은 특별한 음으로 만드는데, 바로 '라' 음이에요. 우리 귀는 소리의 높낮이에 따라 소리의 크기를 다르게 받아들인다고 해요. 특히 잘 들리는 소리가 바로 '라' 음이에요. 그래서 구급차의 사이렌이나 기차의 경적 소리는 '라' 음으로 만들어요. 또 유독 아기 울음소리를 잘 들을 수 있는 것도 아기 울음소리에 '라' 음이 많이 들어 있기 때문이랍니다.

정의	
소리의 3요소	소리의 세기, 소리의 높낮이, 소리의 맵시
소리의 세기	큰 소리와 작은 소리
소리의 높낮이	높은 소리와 낮은 소리
소리의 맵시	사람마다, 악기마다 소리의 느낌이 다른 것

08 온도와 열

오른손은 차가운 물에, 왼손은 뜨거운 물에 담갔다가 양손을 동시에 미지근한 물에 담그면 오른손은 따뜻하게 느껴지고 왼손은 시원하게 느껴져요. 물체가 차갑거나 따뜻한 정도는 사람마다 다르게 느낄 수 있어요. 따뜻한 정도를 느낌과 상관없이 숫자로 나타낸 것이 온도예요.

온도와 열

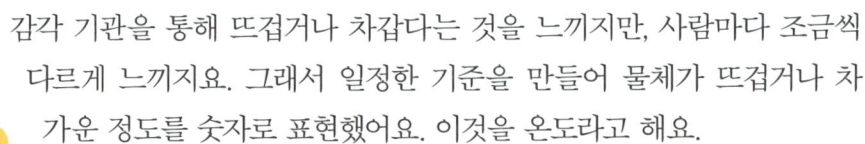

감각 기관을 통해 뜨겁거나 차갑다는 것을 느끼지만, 사람마다 조금씩 다르게 느끼지요. 그래서 일정한 기준을 만들어 물체가 뜨겁거나 차가운 정도를 숫자로 표현했어요. 이것을 온도라고 해요.

냉장고에서 꺼낸 차가운 우유를 식탁 위에 두면 온도가 점점 높아져요. 우유가 주변으로부터 열을 받았기 때문이지요. 열은 온도가 높은 물질에서 온도가 낮은 물질로 이동하는 에너지를 말해요.

 바다는 육지보다 비열이 높아요

바닷가에서는 낮에 바다에서 육지로 '해풍'이 불고, 밤에는 육지에서 바다로 '육풍'이 불어요. 바다와 육지가 열을 저장할 수 있는 능력이 다르기 때문이에요. 이것을 해륙풍이라고 하지요.

한여름의 바다는 수영할 수 있을 정도로 시원한데, 모래사장은 발에 화상을 입을 만큼 뜨거워요. 바다와 모래의 온도가 다르기 때문이에요. 온도 1℃를 높이려면 바다는 육지보다 더 많은 에너지가 필요해요. 똑같이 햇빛을 받아도 에너지를 조금만 줘도 빨리 뜨거워지는 물체가 있고, 에너지를 많이 줘야 뜨거워지는 물체가 있는 거지요. 육지는 에너지를 조금만 줘도 빨리 뜨거워져요. 물은 에너지를 많이 줘야 뜨거워지죠. 물이 에너지를 더 많이 저장할 수 있다는 의미예요. 1kg의 물질을 1℃ 올리는 데 필요한 열량을 '비열'이라고 해요.

우주 여러 곳은 온도가 천차만별이에요
태양의 경우 표면 온도는 5,500℃이고 중심부의 온도는 1,360만 ℃나 되지요. 상상도 하기 어려운 온도예요. 태양계 천체 중 가장 차가운 곳은 해왕성 바깥 궤도를 공전하고 있는 천체인 세드나로, 표면 최대 온도가 −261.15℃예요. 또 우주에서 현재까지 발견된 가장 차가운 곳은 지구에서 5,000광년 떨어진 부메랑 성운으로 −272.15℃라고 해요. 이곳은 절대 영도보다 고작 1℃ 높은 매우 혹독한 곳이지요.

온도의 단위

최초로 국제적으로 표준화된 온도 단위를 만들려고 시도했던 사람은 스웨덴의 물리학자 안데르스 셀시우스(1701~1744)였어요. 그는 물의 끓는점과 어는점을 기준으로 한 섭씨온도(℃)를 만들었어요. 그리고 물이 어는 온도를 0℃, 물이 끓는 온도를 100℃로 정했어요.

우리나라에서는 섭씨온도를 주로 쓰지만 화씨온도를 주로 쓰는 나라도 있어요. 독일의 물리학자인 다니엘 가브리엘 파렌하이트(1686~1736)는 새로운 온도 단위인 화씨온도(℉)를 만들었어요. 화씨온도는 섭씨온도로 바꿀 수 있어요.

℃=(℉−32)÷1.8

절대 온도, 켈빈

입자들이 진동조차 모두 멈춘 상태를 절대 온도 0K라고 해요. 절대 온도 켈빈(K)은 국제 표준 온도 단위예요. 절대 온도 0K는 세상에서 가장 낮은 온도로, 섭씨로 −273.15℃예요.

정의
온도 물질이 차갑거나 따뜻한 정도를 숫자로 나타낸 것
열 온도가 다른 두 물체가 접촉했을 때, 온도가 높은 곳에서 낮은 곳으로 이동하는 에너지

09 열의 이동

열은 물체가 가지고 있는 양이 아니라 물체 사이의 에너지 이동 현상이에요. 대부분 뜨거운 물체와 차가운 물체가 직접 닿아서 열이 발생해요. 놀랍게도 서로 닿지 않아도 발생하는 열도 있어요. 태양과 지구가 멀리 떨어져 있어도 태양이 지구를 덥히는 것처럼 말이에요.

열평형

냉장고에서 막 꺼낸 시원한 음료수를 식탁 위에 몇 시간 놓아두면 곧 미지근해져요. 뜨거운 국은 시간이 지나면 식어버리지요. 이렇게 주변과 온도가 같아지는 것을 열평형이라고 해요. 온도가 다른 두 물체가 가진 에너지는 온도가 높은 곳에서 온도가 낮은 곳으로 전달되면서 서로 열평형을 이뤄요. 공기 중의 에너지가 냉장고에서 꺼낸 음료수로 전달되고, 뜨거운 국의 에너지는 공기 중으로 전달되어 열평형이 되지요.

전도

열의 전도

뜨거운 물이 담긴 컵을 잡으면 손이 뜨거워져요. 뜨거운 물의 에너지가 컵을 통해 손으로 전달되었기 때문이에요. 이렇게 열이 전달하는 것을 전도라고 해요. 한겨울에 철봉을 잡으면 굉장히 차가워지는 것도 전도를 통해 열을 잃었기 때문이에요. 전도는 고체에서 일어나는 열의 전달 과정이에요. 알루미늄이나 쇠, 철과 같이 열을 잘 전달하는 물체도 있고, 나무나 플라스틱처럼 열을 잘 전달하지 못하는 물체도 있어요.

대류

주전자에 물을 끓이면 불과 가까운 바닥에 있는 물이 먼저 뜨거워져요. 그러다가 곧 물 전체가 뜨거워지지요. 아래쪽의 뜨거워진 물은 위로 올라가고, 위쪽의 차가운 물은 아래로 내려오면서 에너지가 골고루 전달되는 것을 대류라고 해요. 대류는 액체와 기체에서 일어나는 열이 전달 과정이에요. 공기의 대류를 활용해서 겨울철에 히터는 아래쪽에 설치하고, 여름철에 에어컨은 위쪽으로 설치하지요.

> **단열재**
> 단열재는 에너지의 흐름을 방해해서 뜨거운 국은 오랫동안 뜨겁게, 시원한 음료수는 오랫동안 시원하게 유지시켜줘요. 추운 겨울에 수도관의 동파를 막기 위해서 관 주위에 스티로폼이나 천을 씌워요. 관 주위의 차가운 공기가 데워져서 대류로 에너지가 빼앗기는 것을 막는 거예요. 보온병은 안쪽에 반사율이 높은 재질로 도금을 해서 복사로 빠져나가려는 에너지를 다시 반사시켜줘요. 또한 벽을 이중 구조로 만들고 벽 사이를 진공으로 만들어서 대류에 의한 에너지 이동도 막아주지요.

복사

지구에서 일어나는 대부분의 활동은 태양에서 온 에너지를 이용해요. 그런데 태양과 지구 사이는 대부분이 빈 공간이에요. 그런데도 태양의 에너지가 지구까지 전달되지요. 이렇게 에너지를 전달시켜줄 물질이 없지만 전자기파로 열이 전달되는 것을 복사라고 해요. 돋보기로 햇빛을 모아 종이를 태울 수 있는 것도 복사로 에너지가 전달되었기 때문이에요.

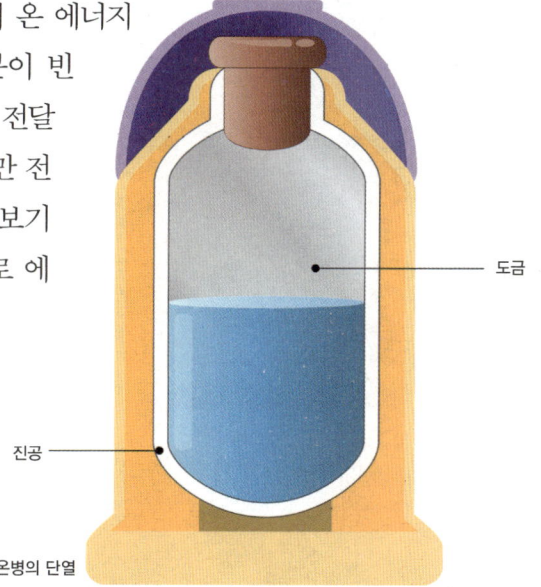

보온병의 단열

> **정의**
> **전도** 주로 고체에서 온도가 높은 곳에서 온도가 낮은 곳으로 열이 전달되는 현상
> **대류** 주로 액체나 기체에서 온도가 높은 부분은 위로 올라가고, 온도가 낮은 부분은 아래로 내려가면서 열이 전달되는 현상
> **복사** 열을 전달해주는 물질 없이 열이 전달되는 현상

10 정전기

종잇조각을 뿌리면 땅으로 떨어져요. 이것은 지구가 종이를 끌어당기는 중력 때문이에요. 이때 머리에 문지른 머리빗을 종잇조각에 가까이 가져가면 종잇조각이 머리빗에 달라붙어요. 마찰로 발생한 정전기가 중력을 가볍게 이기고 종잇조각을 끌어당긴 것이지요.

정전기는 말 그대로 정지하고 있는 전기를 말해요

머리카락에 발생한 정전기

움직이는 전기와 정지하고 있는 전기는 어떻게 다를까요?

일반적으로 우리가 사용하는 전기는 전선을 따라 흐르고 있어요. 움직이는 전기예요. 하지만 물체 위에 정지하고 있는 전기도 있어요. 책받침으로 머리카락을 문지르면 머리카락이 책받침에 붙어요. 머리카락과 책받침 사이에 전기력이 있기 때문인데, 이러한 전기는 정지해 있는 정전기靜電氣예요.

겨울철 스웨터를 벗을 때 '찌지직'하는 소리가 나지요? 자동차 문을 열 때에도, 친구와 손을 잡을 때도 '전기가 통했다'고 해요. 이런 현상들이 정전기랍니다. 정전기는 순간적으로 전압이 수만 볼트에 이르지만 위험하지는 않아요. 흐르지 않는 전기이기 때문이에요.

마찰 전기는 정전기의 한 종류예요

다시 책받침과 머리카락 이야기로 돌아가볼까요? 책받침과 머리카락은 모두 중성 상태에 있었어요. (+)전하와 (−)전하의 개수가 동일한 상태이지요. 그런데 서로 마찰을 시키면 (−)전하가 한 물체에서 다른 물체로 이동하게 된답니다. 예를 들어, 책받침의 (−)전하가 머리카락으로 이동했다고 생각해봐요. 그러면 책받침 입장에서는 (−)전하보다 (+)전하가 많아서 (+)를 띠게 되고, 머리카락 입장에서는 (+)전하보다 (−)전하가 많아져 (−)를 띠게 되지요. 책받침은 (+)가 되고, 머리카락은 (−)가 되었으니 서로 전기력이 생겨 잡아당기게 된답니다. 이것이 마찰 전기예요. 전하가 물체 사이에 이동했지만 계속 흐르지는 않아요.

마찰 전기로 불을 켤 수 있을까요?

마찰 전기는 흐르지 않는 전기, 즉 정전기라고 했어요. 이러한 정전기로 전구에 불을 켤 수 있을까요? 최근 우리나라 연구진은 마찰 전기를 전기 에너지로 이용할 수 있는 장치를 개발했어요. 우리가 옷을 입고 움직이는 동안 많은 마찰이 일어나는 것을 이용한 거지요.

두 가지 다른 직물(은 코팅 직물과 산화아연으로 만든 나노 막대)을 붙여서 마찰이 일어나면 은 코팅 직물은 (+)전하를, 산화아연으로 만든 나노 막대는 (−)전하를 띠도록 만들었어요. 이 장치를 옷에 붙인 뒤 마찰 전기를 이용하여 LED 화면을 켤 수 있었지요.

> **복사기에 숨어 있는 정전기 원리**
> 복사할 종이를 복사기 위에 올려놓으면 종이 밑에서 빛이 지나가요. 그러면 종이의 흰 부분에서는 빛이 반사되고, 글자가 있는 검은 부분은 빛이 흡수되어 반사가 일어나지 않아요. 복사기 밑에는 긴 원통형 드럼이 있는데, 이 드럼에는 특이한 반도체 물질을 발라두었어요. 평소에는 (+)전하를 띠는데, 빛을 받으면 (−)전하로 바뀌는 물질이지요. 글자가 있는 부분은 빛이 반사되지 않아 그대로 (+)전하를 띠게 돼요. 복사기에 사용하는 잉크는 (−)전하를 띠게 만들어 (+)인 드럼에 붙게 하지요.

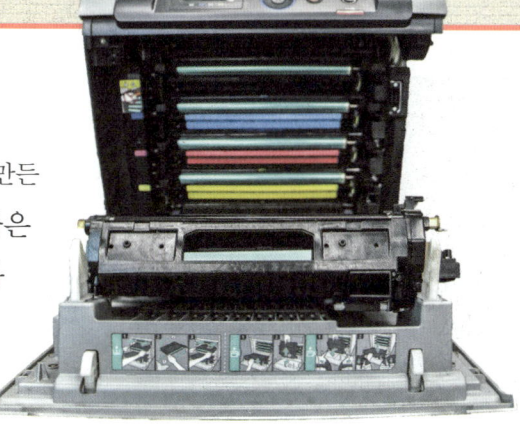

정전기를 이용하는 복사기

정의

전하 전기 현상을 일으키는 물질의 속성. (+)전하와 (−)전하로 두 종류가 있음

정전기 정지해 있는 전하에 의해 발생하는 전기 현상

마찰전기 서로 다른 두 물체를 마찰시켰을 때 발생하는 전기로, 정전기의 일종

11 도체와 전류

전구의 필라멘트를 통해서 전하가 이동해야 비로소 전구에 불이 들어와요. 우리 주변의 전자 제품들은 정전기로는 작동시킬 수 없어요. 전하를 띤 입자들의 운동을 이용하지요.

자유 전자

전기를 띤 입자의 흐름을 전류라고 해요. 일상생활에서 볼 수 있는 전류의 원인으로는 크게 자유 전자의 흐름과 이온의 흐름이 있어요.

우리가 일상생활에서 볼 수 있는 모든 물체는 무수히 많은 원자들로 이루어져요. 우주에는 서로 다른 종류의 많은 원자들이 있는데, 어떤 종류의 원자들이 모이면 전자들이 원자들 사이를 자유롭게 이동할 수 있게 돼요. 이러한 전자를 자유 전자라고 해요. 자유 전자가 특정한 방향성을 가지고 이동할 때 우리는 물체에 전류가 발생했다고 하지요.

구리는 전류가 잘 흐르지만 고무는 전류가 흐르지 않아요

원자들이 모여서 물체를 이룰 때 원자의 종류에 따라 자유 전자가 많을 수도 있고, 적거나 없을 수도 있어요. 이러한 차이에 의해서 어떤 물체는 전류가 잘 흐르는 도체가 되고, 어떤 물체는 전류가 잘 흐르지 않는 부도체가 되지요. 구리에는 자유 전자가 많고, 고무에는 자유 전자가 없어요. 구리는 전선으로 이용할 수 있지만, 고무는 전선으로 이용할 수 없어요. 하지만 자유 전자가 적은 물질이라고 하더라도 원자 내부에는 전자가 있기 때문에 충분한 전압이 가해지거나 온도를 높이면 전류가 발생할 수 있어요.

> **피뢰침을 발명한 벤저민 프랭클린**
> 미국의 100달러 화폐에 그려진 사람은 미국 독립에 중요한 역할을 했던 벤저민 프랭클린(1706~1790)이에요. 그는 생명을 건 연 실험을 한 것으로도 유명해요. 번개도 전기의 일종이라는 생각을 증명하기 위해 연 끝에 쇠철사를 매달아 하늘로 띄우고 땅에 늘어진 연줄에는 열쇠를 매달았어요. 연줄로는 젖은 끈을 사용했어요. 구름이 지나갈 때 손가락을 열쇠에 가져다댔는데 순간 불꽃이 튀었다고 해요. 번개를 몸으로 느낀 거지요. 이 원리를 이용해 그는 피뢰침을 발명했어요. 피뢰침은 번개를 땅속으로 흘려보내 사람이 감전되는 것을 막아주는 고마운 발명품이에요.

이온을 통한 전류의 발생

자유 전자만 전류의 원인이 되는 것은 아니에요. 일반적으로 하나의 원자는 여러 개의 전자를 가지고 있는데, 이 중 몇 개의 전자를 잃거나 혹은 얻을 수도 있어요. 전자를 잃거나 얻은 원자를 이온이라고 해요. 이온 역시 전하를 띠고 있기 때문에 이온의 흐름이 전류가 되지요. 순수한 물인 증류수에는 전압을 가해도 전류가 흐르지 않지만, 증류수에 소금을 녹이고 전압을 가하면 소금이 소금 이온이 되면서 전류가 흐른답니다.

공기를 통해서도 전류가 흘러요

흐린 날 구름에서 전류가 흐르는 현상이 번개이고, 구름과 땅 사이에 전류가 흐르는 현상이 벼락이에요. 흐린 날 구름과 땅 사이의 전압 차가 커지다가 어느 정도 이상이 되면 공기가 이 전압 차를 견디지 못하고 전류가 흐르게 되는 거지요. 이때의 구름과 땅의 전압 차는 10억 볼트에 이른답니다.

정의
도체 전기 전도체의 줄임말로, 일상생활에서 볼 수 있는 물질들 중에서 전류가 잘 흐르는 물질. 금속이 대표적인 도체임
부도체 전류가 잘 흐르지 않는 물질. 고무와 나무가 대표적인 부도체임

12 전류, 전압, 저항

도체가 전류를 흘리기 위해서는 전기적인 높이 차이인 전압이 필요해요. 전류의 흐름을 방해하는 것을 전기 저항이라고 해요. 전류, 전압, 저항은 서로 연관되어 있어요.

무려 800V까지 전압을 만들어낼 수 있는 전기뱀장어

아마존에서는 매년 감전으로 인한 사망자가 발생하고 있어요. 범인은 바로 아마존 강에 살고 있는 길이 2m가량의 거대한 전기뱀장어예요. 전기뱀장어는 긴 꼬리에서 전기를 만들어내서 먹이를 잡거나 적을 공격할 때 이용해요. 자기보다 덩치가 훨씬 큰 악어나 말도 죽일 수 있지요.

전류는 어떻게 흐르나요?

물레방아는 물의 위치 에너지를 이용해서 회전해요. 펌프를 이용해서 물을 높은 곳으로 올려주면 물은 위치에너지를 갖게 되고 아래로 떨어지면서 물레방아를 돌려요.

물이 관을 따라 흐르듯이 전하를 띤 입자는 전선을 따라 흐르는데, 이것을 전류라고 해요. 전지는 전하를 띤 입자에게 에너지를 주어서 일을 할 수 있게 해요. 높은 곳에 올라가서 에너지를 얻은 물이 떨어지면서 물레방아를 돌리듯이, 전지에 의해 에너지를 얻은 전하를 띤 입자는 전구에 불을 켜는 것이지요.

전류, 전압, 저항 사이의 관계

전류, 전압, 저항 사이에는 어떤 관계가 있을까요? 더 성능이 좋은 펌프가 물을 더 높이 끌어 올릴 수 있듯이 전압이 더 높으면 전하를 띤 입자에 더 많은 에너지를 준답니다. 더 높은 곳에서 떨어지는 물의 속도가 더 큰 것처럼 전압이 높으면 전류가 커져요. 물길에 자갈 같은 장애물이 많으면 물의 흐름이 방해를 받아서 느려져요. 마찬가지로 전선에 전기 저항이 있으면 전류가 작아지지요. 즉 전류는 전압과 비례하고 저항에는 반비례하지요. 이러한 관계를 흔히 '옴의 법칙'이라고 이야기하지만, 엄밀히 말해서 이것은 옴의 법칙의 일부분이에요.

> **전류와 전압, 저항의 관계를 설명한 옴의 법칙**
>
> 옴은 실험 결과를 수학적으로 분석하여 전압과 전류가 서로 정비례한다는 것을 최초로 밝혀냈어요. 옴의 법칙은 전류가 변하더라도 도선의 저항은 변하지 않는다는 것까지 포함해요. 모든 전기 부품들이 옴의 법칙을 따르는 것은 아니에요. 실제로 오늘날에는 흐르는 전류의 양에 따라 저항이 변하는 전기 부품들이 많이 사용되고 있답니다.

전류와 전압, 무엇이 더 위험할까요?

전기 제품은 감전 사고가 일어날 수 있기 때문에 항상 조심해야 해요. 반면에 정전기의 전압은 무려 수만 볼트에 이르지만 감전 사고가 일어나지 않아요. 전류가 지속적으로 흐르지 않기 때문에 안전하지요. 우리 몸에 위험한 것은 전압의 크기가 아니라 전류의 크기예요. 송전탑 근처에 가면 '고전압 주의'라는 표지판을 볼 수 있어요. 고전압이 위험한 이유는 일반적으로 전압이 높으면 전류도 커지기 때문이에요.

> **정의**
> **전류** 전하를 띤 입자가 이동하는 것. 단위는 암페어(A)
> **전압** 전류를 흐르게 할 수 있는 능력. 단위는 볼트(V)
> **저항** 전류의 흐름을 방해하는 정도. 단위는 옴(Ω)

13 전기 회로

구불구불한 트랙을 따라 달리는 롤러코스터는 전선을 따라 흐르는 전류에 비유할 수 있어요. 이때 트랙의 높낮이는 전압, 터널이나 꼬임 같은 트랙 각 구간은 전기 저항 같은 전기 부품에 비유되지요. 트랙의 각 구간을 어떻게 연결하는지에 따라 롤러코스터의 운동이 달라지듯이 전기 부품을 어떻게 연결하는지에 따라 전류가 달라진답니다.

🧪 전기 회로는 무엇인가요?

전류가 흐르기 위해서는 끊어지지 않고 연결되어 있는 길이 필요한데, 이 길을 전기 회로라고 해요. 전기 회로는 스위치를 이용해서 끊거나 다시 연결할 수 있어요. 스위치를 열면 전류는 더 이상 흐르지 않는데, 이런 회로를 열린회로라고 해요. 또 스위치를 닫으면 전류가 계속 흐르는데, 이런 회로를 닫힌회로라고 해요.

 전지의 직렬연결과 병렬연결

전지는 전기 회로에서 전류를 흐르게 해줘요. 전지의 전압이 클수록 전류가 많이 흐르게 되어 전기 기구의 성능이 좋아지지요. 전지를 여러 개 이용하면 전압을 높일 수도 있고, 오래 사용할 수도 있어요.

두 개 이상의 전지를 옆으로 나란히 연결하여, 서로 다른 극끼리 연결한 것을 전지의 직렬연결이라고 해요. 전지를 직렬로 연결하면 전압이 높아져 전구의 불이 더 밝아진답니다.

두 개 이상의 전지를 같은 극끼리 연결한 것을 전지의 병렬연결이라고 해요. 전지를 병렬로 연결하면 전압은 높아지지 않아요. 그래서 전구의 밝기는 그대로예요. 하지만 전지를 오래 쓸 수 있지요.

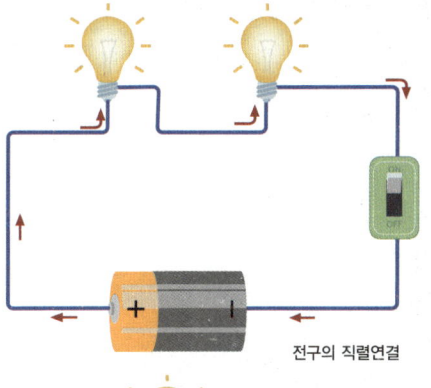
전구의 직렬연결

전구의 직렬연결과 병렬연결

전지처럼 전구도 직렬과 병렬로 연결할 수 있어요. 전선이 나누어지지 않고 하나로 연결되어 있으면 직렬연결이에요. 전구 두 개를 직렬로 연결하면 하나를 연결했을 때보다 밝기가 어두워져요. 전구 세 개를 직렬로 연결하면 더 어두워지겠지요. 하지만 전구를 병렬로 연결하면 아무리 많이 연결해도 밝기가 변하지 않아요. 대신에 전지를 오래 쓰지 못하지요.

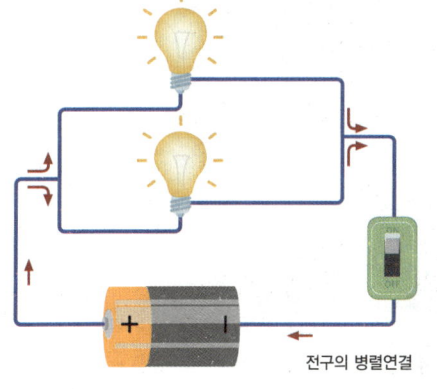
전구의 병렬연결

크리스마스트리를 장식하는 전구의 연결

크리스마스트리를 장식하는 많은 전구는 어떤 방법으로 연결한 걸까요? 전구를 직렬로 연결하면 전구가 하나만 고장이 나도 연결된 전구 모두 불이 켜지지 않아요. 전류가 다니는 길이 하나이기 때문이에요. 하지만 병렬로 연결하면 전구가 하나 끊어지더라도 다른 전구는 모두 불이 들어오지요. 그 대신 전선이 많이 필요해져요. 그래서 크리스마스트리에는 직렬연결과 병렬연결을 모두 사용해요.

가전제품은 병렬연결이에요
냉장고, 전자레인지, 텔레비전 등이 모두 직렬로 연결되어 있다면 어떨까요? 직렬연결은 하나만 고장이 나도 회로 전체에 전류가 흐르지 못해요. 전자레인지가 고장 나면 냉장고가 꺼지고 텔레비전을 볼 수 없는 상황이 되는 거지요. 형광등을 직렬로 많이 연결하면 점점 밝기가 줄어들기도 해요. 이러한 문제점을 없애기 위해서 집에서 쓰는 전기는 모두 병렬로 연결되어 있어요.

정의 전기 회로 전류가 흐를 수 있도록 전선과 전지 등 여러 가지 전기 부품을 연결한 길

14 자석

물체가 전하를 띠면 전기력을 받듯이 물체가 자성을 띠면 자기력을 받게 돼요. 전하와 자성은 서로 다른 성질이지만 비슷한 특징도 많아요.

오로라
지구의 북극에서는 아름다운 오로라aurora를 볼 수 있어요. 이것은 지구가 자석이라서 나타나는 현상이에요. 태양계의 다른 행성인 화성, 목성, 토성, 천왕성, 해왕성에서도 오로라가 관측되었어요. 다른 행성들도 지구처럼 거대한 자석이라는 의미예요. 태양계에서 덩치가 가장 큰 자석은 목성이에요.

🧪 쇠를 끌어당기는 물체를 자석이라고 해요

자연 상태로 존재하는 천연 자석은 자철석이라고 부르는 돌이에요. 천연 자석은 별로 강하지 않아요. 우리가 흔히 아는 막대자석, 말굽자석은 인공적으로 만든 것이에요. 자석은 두 개의 극을 가지고 있어요. 한쪽은 N극이라고 하고, 다른 쪽은 S극이라고 해요. 자석을 반으로 쪼개도 또다시 N극과 S극이 생긴답니다. N극과 S극은 따로 떨어져 혼자서 있을 수 없어요.

🧪 자석과 자석 사이에는 힘이 작용해요

자석의 S극은 N극에 끌리고, N극은 S극에 끌려요. 이렇게 서로 다른 극 사이에는 잡아당기는 힘이 작용하는데, 이를 인력이라고 해요. S극은 S극을 싫어하고 N극도 N극을 싫어한답니다. 서로 같은 극 사이에는 밀어내는 힘이 작용하는데, 이를 척력이라고 해요. 자석끼리 작용하는 인력과 척력을 자기력이라고 해요.

자석은 중간 부분보다 극 부분에서 힘이 가장 크게 작용해요. 막대자석의 중간으로 갈수록 자기력이 점점 약해져요. 자석과 자석 사이의 힘은 물체를 통과해서 작용할 수도 있어요. 냉장고에 자석을 이용해 종이를 붙이면 자기력은 종이를 통과해서 힘을 발휘해요.

지구가 자석이라고요?

1600년 영국의 물리학자이자 의사인 윌리엄 길버트(1544~1603)는 《자석에 관하여》라는 책에서 지구도 하나의 거대한 자석이라는 사실을 밝혔어요. 자석의 N극이 가리키는 방향은 북쪽, S극이 가리키는 방향은 남쪽이에요. 즉 지구는 북쪽에 S극이 있고, 남쪽에 N극이 있는 아주 거대한 자석이에요. 그래서 나침반의 S극은 N극인 남쪽을 향하고, N극은 S극인 북쪽을 가리킨답니다.

지구에는 진짜 북쪽인 '진북'과 가짜 북쪽인 '자북'이 있어요

지구의 회전축인 자전축은 수직 방향에서 23.5°도 기울어져 있어요. 이 자전축이 지나가는 북극을 진북이라고 하는데, 북극해의 한가운데 있지요. 그런데 나침반은 진짜 북쪽을 가리키지 않아요. 현재 나침반은 캐나다 북쪽을 가리키는데, 이곳을 자북이라고 해요. 진북과 자북은 무려 1,000km나 떨어져 있다고 하니 나침반으로 진짜 북극을 찾아가기는 힘들겠지요? 심지어 자북은 계속해서 변하고 있어요.

> **정의** **자석** 쇠를 끌어당기는 성질을 자성이라고 하고, 자성을 지닌 물체를 자석이라고 함

15 전자석

전하를 띤 물체와 자석이 서로 정지해 있으면 둘 사이에는 아무런 힘도 작용하지 않아요. 하지만 둘 중 하나라도 움직이기 시작하면 둘 사이에 힘이 작용한답니다. 이러한 원리를 이용해 만든 것이 바로 전자석이에요.

전류가 흐르면 나침반 바늘이 움직여요

자석 주위에 나침반을 가져가면 나침반 바늘이 움직여요. 막대자석의 N극에 나침반을 가져가면 나침반의 S극이 막대자석을 향하는데, 그 이유는 나침반 바늘도 자석이기 때문이에요.

그런데 전류가 흐르는 전선 주위에 나침반을 가져가도 나침반 바늘이 움직이지요. 직선으로 흐르는 전류에 수직한 면에 나침반을 여러 개 놓아두면 동심원 모양으로 바늘이 정렬된답니다. 전류가 흐르는 전선도 자석과 같은 역할을 한다는 것을 알 수 있어요.

전기와 자기의 관계를 증명한 외르스테드

1820년 덴마크의 코펜하겐 대학에서 외르스테드(1777~1851)는 전선 주변에 있던 나침반의 바늘이 전류가 흐를 때마다 돌아가는 것을 발견했어요. 전기와 자기가 연결되어 있다는 사실을 발견한 역사적인 순간이었지요. 외르스테드는 그 후 3개월 동안 정밀한 실험을 한 후 전류가 흐르는 전선은 자석과 같은 성질을 가진다는 것을 발표했어요.

> **전자석에 철심을 넣는 이유**
> 전자석을 만들 때는 감은 전선 가운데 철심을 넣어요. 그런데 철심 대신 나무젓가락을 넣으면 어떻게 될까요? 전자석에서 중요한 것은 철심이 아니라 전류랍니다. 나무젓가락으로도 전자석을 만들 수 있어요. 하지만 자석의 세기가 아주 약해요. 나무젓가락 대신 철심을 넣어 만들면 자석의 세기가 강해져요.

전자석은 어떻게 만들까요?

양끝의 피복을 벗긴 전선을 철심에 대고 촘촘하게 감아요. 그리고 철심에 감은 전선의 양쪽 끝을 전지와 연결해주면 전자석이 되지요. 철심에 감은 전선에 전류가 흐르면 전자석은 자석과 비슷한 역할을 하여 나침반 바늘을 움직이게 해요. 전류가 흐르지 않을 때에는 자석의 성질이 사라져요. 전자석은 전선을 많이 감거나, 전류를 세게 흘려주면 자석의 세기까지 바꿀 수 있어요. 자석이 되었다가 자석의 힘이 사라지기도 하고, 세기도 바꿀 수 있는 전자석은 활용도가 꽤 높답니다.

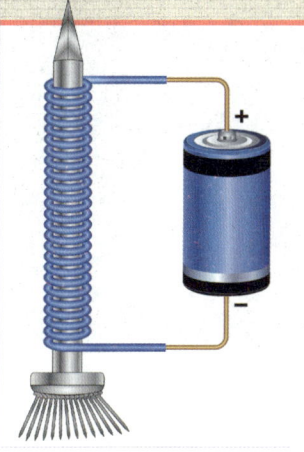

기중기, 로봇청소기, 세탁기도 전자석이 쓰여요

자동차 폐차장에 가면 크고 무거운 차를 그대로 들어 올리는 기중기를 볼 수 있어요. 이 기중기 안에는 커다란 전자석이 들어 있어요. 전류를 흘려보내 자석의 힘으로 차를 들고, 전류를 끊어서 자석의 성질이 사라지게 하여 차를 내려놓는답니다. 그 외에도 로봇청소기, 선풍기, 세탁기 등 회전하는 전기 제품도 전자석을 이용한 거예요. 스피커나 자기부상열차에도 전자석이 쓰여요.

로봇청소기

| 정의 | **전자석** 전류가 흐르면 자석이 되고, 전류가 흐르지 않으면 자석의 성질을 잃는 것 |

16 빛

오늘날에는 눈에 보이지 않는 빛을 이용해서 살균과 난방을 하고, 태양 전지는 전기를 만들어요. 인터넷과 핸드폰에 사용되는 무선통신도 빛을 이용한답니다. 빛은 또 내부가 보이지 않는 사물을 볼 수 있게 해주고, 눈으로 볼 수 없는 우주의 영역을 연구하는 데도 쓰여요.

레이저쇼

눈에 보이는 빛과 보이지 않는 빛

태양에서 오는 빛에는 눈에 보이는 빛도 있고, 눈에 보이지 않는 빛도 있어요. 우리 눈에 보이는 빛을 가시광선이라고 해요. 피부에 바르는 자외선차단제는 빛의 한 종류인 자외선을 차단하기 위해서예요. 자외선은 눈에 보이지 않지만 에너지가 크기 때문에 많이 쬐면 피부암에 걸릴 수도 있어요. 우리 몸에서도 빛이 나오고 있답니다. 바로 적외선이에요. 적외선도 눈에 보이지 않지만 빛의 한 종류예요.

우리 눈에 빛이 들어오면 물체를 볼 수 있어요

고대 그리스 사람들은 물체를 볼 수 있는 것은 눈에서 빛이 나오기 때문이라고 생각했어요. 하지만 데모크리토스(기원전 460~380)는 물체에서 나온 빛이 우리 눈에 들어오기 때문에 물체를 볼 수 있다고 주장했지요. 하지만 물체에서 어떻게 빛이 나올까요?

세상에는 스스로 빛을 내는 물체가 있고, 스스로 빛을 내지 못하는 물체도 있어요. 스스로 빛을 내는 물체를 광원이라고 해요. 태양은 광원이지만 달은 광원이 아니에요. 그런데 우리는 달을 어떻게 볼까요? 태양에서 오는 빛을 달이 반사해서 볼 수 있는 거예요. 즉 물체에서 빛이 나오지 않아도 물체가 빛을 반사하면 우리가 볼 수 있어요.

엑스선을 발견해 노벨 물리학상을 받은 뢴트겐

사고로 뼈를 다치거나 몸속에 이상이 생겼을 때 병원에서 엑스선 사진을 찍어요. 눈으로 볼 수 없는 몸속의 이상이 엑스선 사진을 찍으면 보인답니다. 엑스선은 독일의 물리학자 빌헬름 뢴트겐(1845~1923)이 발견했어요. 그는 깜깜한 방에서 실험을 하다가 그전까지는 볼 수 없었던 새로운 종류의 선을 발견했지요. 신기하게도 이것은 종이뿐 아니라 나무판자, 종이, 헝겊, 고무 등도 통과했어요. 뢴트겐은 처음 발견한 이 선에 정체를 알 수 없다는 의미에서 엑스선(X-ray)이라고 불렀어요. 1901년 뢴트겐은 엑스선의 발견으로 첫 번째 노벨 물리학상을 받았답니다.

빛은 직진해요

빛이 같은 물질을 지날 때는 방향이 휘어지지 않고 곧게 나아가요. 레이저 포인트를 쏘아보면 빛이 똑바로 나아가는 것을 볼 수 있어요. 그래서 불투명한 물체가 가로막고 있으면 빛이 물체를 통과할 수가 없기 때문에 물체 뒤에 어두운 그림자가 생겨요. 빛이 다른 물질을 만나면 꺾이기도 하고, 되돌아 나오기도 해요. 예를 들어, 빛이 공기 속을 지나갈 때에는 똑바로 직진하지만, 공기 속을 지나가다 물을 만나면 꺾인답니다.

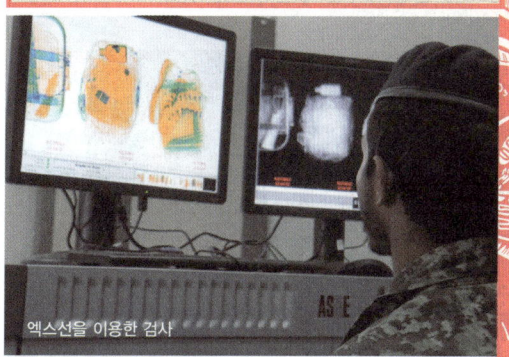
엑스선을 이용한 검사

스펙트럼

하얀색으로 보이는 태양이나 백열등 속에는 여러 색의 빛이 섞여 있어요. 햇빛이 여러 색으로 나뉜 것이 무지개예요. 비 오는 날 도로에 흘러 있는 기름이나 콤팩트디스크 뒷면을 형광등에 비추었을 때에도 무지개색이 나타나지요. 하얀색의 빛이 나뉘어 무지개색이 나타나는 것을 스펙트럼이라고 해요.

콤팩트디스크

| 정의 | **빛** 가시광선, 자외선, 적외선, 엑스선, 전파 등과 같은 모든 전자기파. 빛은 파동인 동시에 입자이며, 빛의 입자를 광자라고 함 |

17 투명, 불투명, 반투명

유리창을 통하면 반대편의 물체를 볼 수 있지만 벽돌을 통해서는 반대편의 물체를 볼 수 없어요. 빛이 유리창과 벽돌에 반응하는 정도가 다르기 때문이에요. 물체의 투명한 정도는 물체가 빛과 얼마나 상호 작용을 하는지 나타내는 척도예요.

빛이 물체를 통과하면 투명하게 보여요

스테인드글라스

유리창 너머로 바깥 풍경을 볼 수 있는 건 빛이 유리창을 모두 통과했기 때문이에요. 건너편이 보이는 물체를 투명하다고 해요. 빛이 반사되거나 흡수되지 않고 모두 통과하면 그 물체는 투명하답니다. 투명한 그릇이나 비닐은 모두 빛을 통과시키는 물질인 거지요. 노란색 셀로판지는 노란색 빛만 통과시키고 빨간색 셀로판지는 빨간색 빛만 통과시키는 거예요.

빨간색 셀로판 뒤쪽의 빨간 사과는 그대로 빨간색으로 보여요. 초록색 셀로판을 두면 초록색 빛만 통과시키기 때문에 빨간 사과에서 나온 빛은 초록색 셀로판을 통과하지 못해요. 결국 초록색 셀로판을 통과하는 빛이 없기 때문에 사과는 검은색으로 보여요.

불투명한 물체는 빛이 통과하지 않아요

우리 주변 대부분의 물체는 불투명해요. 물체 반대편이 보이지 않고 물체 속도 들여다보이지 않지요. 불투명한 물체에 들어간 빛의 일부는 반사되고 또 일부는 물체에 흡수되지요. 태양에서 나오는 빛은 여러 가지 색이 섞여 있어요. 그 중에서 물체에서 반사되어 나오는 빛이 우리가 보는 물체의 색이랍니다. 파란색 물체는 파란색 빛만 반사시키고 나머지 빛은 흡수 또는 통과시켜서 우리 눈에는 파란색에 해당하는 빛만 들어와요.

반투명한 물체는 빛의 일부만 통과시켜요

빛의 일부만 물체를 통과한다면 물체 뒤의 사물이 희미하게만 보여야 할 거예요. 하지만 우리 주변의 반투명한 물체를 보면 뒤의 사물이 희미하게 보일 뿐만 아니라 사물의 경계가 또렷하지 않아요. 왜냐하면 반투명한 물체는 빛의 일부분만 통과시키면서 통과하는 빛을 사방으로 흩뜨려놓기 때문이에요.

해파리의 투명 위장술

동물들은 포식자의 눈으로부터 자신을 숨기기 위해 여러 가지 위장술을 개발했어요. 그중에서 해파리는 몸을 투명하게 해서 자신의 존재를 감추지요. 해파리의 몸은 바닷물과 비슷한 굴절률을 가지고 있어요. 신체 조직이 이렇게 되기 위해서는 근육이 무거워져서 행동이 느려진다고 해요.

> **셀로판을 발명한 화학자 자크 브란덴베르거**
>
> 자크 브란덴베르거(1872~1954)는 1912년에 셀로판을 발명하고 특허를 받았어요. 그 후 미국의 뒤퐁이라는 작은 회사가 특허권을 샀어요. 그 당시 사람들은 셀로판은 아무짝에도 쓸모없다며 비웃었지요. 그런데 뒤퐁의 영업사원이 빵집에 외상값 대신 셀로판을 주었고, 빵집 주인이 셀로판으로 빵을 포장하고 난 후부터 빵이 불티나게 팔렸어요. 이 소식을 들은 다른 식료품 집에서 너도나도 셀로판을 구입하기 시작했어요. 뒤퐁의 셀로판 매출도 기하급수적으로 상승했대요.
>
>

정의	
투명	빛이 통과하여 뒤에 놓인 사물을 볼 수 있는 것
불투명	빛이 통과하지 못하여 뒤에 놓인 사물을 볼 수 없는 것
반투명	빛이 부분적으로 통과 및 반사하여 사물이 흐릿하게 보이는 것

18 빛의 반사

주변에는 우리 모습이 비쳐 보이는 것도 있지만, 비치지 않는 물건이 더 많지요. 거울이나 호수와 같이 내 모습을 볼 수 있는 것과 영화 스크린같이 내 모습이 비추어 보이지 않는 것은 물체가 빛을 어떻게 반사하느냐에 따라 결정된답니다.

빛은 다른 물질을 만나면 되돌아 나와요

거울을 향해 레이저를 쏘면 빛은 공기 속을 나아가다가 거울에 부딪혀요. 이때 빛이 지나가는 물질이 공기에서 거울로 바뀌지요. 물질이 바뀌는 지점에서 빛이 반사된답니다. 물이 담긴 수조에 빛을 비추면 빛이 공기 속을 나아가다가 물을 만나요. 이때는 물질이 공기에서 물로 바뀐 거예요. 역시 빛이 반사되지요. 빛이 진행할 수 있는 물질은 기체, 액체, 고체 모두 될 수 있어요.

빛이 하나의 물질 속에서 진행하다가 다른 성질을 가진 물질을 만났을 때 빛이 가던 방향을 바꾸어서 튕겨 나오는 현상을 빛의 반사라고 해요.

반사의 법칙

벽면에 비스듬한 각도로 공을 던지면 벽에 부딪힌 공은 반대 방향으로 튕겨져 나와요. 이때 공이 들어가는 각도와 나오는 각도가 똑같지요. 빛도 마찬가지예요. 거울로 들어간 빛은 거울에 수직인 면에 대칭인 반대 방향으로 반사되어 나와요. 어떤 각도로 들어가든 좌우 대칭인 방향으로 나오게 되지요. 이것을 반사의 법칙이라고 해요.

빛의 반사 덕분에 물체를 볼 수 있어요

테이블 위에 사과가 있어요. 빛이 없어서 캄캄한 방이면 사과가 보이지 않아요. 그런데 전등을 켜면 사과가 보이지요? 바로 전등에서 나온 빛이 사과에 부딪혀서 반사되어 우리 눈에 들어온 거예요. 이렇게 물체에서 반사된 빛이 우리 눈에 들어올 때 우리는 물체를 볼 수 있어요. 테이블도 마찬가지예요. 전등에서 나온 빛이 테이블에서 반사되어 우리 눈에 들어오면 우리는 테이블을 볼 수 있답니다.

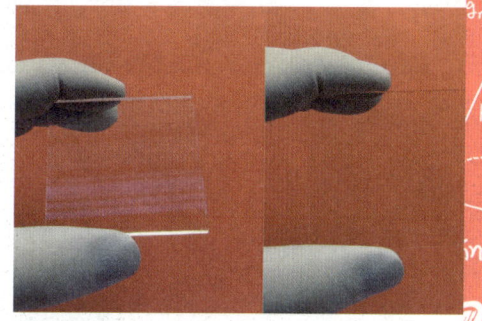
무반사 코팅 전후

반사에는 정반사와 난반사가 있어요

거울이나 수면이 잔잔한 연못을 바라보면 내 모습이 비쳐요. 거울을 현미경으로 자세히 확대해보면 표면이 굉장히 매끄러워요. 이렇게 매끄러운 표면에서는 우리 모습이 그대로 비치는데 이를 정반사라고 해요.

대부분의 물체는 표면이 거칠어요. 현미경으로 아주 많이 확대해서 보면 울퉁불퉁한 표면을 가지고 있지요. 표면이 거친 물체에서는 내 모습이 비치지 않아요. 이런 반사를 난반사라고 해요.

정반사를 이용하는 거울

여름에는 하얀색 옷을 입어야 시원해요

검은색 옷에 하얀색 빛을 비추면 빛을 하나도 반사하지 않아요. 그럼 빛은 어디로 갈까요? 옷이 모두 흡수한답니다. 그래서 검은색 옷을 햇빛 아래에서 입고 있으면 금방 더워져요. 반대로 하얀색 옷은 모든 빛을 반사해버려요. 여름에는 빛을 흡수하는 검은색 옷보다 빛을 모두 반사하는 하얀색 옷이 훨씬 시원하지요.

> **정의**
> **빛의 반사** 빛이 한 물질 속을 나아가다가 다른 물질을 만날 때 직진하지 않고 물질 사이의 경계에서 진행 방향을 바꾸어 나오는 현상

19 거울

거울은 종류가 다양해요. 거울의 특징을 잘 알아두면 여러모로 활용할 수 있어요. 옷을 파는 상점에서 날씬하고 키가 커 보이는 거울을 사용하면 거울 속의 모습에 반해 판매량이 더 늘어난다고 해요.

우주 망원경

실제 모습을 그대로 보여주는 평면거울

평면거울에 얼굴을 비춰보면 실제 모습과 같은 크기로 보여요. 전신 거울이라고 해서 내 키만큼 클 필요는 없어요. 발끝에서 나온 빛이 반사되어서 우리 눈에 들어오고, 머리끝에서 나온 빛이 반사되어 눈에 들어오면 나는 전신을 볼 수 있어요. 그래서 내 키의 절반 크기만 되면 전신 거울로 이용할 수 있답니다.

확대할 때 사용하는 오목 거울

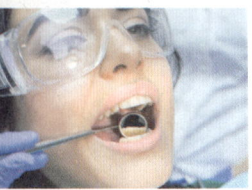

평면거울(위)
오목 거울(아래)

오목 거울은 바라보는 면이 오목하게 안쪽으로 휘어진 거울이에요. 오목 거울은 빛을 한곳에 모아줘요. 종이를 태울 때 사용하는 돋보기는 볼록 렌즈예요. 오목 거울도 볼록 렌즈와 마찬가지로 빛을 모아 불을 붙일 수 있어요.

숟가락의 오목한 부분을 바라보면 오목 거울이 돼요. 오목 거울에 비치는 모습은 거리에 따라서 변해요. 오목 거울은 물체 가까이에서 물체를 크게 확대해 볼 때 사용해요. 치과 의사 선생님이 치아 뒤쪽을 볼 때 사용하는 거울이 바로 오목 거울이에요.

넓게 볼 때는 볼록 거울이 필요해요

볼록 거울은 바라보는 면이 볼록하게 튀어나왔어요. 오목 거울과 반대로 빛을 사방으로 퍼지게 하지요. 그래서 오목 거울처럼 햇빛을 모아서 종이를 태울 수는 없어요. 숟가락 뒷면의 볼록한 부분을 보면 볼록 거울로 변해요. 볼록 거울에 비친 내 모습은 항상 작게 보여요. 대신에 주변까지 다 보이지요. 즉 볼록 거울은 물체를 작게, 시야를 넓게 해준답니다.

자동차에 있는 백미러와 사이드미러는 볼록 거울을 사용해요. 굽어진 길에 있는 도로 반사경도 볼록 거울을 이용한 거예요. 편의점에 있는 대형 거울 역시 매장 전체를 볼 수 있도록 볼록 거울을 이용하지요.

볼록 거울

오목 거울을 이용하는 반사 망원경

갈릴레이는 볼록 렌즈와 오목 렌즈를 이용해 1609년에 천체 관측용 망원경인 굴절 망원경을 만들었어요. 굴절 망원경은 상이 흐리게 보인다는 단점이 있었어요. 뉴턴은 이 단점을 보완하여 렌즈가 아닌 거울을 이용한 반사 망원경을 만들었지요. 그는 오목 거울도 볼록 렌즈처럼 빛을 모은다는 점을 이용했어요. 반사 망원경은 갈릴레이 망원경보다 빛을 잘 모아서 훨씬 또렷하게 보여요. 그리고 시야가 넓기 때문에 우주의 여러 천체를 관측하기에 더 좋아요.

반사 망원경

안에서는 보이고 밖에서는 안 보이는 범인 심문방
영화에서 범인을 심문하는 모습을 보면 유리창 너머에 여러 명의 용의자를 세워놓고 누가 진짜 범인인지 물어보곤 하지요. 이 유리창은 특수한 유리로 만들어요. 목격자는 용의자를 자세히 관찰할 수 있지만 용의자들은 목격자를 볼 수 없어요. 용의자에게는 유리창이 아니라 거울로 보이기 때문이지요. 이런 반투명 유리는 유리를 만들 때 금속을 넣어서 반사가 잘 일어나게 만들어요.

정의 **거울** 빛의 반사를 이용하여 물체를 비춰보는 물건. 평면거울과 오목 거울, 볼록 거울이 있음

20 빛의 굴절

2015년 중국 하늘에 구름 사이로 거대 빌딩들이 떠올랐어요. 공중도시 사진으로 논란을 일으킨 이 현상은 사실 빛이 공기 중에서 휘어지기 때문에 생긴 현상이에요. 멀리 있는 빌딩에서 나온 빛이 하늘의 공기를 지나면서 점차 휘어져서 땅으로 도달한 것이지요.

빛의 굴절과 반사는 함께 일어나요

빛은 같은 물질 속을 나아갈 때 곧게 직진해요. 다른 물질을 만나면 빛이 나아가는 방향이 꺾인답니다. 이것을 빛의 굴절이라고 해요. 같은 물질 속이라도 성질이 달라지면 굴절이 일어난답니다. 예를 들어 공기나 물의 온도가 달라져도 빛이 꺾여요.

물질이 바뀌는 경계에서 반사와 굴절은 함께 일어나요. 나아가던 빛의 일부는 반사되고, 일부는 굴절되지요. 만약에 100개의 빛이 들어갔는데, 40개가 반사되었다면 나머지 60개는 굴절된 거예요. 이 비율은 물질의 성질에 따라서 달라져요. 유리와 같이 투명한 물체는 반사보다는 굴절을 많이 시켜요. 반면 금속은 굴절보다는 반사를 많이 시키지요.

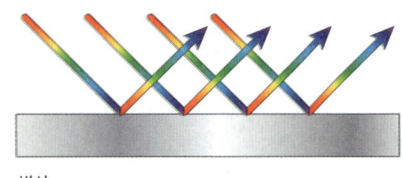
반사

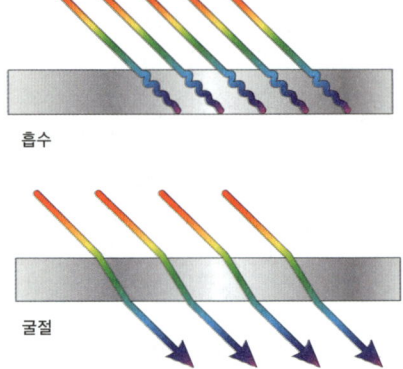
흡수

굴절

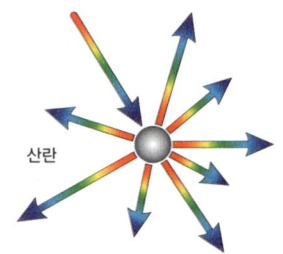
산란

빛의 굴절은 빛의 이동 속도가 달라지기 때문에 생겨요

태양에서 나온 빛이 지구로 여행하는 과정을 생각해봐요. 진공인 우주에서 빛은 1초에 30만 km를 달려요. 공기 중에서 빛의 속도는 조금 느려진답니다. 지구에 들어온 빛이 바다와 같은 물속에 들어가면 공기에서보다 더 느려져요. 빛이 지나는 물질에 따라서 빛의 속도가 달라지는데 이 때문에 굴절 현상이 생기는 거예요.

굴절 때문에 물속에 들어가면 다리가 짧아 보여요

물속에 잠긴 친구의 다리를 보면 다리가 실제보다 짧게 보여요. 친구의 다리에서 나온 빛이 물에서 공기로 들어오면서 굴절해서 내 눈에 들어오기 때문이에요. 물 컵에 담긴 수저가 꺾여서 보이는 것이나, 물속의 동전이 떠 보이는 것도 모두 같은 원리예요.

작살을 이용해서 물속에 있는 물고기를 잡을 때도 물고기가 보이는 위치에 작살을 던지면 잡을 수 없어요. 물고기는 실제로 있는 곳보다 더 위쪽에 있는 것처럼 보이기 때문에 보이는 곳보다 아래로 작살을 던져야 해요.

빛의 굴절과 신기루
비 한 방울 오지 않는데 길 위에 물이 생겼다가 사라지기를 반복하는 경우가 있어요. 이런 것을 신기루라고 하는데, 주로 사막에서 볼 수 있어요. 먼 곳의 하늘에서 오는 빛이 지평선 가까이를 지나서 우리 눈에 들어올 때 빛이 휘어져서 들어와요. 우리 뇌는 이 빛을 직진한 것으로 착각해서 땅에서 오는 것으로 느껴요. 이 빛은 하늘색으로 푸르스름하니까 마치 거기에 물이 있는 것으로 오해하게 되지요. 즉 신기루는 하늘이 땅 쪽에서 보이는 것이에요. 우리 눈을 속이는 신기루도 빛의 굴절 때문에 생기는 현상이지요.

정의 **빛의 굴절** 빛이 한 물질 속을 나아가다가 다른 물질을 만날 때 물질 사이의 경계에서 진행 방향이 꺾이는 현상

21 렌즈

할아버지 안경을 쓰면 물체가 또렷하게 보이는 것이 아니라 오히려 더 흐릿하게 보이고 어지럽기까지 해요. 시력이 나빠서 쓰는 안경과 할아버지가 쓰는 안경은 역할이 다르기 때문이에요. 안경은 렌즈의 종류에 따라서 멀리 있는 물체가 잘 보이기도 하고, 가까이 있는 물체가 잘 보이기도 해요.

볼록 렌즈

🧪 빛을 퍼지게 하는 오목 렌즈

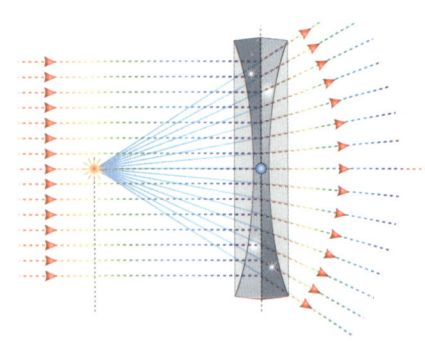

가운데 부분이 얇은 렌즈를 오목 렌즈라고 해요. 오목 렌즈를 통과한 빛은 두꺼운 쪽으로 꺾여서 퍼져 나아가요. 주변에서 쉽게 볼 수 있는 오목 렌즈는 바로 안경이에요. 오목 렌즈를 사용한 안경을 끼면 물체가 실제 크기보다 작게 보여요. 그렇지만 멀리 있는 물체가 잘 보이지요.

빛을 모아주는 볼록 렌즈

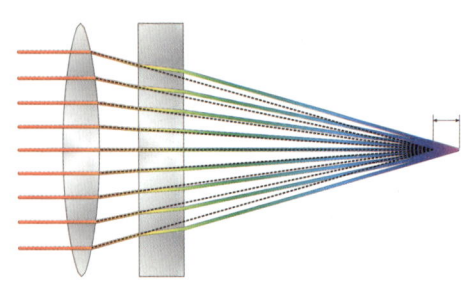

가운데 부분이 두꺼운 렌즈를 볼록 렌즈라고 해요. 볼록 렌즈를 통과한 빛은 가운데 부분으로 꺾여 한 점에 모였다가 다시 퍼져 나아가요. 주변에서 쉽게 볼 수 있는 볼록 렌즈는 돋보기예요. 돋보기를 이용하면 햇빛을 모아서 종이를 태울 수 있어요. 볼록 렌즈가 빛을 모아주기 때문이에요.

가까이 있는 물체가 잘 보이지 않는 할아버지는 돋보기로 만든 안경을 써요. 돋보기로 글씨를 보면 글씨가 크게 보이거든요. 볼록 렌즈는 오목 렌즈와 달리 물체가 크게 보이도록 하지만 멀리 있는 물체는 거꾸로 보여요. 그래서 할아버지는 돋보기를 항상 쓰지 않고 책이나 신문을 볼 때만 사용하지요.

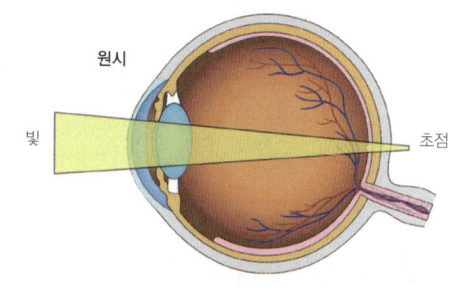

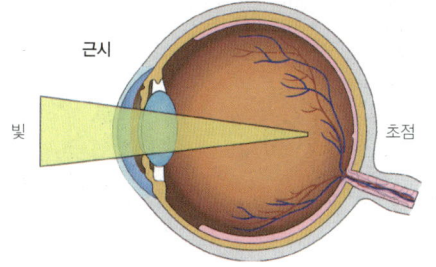

근시와 원시

어릴 때는 가까이 있는 물체는 잘 보이지만 멀리 있는 물체가 흐릿하게 보이는 경우가 많아요. 이러한 시력을 근시라고 해요. 근시인 사람은 오목 렌즈를 이용한 안경을 쓰면 물체를 잘 볼 수 있어요. 나이가 들면 신기하게도 멀리 있는 물체는 잘 보이는데 가까이 있는 물체가 잘 보이지 않지요. 이러한 시력을 원시라고 해요. 원시인 할아버지는 볼록 렌즈를 이용한 안경을 쓴답니다. 참고로 난시는 먼 곳, 가까운 곳이 모두 선명하게 보이지 않아요.

렌즈를 이용해 망원경을 개발했어요

망원경을 처음 만든 사람은 네덜란드의 안경 제조업자였던 리페르스세이(1570~1619)예요. 그는 렌즈의 원리를 이용해 1608년에 망원경을 만들었지요. 갈릴레이는 리페르세이의 망원경을 개조해 30배나 잘 보이는 망원경을 개발했어요. 이 망원경을 바탕으로 갈릴레이는 목성의 위성인 이오, 유로파, 가니메데, 칼리스토를 발견했어요.

매와 타조는 눈동자가 커서 시력이 좋은 게 아니에요

하늘 위에서 사냥을 해야 하는 새는 대체로 시력이 좋은 편이에요. 사람보다 4~8배나 멀리 볼 수 있는 매의 시력은 9.0이라고 해요. 놀랍게도 타조의 시력은 25.0으로 매보다도 훨씬 시력이 좋다고 해요. 매는 시신경이 많아서 시력이 좋고, 타조는 눈 안에 있는 렌즈인 수정체가 크기 때문에 시력이 좋아요.

| 정의 | **렌즈** 빛을 퍼뜨리거나 모으기 위하여 수정이나 유리를 갈아서 만든 투명한 물체. 오목 렌즈와 볼록 렌즈가 있음 |

22 빛의 분산과 산란

하늘은 다양한 색깔을 가지고 있어요. 무더운 여름에는 하얗게 보이다가 가을이 되면 파랗게 보이지요. 해가 뜨고 질 때에는 붉은 노을이 하늘을 수놓아요. 이러한 모든 현상은 빛의 산란 때문에 생겨요.

무지개는 빛의 분산 때문에 생겨요

다이아몬드를 통과한 빛의 분산

하얀색으로 보이는 빛은 사실 빨주노초파남보의 다양한 색이 합쳐진 거예요. 실제로 무지개처럼 하얀색 빛이 여러 색으로 나뉠 때가 있는데, 이것을 빛의 분산이라고 해요. 빛이 다른 물질로 들어가게 되면 굴절이 일어나는데, 이때 색깔마다 꺾이는 정도가 달라요. 그래서 빛이 여러 가지 색으로 나뉘게 되는 거예요.

또 태양에서 나온 빛이 우주를 통과해서 지구에 들어오는 순간, 지구에는 수증기나 미세먼지 같은 다양한 입자들이 있어요. 빛이 이러한 입자에 부딪히게 되면 사방으로 흩어지는데, 이것을 빛의 산란이라고 해요.

우주는 공기가 없기 때문에 깜깜해요

태양빛이 사방으로 퍼져도 깜깜한 우주

지구에서 밤이 어두운 이유는 태양 빛이 없기 때문이에요. 우주에서는 태양 빛이 항상 쪼이고 있어도 사방이 깜깜해요. 우주에는 공기가 없기 때문이랍니다. 공기가 없기 때문에 빛이 산란될 수 없어요. 우리가 지구에서 밝게 생활할 수 있는 것은 소중한 공기 덕분이지요. 공기에서 빛이 산란되어 낮에 태양이 없는 쪽 하늘을 보더라도 환하게 보이는 것이에요.

하늘이 푸른 이유는 빛이 산란되기 때문이에요

빛은 색에 따라서 산란되는 정도가 달라요. 파란빛은 빨간빛보다 훨씬 산란이 잘 된답니다. 모든 빛이 산란되면 하늘이 하얗게 보여요. 하지만 특히 파란빛이 더 많이 산란되면 하늘은 푸르게 보인답니다.

우리나라의 가을에는 날씨가 건조해지면서 공기 중의 수증기가 줄어들어 파란빛이 더 많이 산란돼요. 그래서 푸른 가을 하늘을 볼 수 있어요. 미세먼지가 많은 날에는 다른 색깔의 빛들도 산란이 잘 일어나서 푸르게 보이지 않아요.

붉은 노을은 빛의 산란 때문에 생겨요

해가 뜨고 질 때에는 태양 주변 하늘에 빨갛게 노을이 생겨요. 노을도 빛의 산란 때문에 생겨요. 무슨 색이 산란되었을까요? 맞아요. 빨간빛이 산란되어서 우리 눈에 들어온 거예요. 아침저녁에는 태양이 지평선에 걸쳐서 태양 빛의 여행 거리가 더 길어져요. 파란빛과 빨간빛이 지구를 향해서 오는데, 더 산란이 잘 되는 파란빛은 일찍 사라져버려요. 결국 우리 눈에는 빨간빛만 들어오는 거예요.

틴들 현상

햇볕이 쨍한 날 우거진 나무를 올려다보면 하얀 빛줄기가 보여요. 이렇게 빛이 가는 길이 보이는 것을 틴들 현상이라고 해요. 틴들 현상도 산란의 일종이에요. 하지만 빛이 산란되어 하늘이 파랗게 보인다거나 노을이 생기는 것과는 조금 달라요. 틴들 현상은 주로 공기 중에 수분이 많거나 안개가 끼었을 때 또는 구름 주위에서 볼 수 있어요. 입자가 큰 수분에 의해 빛이 산란되어 나타나는 현상이지요.

빛줄기가 보이는 틴들 현상

정의		
	빛의 분산	빛의 색에 따라 굴절되는 정도가 달라져서 하얀색 빛이 다양한 색으로 나뉘게 되는 현상
	빛의 산란	빛이 공기 중의 입자와 부딪히면서 여러 방향으로 흩어지는 현상

23 원자력

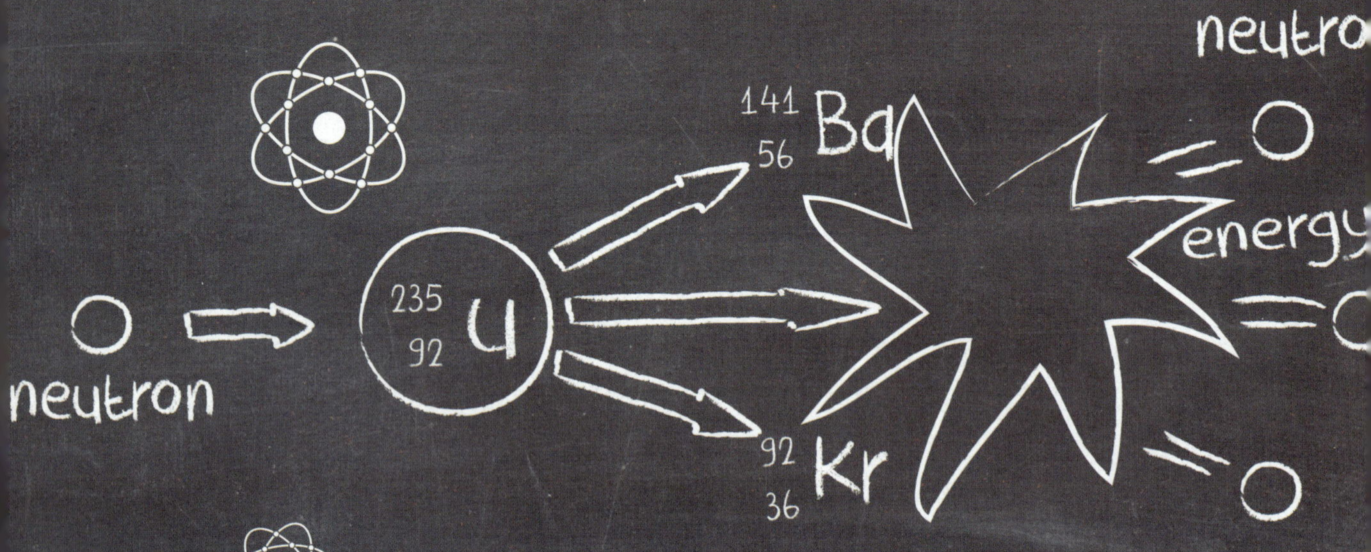

가정과 공장에서 사용하는 전기를 만드는 곳이 발전소예요. 그중 원자력 발전소는 연료가 저렴하고 에너지 효율이 높다는 장점이 있지만, 방사성 원소를 이용하기 때문에 아주 위험하기도 해요.

🧪 원자핵

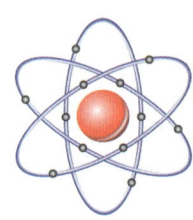

원자 모형

모든 원자는 원자핵과 원자핵 주위에 있는 전자로 이루어져 있어요. 원자핵은 원자에 비해 너무 작아서 사실 원자는 대부분이 텅 비어 있다고 이야기할 수 있을 정도예요. 원자의 크기를 축구장이라고 하면 원자핵은 쌀 알갱이 크기 정도이지요.

이렇게 작은 원자핵은 양성자와 중성자라고 불리는 더 작은 알갱이가 단단하게 뭉쳐 있는 것이랍니다. 원자핵이 더 작은 원자핵으로 깨지는 것을 핵분열이라고 하고, 두 개 이상의 원자핵이 서로 뭉쳐서 더 큰 원자핵이 되는 것을 핵융합이라고 해요.

핵분열은 자연적으로도, 인위적으로도 발생해요

자연적으로 발생하는 핵분열의 대표적인 예는 우라늄 붕괴예요. 지하에 매장된 우라늄은 저절로 붕괴하면서 토륨이라는 원자와 헬륨이라는 원자로 나뉘어요. 이 과정을 알파붕괴라고 해요. 지구에 있는 헬륨은 대부분 우라늄이 붕괴해서 만들어졌어요.

인공적으로 원자핵을 붕괴시킬 수도 있어요. 우라늄에 느린중성자를 충돌시키면 우라늄이 새로운 중성자를 만들어내면서 바륨과 크립톤과 같은 원자들로 쪼개져요. 이때 엄청난 에너지가 나오게 되는데, 이것을 이용한 것이 바로 원자력 발전소랍니다.

최초의 핵 반응로
CP-1(Chicago Pile-1)은 세계 최초의 핵 반응로로 맨해튼 프로젝트(제2차 세계대전 중에 미국을 중심으로 진행된 원자폭탄 제조 계획)의 일부로 건설되었어요. 1942년 12월 2일 인류 역사상 처음으로 인간이 만든 자체 유지 핵 연쇄 반응이 CP-1에서 이루어졌어요. CP-1은 시카고 대학 운동장 아래 스쿼시 코트에 400톤의 흑연을 벽돌로 만들어 쌓아올리고, 그 사이에 2만 2천 개의 우라늄 봉을 끼워 넣어서 만들었어요. CP-1의 크기는 지름 7m, 높이 7m 정도였지요.

 ## 원자력 발전소

우라늄 원자핵에 중성자를 쏘면 우라늄 원자핵이 다른 원자핵으로 쪼개지면서 새로운 중성자가 만들어진다고 했어요. 이 새로운 중성자를 느리게 만들어서 다른 우라늄 원자핵과 부딪혀서 또다시 우라늄 원자핵을 쪼갤 수 있어요. 우라늄 원자핵이 쪼개질 때마다 2개 이상의 중성자가 생기기 때문에 이 반응을 조절하지 못하면 순식간에 폭발적인 반응이 일어나게 되지요. 그래서 원자력 발전소에서는 반응을 조절하는 제어봉을 사용한답니다.

핵분열에서 나오는 에너지를 이용하여 물을 끓이면 증기가 발생하는데, 이 증기로 발전 터빈을 돌리면 전기가 만들어진답니다.

원자력 발전소의 증기 굴뚝

연료봉 교체에 쓰이는 기중기

정의 **원자력** 원자핵들 사이의 반응에 관여하는 힘. 핵반응이 일어날 때 보통 막대한 양의 에너지가 발생함

24 방사능

2011년 일본에서는 지진으로 인해 후쿠시마 원자력 발전소에서 방사능 물질이 유출되어 방사선 피해가 막심하다고 해요. 방사능 물질은 우리 생활에 많은 이점을 주기도 하지만 아주 위험한 물질이에요.

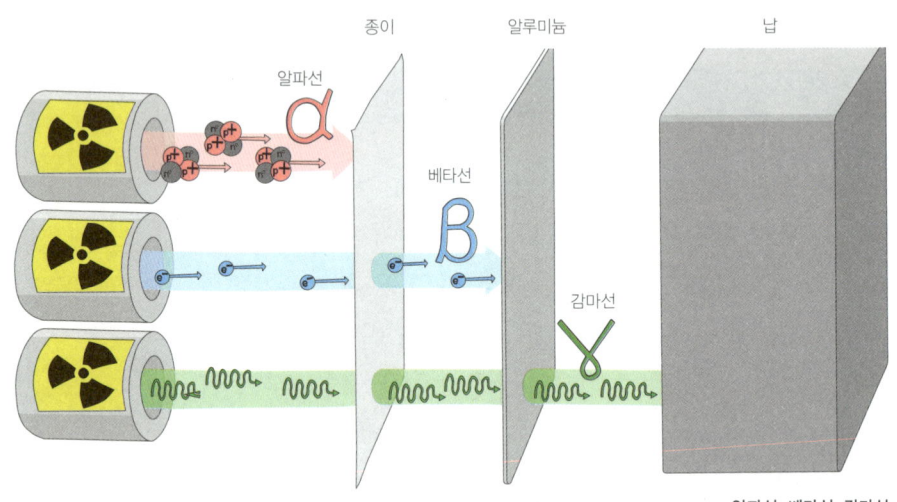

알파선, 베타선, 감마선

🧪 방사선의 종류

방사선은 크게 세 가지 종류가 있어요. 에너지가 가장 약한 방사선을 알파선이라고 해요. 상대적으로 약한 알파선은 종이 한 장으로도 충분히 막을 수 있어요. 알파선보다 에너지가 높은 베타선은 아주 빠르게 움직이는 전자예요. 베타선은 알루미늄판으로 차단시킬 수 있어요. 에너지가 가장 강한 감마선은 빛이라서 관통력이 매우 강해요. 감마선의 세기를 원래 세기의 0.1% 이하로 줄이기 위해서는 10cm 두께의 납으로 된 벽이나 60cm 두께의 콘크리트 벽이 필요할 정도예요.

방사선의 공포와 방사선을 이용한 치료

피부 등이 방사선에 노출되면 우리 신체 조직을 이루고 있는 세포들이 끊어져버려요. 파괴된 영역이 넓지 않으면 새로운 세포로 대체될 수 있어요. 세포는 체세포 분열이라는 과정을 통해 끊임없이 새로 만들어지고 있거든요. 방사선이 진짜 무서운 점은 유전자를 변형시킨다는 거예요. 유전자가 손상되거나 변형된 세포는 체세포 분열을 통해서 계속해서 이상 세포를 증식시키고 탈모, 종양 등의 여러 가지 질병을 유발해요. 이렇게 무서운 방사선을 역이용해서 치료를 하기도 해요. 방사선을 암세포에 쪼여서 암세포만 파괴하는 방법이 방사선 치료예요.

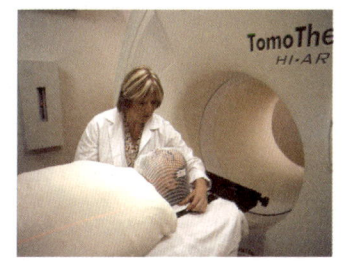

노벨상을 두 번이나 수상한 마리 퀴리

폴란드 출신의 물리학자인 마리 퀴리(1867~1934)는 1898년경 우라늄에 대한 연구를 하고 있었어요. 역청우라늄이 순수 우라늄보다 방사능이 훨씬 크다는 사실을 발견했지요. 오랜 노력 끝에 역청우라늄에서 미세한 흑색 가루를 얻었는데, 우라늄보다 방사능이 400배나 강했지요. 마리는 이 새로운 원소를 폴로늄이라고 불렀어요.

폴로늄을 화학적으로 분리한 후에도 역청우라늄은 여전히 방사능을 띠고 있었어요. 또 다른 원소가 숨어 있었던 거지요. 이것이 바로 라듐이에요. 라듐은 우라늄보다 300만 배나 더 강한 방사능이 있는 물질이었어요. 마리 퀴리는 라듐을 발견하고 이를 연구한 공로로 노벨 물리학상(1903)과 노벨 화학상(1911)을 받았답니다.

라듐의 위험성

라듐이 처음 발견되었을 때에는 방사선의 위험을 제대로 알지 못했어요. 오히려 치료 효과가 있다고 보고 무작정 방사선 치료에 이용했어요. 그래서 붕대, 솜, 연고, 치약에도 방사능 물질을 첨가했어요. 하지만 라듐의 위험은 곧 입증되었지요. 마리 퀴리와 함께 노벨 물리학상을 받은 프랑스의 물리학자 베크렐은 라듐을 조끼 주머니에 넣고 다니다 가슴에 궤양이 생겼고, 마리 퀴리의 남편인 피에르 퀴리도 팔에 라듐을 붙이고 다니다 닷새 만에 궤양이 생겼어요. 마리 퀴리 역시 오랜 세월 방사능을 연구한 탓에 결국 백혈병으로 세상을 떠났지요.

정의 **방사선** 에너지가 매우 높은 빛 또는 매우 빠른 속력으로 움직여서 높은 에너지를 가지는 전자 등의 입자

방사능 물질 방사선을 방출하는 원자 또는 그러한 원자로 이루어진 물질

우리 주변의 모든 것들은 물질로 이루어져 있어요. 책상, 컴퓨터와 같은 물체뿐만 아니라 빵, 음료수와 같은 음식, 그리고 우리 몸도 물질로 되어 있어요. 자연을 구성하고 있는 물질은 서로 합쳐지기도 하고 다시 떨어지기도 하면서 끊임없이 변화하고 있지요. 수소와 산소라는 물질이 만나면 전혀 새로운 물질인 물이 탄생하는 것처럼 말이에요. 이렇게 세상을 이루고 있는 물질에 대해서 연구하는 학문이 화학이에요. 화학은 원소의 주기율표가 완성된 이후로 체계적인 학문으로 정립되었어요. 그리고 인류의 생활과 건강에 큰 영향을 미치고 있지요. 오늘날 인류는 새로운 물질을 원자 수준에서 인공적으로 합성할 수 있는 수준에 이르렀어요.

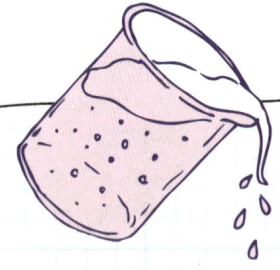

2부
화학

25 순물질과 혼합물

인도의 염전

바닷물을 쨍쨍한 햇볕 아래에서 말리면 소금이 남지만 물은 햇볕에 말려도 수소와 산소로 분리되지 않아요. 바닷물은 물과 소금이 섞여 있는 반면에, 물은 수소와 산소가 화학적으로 결합하고 있기 때문이에요.

산소와 수소로 이루어진 물분자

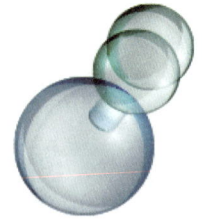

순물질과 혼합물

한 가지 종류로만 이루어진 물질을 순물질이라고 하고, 두 가지 이상의 순물질이 단순하게 섞여 있는 물질을 혼합물이라고 해요. 철이나 알루미늄, 구리와 같이 한 가지 원소로 이루어진 금속은 순물질이에요. 하지만 2개 이상의 금속을 녹여서 섞어 만든 합금은 혼합물이지요. 황동은 구리에 아연을 섞어 만든 합금으로 혼합물이에요.

산소, 질소, 수소, 헬륨 같은 기체들도 순물질이에요. 산소와 질소가 섞여 있는 공기는 혼합물이지요. 소금과 설탕은 순물질이지만, 이것들을 물에 녹여 만든 소금물과 설탕물은 혼합물이에요. 혼합물은 섞여 있는 물질들의 성질을 모두 가진답니다.

순물질이라고 모두 한 가지 원소로만 이루어진 것은 아니에요

물이나 이산화탄소와 같이 2개 이상의 원소가 결합하여 만들어진 물질도 순물질이에요. 물은 산소와 수소로 되어 있지요. 산소와 수소가 단순히 섞여 있으면 혼합물이지만, 산소와 수소가 결합하여 물이 된 경우는 순물질이지요. 이산화탄소도 산소와 탄소가 결합한 순물질이에요.

이렇게 2개 이상의 원소가 결합하여 만들어진 물질을 화합물이라고 해요. 화합물은 원소 각각의 성질은 잃어버리고 완전히 새로운 성질을 가지게 된답니다. 물은 산소와 수소로 되어 있지만, 산소와 수소 각각의 성질을 가지고 있지는 않아요.

> **순물질은 각각 독특한 특성이 있어요**
>
> 끓는점, 녹는점, 밀도 등을 물질의 특성이라고 해요. 물질의 특성만 알아도 그 물질이 무엇인지 알 수 있어요. 가령 에탄올은 78℃에서 끓어요. 만약 무엇인지 모르는 투명한 물질을 끓였는데 78℃에서 끓는다면, 그 물질은 에탄올인 거지요. 양이 많든 적든 같은 온도에서 끓고 얼어요. 밀도도 항상 일정해요. 혼합물은 이런 특성이 없어요. 소금물은 0℃보다 낮은 온도에서 얼어요. 하지만 소금물의 농도에 따라 어는 온도가 달라지지요. 밀도 또한 소금물의 농도에 따라 달라져요.

혼합물은 두 가지 종류로 나눠요

설탕을 물에 녹여 잘 섞어 설탕물을 만들면 윗물과 아랫물의 구분 없이 달달하지요. 이런 혼합물을 균일 혼합물이라고 해요. 성분들이 같은 비율로 골고루 섞여 있어 모든 부분에서 성질이 똑같지요.

흙탕물은 시간이 지나면 아래에 가라앉는 것을 볼 수 있어요. 윗물은 맑아지고 아래는 점점 농도가 진해지지요. 이런 혼합물을 불균일 혼합물이라고 해요. '마시기 전에 흔들어 주세요'라고 적혀 있는 음료들은 불균일 혼합물이에요.

불균일 혼합물

정의
- **순물질** 한 가지 물질로만 이루어져 녹는점, 끓는점, 밀도 등 물질의 특성이 일정한 물질
- **혼합물** 두 가지 이상의 순물질이 화학 반응을 하지 않고 섞여 있는 물질
- **화합물** 두 가지 이상의 물질이 화학 결합하여 만들어진 물질로 순물질임

26 혼합물의 분리

소금은 염전에서 바닷물을 증발시켜서 얻어요. 혼합물에 섞여 있는 순물질들이 가진 서로 다른 성질을 이용하면 분리해낼 수 있어요.

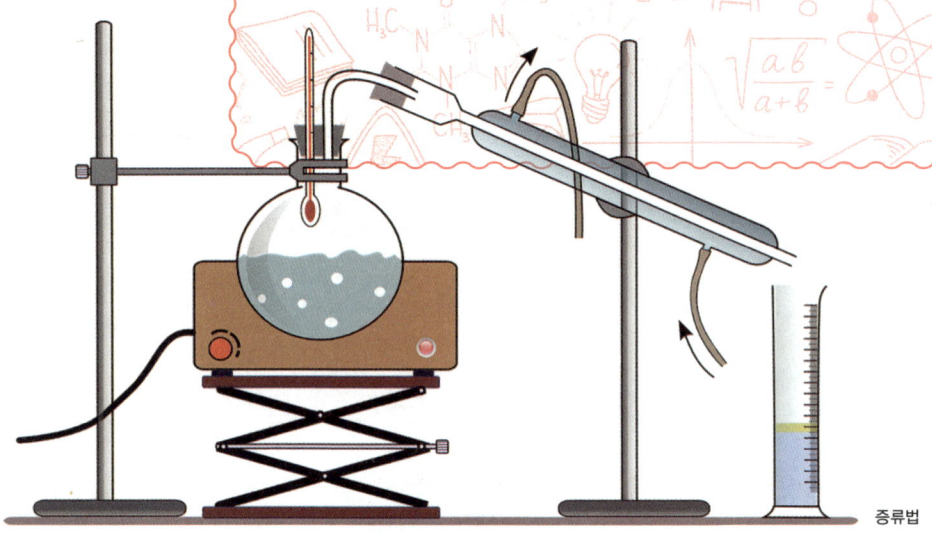

증류법

🧪 혼합물의 분리는 왜 중요할까요?

돌이 섞여 있는 쌀을 가지고 밥을 지어서 먹을 수는 없어요. 실험실에서 만들어지거나 자연에 존재하는 혼합물 중에는 인체에 해로운 것과 유익한 것이 섞여 있는 경우도 있어요. 혼합물에 섞여 있는 물질 중 쓸모 있는 물질만 얻거나 해로운 물질을 제거하기 위해서 혼합물의 분리는 꼭 필요해요. 혼합물의 분리는 처음 보는 물질이 어떤 물질인지 알아내기 위해서도 중요해요. 퀴리 부부가 역청우라늄에서 폴로늄과 라듐을 분리해낸 것도 혼합물의 분리를 이용한 것이었어요.

 밀도 차를 이용하면 싱싱한 달걀을 구분할 수 있어요

싱싱한 달걀과 오래된 달걀이 섞여 있는 바구니가 있어요. 달걀을 깨뜨려보지 않고 두 종류를 분리할 수 있을까요? 물에 넣었을 때 뜨는 달걀은 오래된 것이

에요. 시간이 지날수록 달걀 안으로 공기가 들어가서 작은 기포가 생기면 달걀의 밀도는 작아진다고 해요. 그래서 물에 뜨는 거예요.

끓는점의 차이를 이용한 분리

곡물에 효모를 넣고 발효하면 에탄올이 생겨요. 곡물이 술이 되는 기본 과정이에요. 이때 순수하게 에탄올만 분리할 때 사용하는 방법이 바로 끓는점의 차이예요. 물의 끓는점은 100°C이지만 에탄올의 끓는점은 78°C예요. 발효된 혼합물을 78°C와 100°C 사이로 가열하면 에탄올만 기화해서 공기 중으로 분리되지요. 이때 용기의 윗면을 차갑게 해놓으면 에탄올 기체가 다시 액화하면서 용기 윗면에 액체로 맺힌답니다. 이렇게 끓는점을 이용해서 혼합물을 분리하는 방법을 증류라고 해요. 석유의 원유를 분리할 때 사용되는 분별 증류법도 끓는점을 이용한 거예요.

끓는점을 이용한 석유 분별

자동차는 종류에 따라 휘발유, 경유, 액화 석유 가스(LPG) 등을 연료로 사용하는데, 이것들은 모두 석유에서 얻어요. 석유는 땅속에서 오래된 생물체의 유해가 만들어낸 천연 기름이에요. 지하에서 막 뽑아낸 자연 그대로의 상태를 원유라고 하지요. 원유는 다양한 물질이 섞여 있는 혼합물이에요. 이 혼합물은 끓는점 차이를 이용해서 분리할 수 있지요. 원유를 가열하면 끓는점이 가장 낮은 액화 석유 가스가 먼저 나와요. 가열을 계속하면 휘발유, 등유, 경유 등과 마지막으로 찌꺼기인 아스팔트가 분리된답니다.

크로마토그래피

사인펜으로 글씨를 쓰고 물방울을 떨어뜨리면 사인펜이 번지면서 다양한 색이 나타나요. 사인펜 잉크 속에는 여러 가지 색소가 섞여 있기 때문이에요. 종이를 타고 물이 이동하면 물속에 녹아 있던 색소도 함께 이동해요. 색소마다 이동 속도가 달라서 여러 가지 색이 번지면서 나타나는 것이지요. 각 성분마다 용매를 타고 이동하는 속도가 다른 것을 이용하여 혼합물을 분리하는 방법을 '크로마토그래피'라고 해요.

정의 **혼합물의 분리** 혼합물에 섞여 있는 순물질들 각각이 가지고 있는 서로 다른 특성을 이용하여 물질들을 분리하는 것

27 원자

원자의 크기는 머리카락 굵기의 백만 분의 1 정도예요. 놀랍게도 오늘날에는 이렇게 작은 원자를 한 층씩 쌓을 수도 있고 원자를 하나씩 배열할 수도 있답니다.

존 돌턴

돌턴의 원자설

그리스의 학자들이 제기했던 원자론을 2300년 만에 부활시킨 사람은 영국의 화학자 존 돌턴(1766~1844)이에요. 돌턴은 네 가지 이유를 들어 원자설을 주장했지요. 과학이 발전되면서 돌턴의 원자설도 수정되었어요.

돌턴의 원자설 ① 모든 물질은 더 이상 쪼갤 수 없는 원자로 되어 있다. ⇒ 원자보다 더 작은 입자가 발견되었어요. 원자는 전자와 원자핵으로 되어 있고, 원자핵은 다시 양성자와 중성자로 되어 있어요. 양성자와 중성자는 또 다시 쿼크라는 작은 입자로 나뉜답니다.

돌턴의 원자설 ② 같은 원소의 원자들은 동일하며 같은 종류의 원자는 크기와 질량이 같다. ⇒ 대부분의 경우 같은 원소는 같은 원자로 이루어져 크기와 질량이 같지만 그렇지 않은 원소도 있어요. 동위원소는 같은 종류의 원소이지만 원자가 달라요. 전자와 양성자의 개수가 같지만 중성자의 개수가 달라서 질량이 다른 원자가 되는 거예요. 예를 들어 수소는 중수소, 삼중수소라는 동위원소를 가지고 있답니다.

돌턴의 원자설 ③ 원자는 없어지거나 새로 생기지 않으며, 다른 종류의 원자로 변하지 않는다. ⇒ 핵융합 반응으로 수소가 합쳐져서 헬륨으로 변하기도 하고, 핵분열 반응으로 우라늄이 다른 원자로 쪼개지기도 해요.

돌턴의 원자설 ④ 서로 다른 원자들이 일정한 정수 비율로 결합하여 화합물을 만든다.

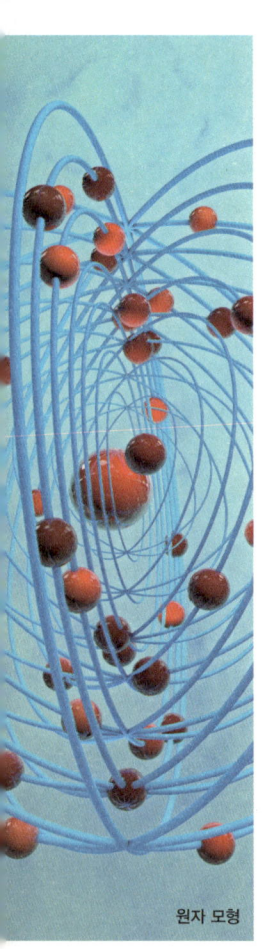

원자 모형

전자와 원자핵의 발견

영국 캐번디시 대학의 물리학 교수였던 조지프 존 톰슨(1856~1940)은 1897년 실험을 통해 전자를 발견했어요. 원자는 더 이상 쪼개지지 않는다는 돌턴의 원자설이 깨지는 순간이었지요. 톰슨은 1906년에 전자를 발견한 공로로 노벨 물리학상을 받았어요. 톰슨은 밤 식빵에 밤이 박혀 있듯 원자 안에 전자가 박혀 있을 것이라고 생각했어요.

그의 제자 어니스트 러더퍼드(1871~1937)는 스승의 생각을 증명하는 실험을 하다가 엉뚱하게도 스승의 생각이 틀렸다는 것을 밝히게 되었어요. 그는 원자의 가장 중심에는 크고 무거운 원자핵이 있고, 상대적으로 아주 작고 가벼운 전자는 원자핵을 중심으로 돌고 있다고 설명했어요. 러더퍼드는 방사성 원소 붕괴 연구로 1908년 노벨상을 받았답니다.

> **철학자들이 정의한 물질**
> 고대 그리스의 철학자 탈레스(기원전 624~545)는 만물의 근원은 물이라고 생각했어요. 아리스토텔레스(기원전 384~322)는 물뿐만 아니라 흙, 불, 공기를 물질의 기본 원소라고 보았어요. 이를 4원소설이라고 해요. 데모크리토스(기원전 약 460~380)는 세상의 모든 물질은 더 이상 쪼개질 수 없는 원자로 구성되어 있다고 주장했지만, 당시 사람들은 인정하지 않았지요. 그 후 오랫동안 원자론은 언급되지 않았답니다.

원자의 구조

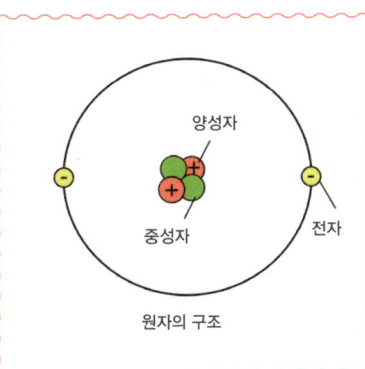
원자의 구조

원자의 한가운데에는 매우 작고 무거운 원자핵이 있어요. 그리고 그 주변을 아주 가벼운 전자가 돌고 있지요. 원자핵은 다시 중성자와 양성자로 나눌 수 있어요. 중성자와 양성자는 쿼크라는 더 작은 입자로 되어 있답니다. 중성자는 전하를 띠지 않지만 양성자는 (+)전하를 띠고 있어요. 그래서 원자핵은 (+)지요. 반면 전자는 (-)전하를 띠고 있어요. 평소에는 양성자와 전자의 개수가 같아 원자는 중성이지만, 때론 전자를 잃거나 얻어 이온이 되기도 한답니다.

데모크리토스

> **정의** **원자** 화학적으로 더 이상 쪼개질 수 없는 물질의 기본 단위

28 원소와 주기율표

고대에도 물질을 태우거나 증류하고 물질과 물질을 섞으면 다른 물질이 만들어진다는 것을 알았어요. 하지만 화학 반응에 따라 어떤 변화가 가능하거나 불가능하다는 사실은 과학이 발전하면서 밝혀진 내용이에요.

원자는 개수를 셀 때, 원소는 정체를 밝힐 때 사용해요

화학적으로 더 이상 쪼갤 수 없는 물질의 기본 단위를 원자라고 해요. 원자는 '물질을 이루는 가장 작은 입자'를 나타내며, '개개의 입자'를 헤아릴 때 써요.

원소는 '물질을 이루는 성분'을 나타내는 말로, 기본 물질의 종류를 의미해요. 예를 들어 물의 분자식은 H_2O예요. 물 분자는 수소 원자 2개와 산소 원자 1개로 구성되어 있고, 총 원자는 3개예요. 하지만 물을 이루는 원소는 수소와 산소, 두 종류인 거예요.

원소주기율표에는 118개의 원소가 정리되어 있어요

원소의 성질과 이름을 한눈에 알아볼 수 있도록 표로 정리한 것이 원소주기율표예요. 원소를 물리적, 화학적 성질에 따라서 차례대로 분류해놓았어요.

주기율표가 완성되기 전의 화학은 개별적인 원소를 분리하고 이해하는 데 집중되어서 자연에 존재하는 원소의 성질이 도대체 어떤 법칙을 따르는지 가설조차 세우기 힘든 상황이었어요. 하지만 주기율표를 통해서 원소의 화학적 특성과 반응성에 대한 이해가 깊어지면서 화학이 마침내 현대적인 과학으로 거듭날 수 있었어요.

자연에는 수소와 산소 같은 원소가 모두 몇 개 있을까요? 헬륨, 코발트, 스트론튬, 우라늄 등 지금까지 발견된 원소는 모두 118개예요. 핵반응을 통해서 인공적으로 만든 원소도 있어요. 이런 원소들은 방사성 원소로 수명이 매우 짧아 실제로 존재하는 시간도 극히 짧답니다.

원소주기율표를 정리한 멘델레예프

러시아의 화학자 드미트리 이바노비치 멘델레예프(1834~1907)는 화학 원소 간의 관계를 알아내는 데 몰두했어요. 멘델레예프가 활동하던 당시까지는 63개의 원소가 밝혀져 있었고, 그 각각에는 특정한 규칙이 있을 거라고 예측했어요.

멘델레예프는 1869년 발표한 논문 〈원소의 구성 체계에 대한 제안〉에서 아직 발견되지 않은 미지의 원소의 성질을 예측했어요. 자신이 제안한 주기율표를 완성하기 위해 당시 발견되지 않은 게르마늄과 갈륨 등의 원소를 표에 채워 넣고 그러한 원소가 가질 성질을 예측했지요. 당시 과학자들은 멘델레예프의 이러한 주장에 대해서 부정적이었어요. 말도 안 된다고 생각했지요. 하지만 그 후에 멘델레예프가 예측한 원소들이 실제로 발견되고 또 이 원소들의 성질이 멘델레예프가 예측한 값들과 매우 비슷한 것이 실험적으로 증명되어 멘델레예프의 주기율표는 마침내 받아들여졌답니다.

드미트리 이바노비치 멘델레예프

멘델레예프 이전에도 원소를 일목요연하게 정리하려는 시도는 있었지만 원소의 원자량과 성질 등에 따라 한눈에 알아볼 수 있도록 정리한 것은 멘델레예프가 처음이었어요. 멘델레예프의 주기율표는 체계적으로 원소를 분류하여 화학이 예측할 수 있는 독립된 학문 분야로 자리 잡는 데 큰 기여를 했답니다.

| 정의 | **원소** 화학적인 방법으로 더 이상 분리할 수 없는 물질. 원소는 한 종류의 원자로 만들어지고 일원자 또는 이원자 분자임 |

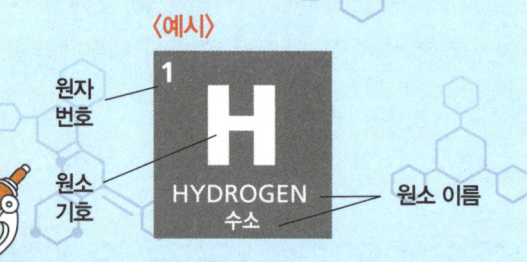

〈예시〉
원자번호 → 1
원소기호 → H
HYDROGEN 수소 ← 원소 이름

| 1 H HYDROGEN 수소 | | | | | | | | | | |

| 3 Li LITHIUM 리튬 | 4 Be BERYLLIUM 베릴륨 |

비금속 / 알칼리 금속 / 알칼리 토금속 / 전이 금속 / 전이후 금속 / 준금속 / 할로젠 / 분류없음 / 비활성기체 / 악티늄족 / 란타넘족

| 11 Na SODIUM 소듐(나트륨) | 12 Mg MAGNESIUM 마그네슘 |

| 19 K POTASSIUM 포타슘(칼륨) | 20 Ca CALCIUM 칼슘 | 21 Sc SCANDIUM 스칸듐 | 22 Ti TITANIUM 타이타늄(티탄) | 23 V VANADIUM 바나듐 | 24 Cr CHROMIUM 크로뮴(크롬) | 25 Mn MANGANESE 망가니즈(망간) | 26 Fe IRON 철 | 27 Co COBALT 코발트 |

| 37 Rb RUBIDIUM 루비듐 | 38 Sr STRONTIUM 스트론튬 | 39 Y YTTRIUM 이트륨 | 40 Zr ZICRONIUM 지르코늄 | 41 Nb NIOBIUM 나이오븀 | 42 Mo MOLYBDENUM 몰리브데넘 | 43 Tc TECHNETIUM 테크네튬 | 44 Ru RUTHENIUM 루테늄 | 45 Rh RHODIUM 로듐 |

| 55 Cs CAESIUM 세슘 | 56 Ba BARIUM 바륨 | 57-71* | 72 Hf HAFNIUM 하프늄 | 73 Ta TANTALUM 탄탈럼(탄탈) | 74 W TUNGSTEN 텅스텐 | 75 Re RHENIUM 레늄 | 76 Os OSMIUM 오스뮴 | 77 Ir IRIDIUM 이리듐 |

| 87 Fr FRANCIUM 프랑슘 | 88 Ra RADIUM 라듐 | 89-103** | 104 Rf RUTHERFORDIUM 러더포늄 | 105 Db DUBNIUM 두브늄 | 106 Sg SEABORGIUM 시보귬 | 107 Bh BOHRIUM 보륨 | 108 Hs HASSIUM 하슘 | 109 Mt MEITNERIUM 마이트너륨 |

* | 57 La LANTHANUM 란타넘(란탄) | 58 Ce CERIUM 세륨 | 59 Pr PRASEODYMIUM 프라세오디뮴 | 60 Nd NEODYMIUM 네오디뮴 | 61 Pm PROMETHIUM 프로메튬 | 62 Sm SAMARIUM 사마륨 | 63 Eu EUROPIUM 유로퓸 |

** | 89 Ac ACTINIUM 악티늄 | 90 Th THORIUM 토륨 | 91 Pa PROTACTINIUM 프로트악티늄 | 92 U URANIUM 우라늄 | 93 Np NEPTUNIUM 넵투늄 | 94 Pu PLUTONIUM 플루토늄 | 95 Am AMERICIUM 아메리슘 |

원소주기율표

							2 **He** HELIUM 헬륨
5 **B** BORON 붕소	6 **C** CARBON 탄소	7 **N** NITROGEN 질소	8 **O** OXYGEN 산소	9 **F** FLUORINE 플루오린(불소)	10 **Ne** NEON 네온		
13 **Al** ALUMINIUM 알루미늄	14 **Si** SILICON 규소	15 **P** PHOSPHORUS 인	16 **S** SULFUR 황	17 **Cl** CHLORINE 염소	18 **Ar** ARGON 아르곤		

28 **Ni** NICKEL 니켈	29 **Cu** COPPER 구리	30 **Zn** ZINC 아연	31 **Ga** GALLIUM 갈륨	32 **Ge** GERMANIUM 저마늄(게르마늄)	33 **As** ARSENIC 비소	34 **Se** SELENIUM 셀레늄(셀렌)	35 **Br** BROMINE 브로민(브롬)	36 **Kr** KRYPTON 크립톤
46 **Pd** PALLADIUM 팔라듐	47 **Ag** SILVER 은	48 **Cd** CADMIUM 카드뮴	49 **In** INDIUM 인듐	50 **Sn** TIN 주석	51 **Sb** ANTIMONY 안티모니(안티몬)	52 **Te** TELLURIUM 텔루륨(텔루르)	53 **I** IODINE 아이오딘(요오드)	54 **Xe** XENON 제논(크세논)
78 **Pt** PLATINUM 백금	79 **Au** GOLD 금	80 **Hg** MERCURY 수은	81 **Tl** THALLIUM 탈륨	82 **Pb** LEAD 납	83 **Bi** BISMUTH 비스무트	84 **Po** POLONIUM 폴로늄	85 **At** ASTATINE 아스타틴	86 **Rn** RADON 라돈
110 **Ds** DARMSTADTIUM 다름슈타튬	111 **Rg** ROENTGENIUM 뢴트게늄	112 **Cn** COPERNICIUM 코페르니슘	113 **Nh** NIHONIUM 니호늄	114 **Fl** FLEROVIUM 플레로븀	115 **Mc** MOSCOVIUM 모스코븀	116 **Lv** LIVERMORIUM 리버모륨	117 **Ts** TENNESSINE 테네신	118 **Og** OGANESSON 오가네손

| 64
Gd
GADOLINIUM
가돌리늄 | 65
Tb
TERBIUM
터븀 | 66
Dy
DYSPROSIUM
디스프로슘 | 67
Ho
HOLMIUM
홀뮴 | 68
Er
ERBIUM
어븀 | 69
Tm
THULIUM
툴륨 | 70
Yb
YTTERBIUM
이터븀 | 71
Lu
LUTETIUM
루테튬 |
| 96
Cm
CURIUM
퀴륨 | 97
Bk
BERKELIUM
버클륨 | 98
Cf
CALIFORNIUM
캘리포늄 | 99
Es
EINSTEINIUM
아인슈타이늄 | 100
Fm
FERMIUM
페르뮴 | 101
Md
MENDELEVIUM
멘델레븀 | 102
No
NOBELIUM
노벨륨 | 103
Lr
LAWRENCIUM
로렌슘 |

29 분자

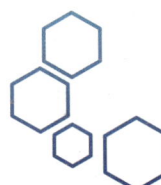

원자가 다른 원자와 결합하여 특정한 물질의 성질을 보이는 것을 분자라고 불러요. 분자의 종류에는 산소 분자나 물 분자처럼 2~3개의 원자들이 결합한 것부터 DNA처럼 약 2,000억 개의 원자들이 결합한 분자까지 종류가 다양해요.

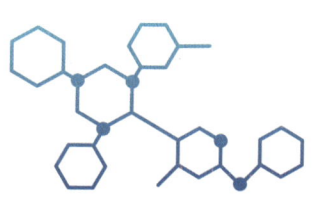 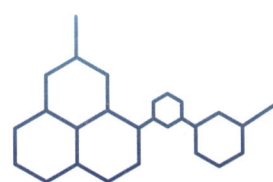 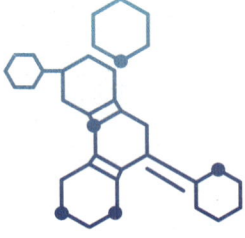 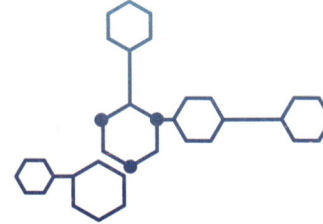

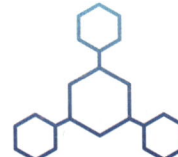

 분자는 '물질의 성질을 가지고 있는 가장 작은 입자'예요

산소가 원자로 있으면 우리가 아무리 많이 숨을 쉬어도 세포에서 쓰이지 못해서 질식하고 말아요. 산소 2개가 붙어 있는 산소 분자가 비로소 산소의 성질을 갖는 가장 작은 입자예요. 그렇다면 산소 원자 3개가 붙으면 어떨까요? 실제로 산소 원자가 3개 붙은 분자가 있어요. 바로 오존(O_3)이에요. 오존은 태양에서 오는 자외선을 흡수해줘요. 산소 원자 1개나 산소 분자는 오존 분자와는 전혀 다른 성질을 갖기 때문에 자외선을 흡수할 수 없답니다.

 대부분의 기체는 분자 상태로 존재해요

산소 하나만 있으면 산소 원자, 수소 하나만 있으면 수소 원자예요. 산소가 2개 붙어 있는 O_2는 산소 분자, 수소가 두 개 붙어 있는 H_2는 수소 분자라고 말해요. 실제로 공기 중에 있는 산소는 분자 상태로 존재하지요. 공기 중의 수소도 항상 둘이 붙어 있는 수소 분자로 존재한답니다. 질소나 염소 등 대부분의 기체는 분자 상태예요. 하지만 간혹 원자 상태로 있는 기체도 있어요. 목소리를 변조시키는 헬륨이나, 화려한 간판에 쓰이는 네온 기체는 원자 상태로 존재한답니다.

화학 반응을 통해 생긴 분자는 자기만의 독특한 성질을 가져요

2개 이상의 원자가 화학 반응을 일으키면 새로운 물질인 화합물이 만들어져요. 설탕이 물과 섞인다거나 물이 수증기나 얼음으로 변하는 반응은 반응 전과 후의 설탕 분자나 물 분자가 그대로 있어요. 이런 반응을 물리 반응이라고 해요.

산화철

화학 반응이 일어나면 성질이 전혀 다른 새로운 분자가 탄생해요. 철이 녹스는 것은 산화 반응이라고 해요. 철과 산소가 결합하여 철이나 산소의 성질이 아닌 산화철이라는 새로운 분자가 만들어지지요. 산과 염기가 만나 중성인 물질이 되는 중화 반응도 화학 반응이에요.

질량 보존의 법칙을 발견한 라부아지에

근대 화학의 아버지로 불리는 라부아지에(1743~1794)는 세금 징수관으로 일하면서 과학 연구에 몰두하여 어마어마한 업적을 남겼어요. 그중 하나가 바로 질량 보존의 법칙이에요. 화학 반응이 일어날 때 반응 전과 반응 후의 질량이 항상 같다는 것이 질량 보존의 법칙이지요. 화학 반응이 일어난다고 해서 기존에 있던 물질이 완전히 소멸하거나 전에 없던 새로운 물질이 생겨나는 게 아니라는 것을 알려주는 중요한 법칙이에요. 즉 화학 반응이 물질의 형태와 성질은 바꿀지 모르지만 물질을 구성하는 원자는 반응 전과 후에 변함이 없는 거예요.

> **기체 반응의 법칙**
> 프랑스의 화학자이자 물리학자인 조제프 루이 게이뤼삭(1778~1850)이 발견한 기체 반응의 법칙은 같은 온도와 압력에서 기체들이 반응할 때, 기체 부피들 사이에는 항상 간단한 정수비가 성립한다는 거예요. 수소와 산소가 반응하여 수증기가 될 때, 수소 : 산소 : 수증기의 부피비가 2 : 1 : 2로 일정하게 나타난다는 것이지요. 게이뤼삭의 이러한 연구는 훗날 아보가드로가 분자설을 제시하는 데 큰 영향을 미쳤어요.

앙투안로랑 드 라부아지에

| 정의 | **분자** 물질의 성질을 나타내는 가장 작은 입자 |

30 수소, 헬륨, 리튬, 질소

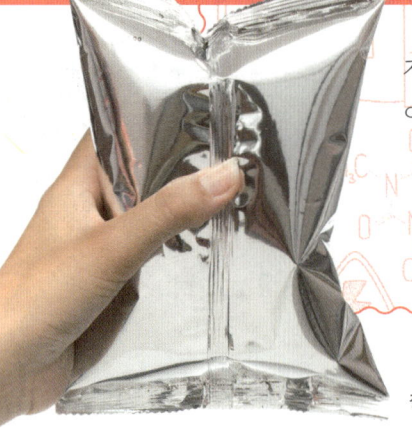

자연에 있는 원소 중에서 수소, 헬륨, 리튬은 차례대로 가장 가벼운 원소이지만 그 성질은 서로 매우 달라요. 어떻게 다를까요?

질소 포장 용기

🧪 수소는 세상에서 가장 가벼운 원소예요

수소는 우주에서 가장 먼저 생긴 원소로, 다른 원소는 모두 수소로부터 핵융합 과정을 거쳐서 생기게 되었어요. 태양도 수소를 재료로 빛나고 있으니, 수소는 우주의 모든 물질 중 기본 재료라고 해도 과언이 아니에요. 수소는 산소와 만나면 폭발하는 성질이 있어요.

이러한 반응성으로 인해 수소는 원자 혼자 있을 수가 없어요. 공기 중의 수소 기체는 수소 2개가 붙어 있어 수소 분자라고 하지요. 또한 물을 이루고 있는 수소는 산소와 결합해 있답니다.

헬륨은 다른 물질과 거의 반응하지 않아요

헬륨 풍선

원소주기율표의 두 번째 원소는 헬륨이에요. 헬륨은 수소 다음으로 우주에 많은 원소로 우주의 물질 중 약 24%를 차지하고 있어요. 헬륨은 공기보다 가볍지만 수소와는 다르게 다른 물질과 거의 반응하지 않아요. 그래서 비행선이나 풍선 등에 쓰더라도 폭발할 위험이 없지요. 대신에 액체로 만들기가 아주 어려워요. -268℃의 매우 낮은 온도에서 액체 헬륨을 만들 수 있어요. 1기압에서는 절대 영도가 되어도 고체가 되지 않아요.

밝은 은색의 아주 부드러운 금속, 리튬

리튬 건전지

리튬은 금속이지만 칼로 자를 수 있을 만큼 무르고, 금속 중에서 가장 가벼워요. 이러한 특징 덕분에 우리 생활을 편리하게 해주는 스마트폰, MP3, 보조 배터리 등 전자 기기의 대부분은 리튬 전지를 사용하고 있어요. 리튬 전지는 가벼우면서도 전압이 높고 효율적이라 휴대용 전자 기기를 오랫동안 사용할 수 있게 만들어주지요. 비슷한 이유로 전기 자동차가 대중화되는 데도 꼭 필요한 원소예요. 리튬은 조울증 치료에도 쓰인답니다.

리튬의 보고, 우유니 사막
남아메리카 볼리비아에 있는 우유니 사막은 소금으로 뒤덮여 있어요. 낮에는 푸른 하늘과 구름이, 밤에는 쏟아지는 별빛이 소금 호수에 그대로 비치는 아름다운 곳이지요. 볼리비아의 소금 속에는 리튬이 많이 들어 있어요. 전 세계 리튬의 절반이 이곳에 숨어 있다고 해요.

질소는 우리와 아주 친숙한 원소예요

질소는 공기의 약 78%로 가장 많은 부분을 차지하고 있어요. 모든 생명체의 단백질을 이루는 구성 성분으로 우리에게도 꼭 필요한 원소예요. 질소는 생활 속에서도 많이 쓰여요. 과자 봉지에는 질소를 넣어 외부 충격에 의해 과자가 부서지는 것을 방지하지요. 액체 질소는 온도가 -196℃로 매우 낮아요. 무엇이든 넣으면 순식간에 꽝꽝 얼어버리지요. 이런 성질을 이용해 구슬 아이스크림을 만들 수 있지요. 또 금붕어를 액체질소에 넣었다가 따뜻한 물로 옮기면, 순간적으로 냉동되었다가 살아나요. 이것이 냉동 인간의 원리예요.

정의
- **수소** 우주에 존재하는 가장 가볍고 많은 원소. 반응성이 높고 특히 산소와 격렬하게 반응함
- **헬륨** 반응성이 낮아서 매우 안정한 원소. 1기압에서는 절대 영도에서도 응고되지 않는 유일한 원소임
- **리튬** 밀도가 가장 작은 금속성 원소. 반응성이 높고 물과 급격하게 반응함
- **질소** 공기의 대부분을 차지하는 원소로 단백질을 이루는 데 필수적인 역할을 함

31 산소

산소는 호흡을 통해 에너지를 만드는 데 쓰이기 때문에 지구의 생명 현상에 절대적인 영향을 미쳐요. 반응성이 높아서 물질을 부식시키거나 세포의 노화를 촉진시키기도 하지요.

🧪 우리가 호흡하는 공기는 산소가 아니에요

지구상의 거의 대부분의 생명체는 산소 없이 살 수 없어요. 사람의 경우 산소 없이 5분이 지나면 뇌사에 빠지고 8분이 지나면 목숨을 잃어요. 공기의 대부분은 질소로 공기 성분의 78%를 이루고 있고, 산소는 약 21%를 차지하지요. 공기 중의 산소는 무조건 많이 있는 것보다 적당한 양이 있는 것이 좋아요. 반응성이 매우 높아 대부분의 물질을 태우기 때문이에요. 산소 농도가 높을 경우 오히려 산소 중독 증상이 발생해서 구토나 메스꺼움을 느끼고, 심하면 폐가 손상되지요.

🧪 지구상의 모든 모래에는 산소가 있어요

산소는 화학적으로 활성이 매우 높아서 대부분의 원소와 반응하며, 많은 경우 반응 과정에서 열과 빛을 내지요. 즉 불이 붙는 연소 현상이지요. 옛날에는 물질에 불이 붙는 현상을 설명하지 못해서 여러 가지 가설이 있었어요. 1780년대 학자들은 연소 현상은 물질에 존재하는 플로지스톤이라는 입자가 소모되는 것이라고 설명했어요. 그러나 이 가설에는 치명적인 결함이 있었어요. 금속이 연소되면 플로지스톤이 소모되는데도 오히려 질량이 증가하기 때문이지요.

마침내 라부아지에가 플로지스톤이라는 입자는 없고 연소는 물질과 산소가 결합하는 현상이라는 것을 밝혀냈어요. 산소의 높은 활성 때문에 지구의 지각에 존재하는 원소는 거의 대부분 산소와 결합해 있어요. 대표적인 예로 규소는 산소와 결합해서 이산화규소로 존재해요. 이것이 바로 모래예요.

> **산소라는 이름을 붙여준 라부아지에**
> 질량 보존의 법칙과 산소(oxygen)의 발견으로 유명한 프랑스의 라부아지에는 근대 화학의 아버지라고 불려요. 그는 1785년 물을 연구해 물을 산소와 수소로 분리하기도 하고 산소로 수소와 물을 만들어내기도 했어요. 이로써 물은 독립된 원소가 아니라 산소가 수소와 결합한 화합물이라는 것을 알아냈지요. 또 산소가 생물에 없어선 안 될 기체라는 것도 실험으로 증명했어요.

산소 원자 3개가 결합해서 분자를 이룬 것이 오존이에요

오존(O_3)은 2원자 분자와는 다르게 상온에서 푸른빛을 띠고 독특한 냄새가 나요. 또한 반응성이 워낙 강해서 살균이나 악취 제거에 이용되지만 이 때문에 인체에는 해로워요. 지표면에 있는 오존은 생명체에 해가 되지만 대기 높은 곳의 오존은 생명체가 살아가는 데 꼭 필요하지요. 태양으로부터 오는 강한 자외선을 흡수해서 지표 생물의 DNA나 세포가 손상되는 것을 막아주거든요.

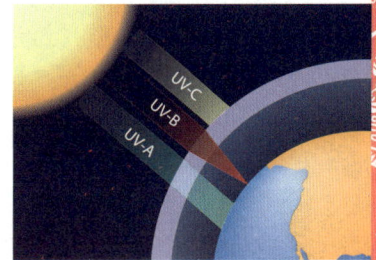

오존층

일반적인 산소보다 반응성이 더욱 활발한 활성 산소

활성 산소는 인체 내의 다른 분자들과 쉽게 반응을 해서 세포나 조직을 손상시키고 심지어 DNA를 변형시킬 수도 있어요. 호흡을 통해서 산소를 들이마시는 한 활성 산소는 항상 발생할 수밖에 없어요. 다행히 식물의 경우 엽록소와 다른 보조 색소들이 호흡 과정에서의 활성 산소를 방지해줘요. 동물의 경우도 여러 효소들이 활성 산소를 없애줘요. 비타민 C와 비타민 E도 생체 조직을 활성 산소로부터 보호해줘요.

> **정의** **산소** 화학 원소 중의 하나로 상온에서 산소 원자 2개가 결합하여 무색, 무취, 무미의 산소 분자 기체로 존재하며 산소 분자는 대기 부피의 약 21%를 차지함

32 이산화탄소

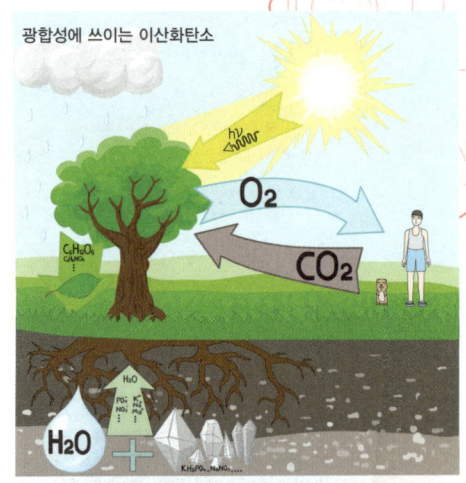

대기 중의 이산화탄소는 지구에서 우주로 나가는 복사 에너지를 지구로 다시 반사시켜서 지구의 온도를 높이는 온실 효과를 일으켜요. 그렇지만 대기 중의 이산화탄소가 모두 사라진다면 지구상의 식물들이 광합성을 하지 못해서 생태계 전체가 위험해질 수도 있어요.

이산화탄소의 검출과 생성

수산화칼슘을 물에 녹인 용액을 석회수라고 해요. 석회수는 투명하지만 이산화탄소 기체와 반응하면 탄산칼슘 앙금을 만들어서 뿌옇게 변하지요. 석회수가 뿌옇게 변하는 것을 이용해서 이산화탄소를 검출할 수 있어요. 반대로 탄산칼슘으로부터 이산화탄소를 만들어낼 수도 있어요. 석회암은 주성분이 탄산칼슘인데, 염산과 반응시키면 이산화탄소 기체가 발생해요. 탄소와 결합하고 있는 물질을 연소시켜도 이산화탄소를 만들 수 있어요. 음식을 만드는 과정에서도 이산화탄소 기체가 발생해요. 바로 알코올 발효이지요.

고체 이산화탄소, 드라이아이스

대기 중의 질소와 산소는 온도가 매우 낮아지면 액체로 바뀌어요. 질소는 -196℃, 산소는 -183℃가 되면 액체가 되지요. 그런데 신기하게도 이산화탄소는 1기압에서 아무리 온도를 떨어뜨려도 액체가 되지 않아요. 대신에 온도가 -78.5 ℃ 이하로 내려가면 기체 상태에서 바로 고체가 된답니다. 고체 이산화탄소를 드라이아이스라고 해요. 드라이아이스는 얼음보다 차갑고, 녹으면 공기 중에 사라지기 때문에 편리한 냉각제로 쓰여요. 연극이나 콘서트 등의 무대에서 연출된 흰 연기도 드라이아이스를 이용해요

이산화탄소는 소화기에도 쓰여요

이산화탄소에 압력을 가하면 액체 이산화탄소가 만들어지는데, 이것을 소화기 안에 넣은 것이 이산화탄소 소화기예요. 이산화탄소 소화기는 불이 꺼지고 난 후 모두 기체로 날아가서 흔적이 거의 남지 않아요. 그래서 박물관이나 미술관에서 이산화탄소 소화기를 많이 사용하지요.

> **탄산음료도 이산화탄소를 이용해서 만들어요**
> 물에 이산화탄소 기체를 녹이면 이산화탄소와 물이 반응해서 탄산을 만들어요. 바로 이 탄산이 특유의 톡 쏘는 상쾌한 맛을 내요. 탄산음료를 인공적으로 처음 만든 사람은 조지프 프리스틀리예요. 그는 맥주가 발효할 때 생기는 거품을 모아서 물에 녹여보았어요. 이것이 바로 탄산수인데, 이것을 이용해 탄산음료를 만들었지요.

호흡과 이산화탄소

우리 몸은 한시도 쉬지 않고 활동하고 있어요. 잠을 자거나 편안히 누워서 아무것도 하지 않을 때도 심장과 감각 세포들, 뇌신경을 포함한 신경 세포들은 활동하고 있고 몸을 이루는 체세포들도 끊임없이 분열하고 있어요. 이러한 활동에는 당연히 에너지가 필요하지요.

우리는 몸이 필요로 하는 대부분의 에너지를 음식물을 통해서 섭취해요. 그렇지만 이러한 음식물이 바로 에너지로 쓰이는 것은 아니에요. 적절한 과정을 거쳐서 몸 구석구석의 세포가 활용할 수 있는 형태로 에너지를 바꿔줘야 해요. 바로 이 과정에서 산소가 필요해요.

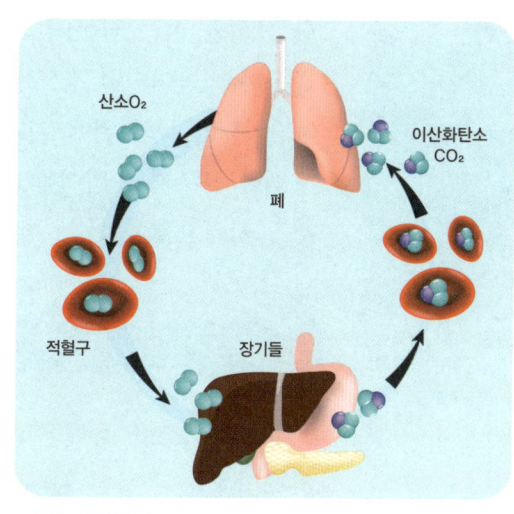

호흡과 이산화탄소

그렇다면 이산화탄소는 왜 생기는 걸까요? 그것은 바로 세포가 산소를 이용해서 포도당을 분해하여 에너지를 얻기 때문이에요. 포도당에는 탄소와 수소가 포함되어 있어서 포도당이 분해되면 탄소와 산소가 결합한 이산화탄소와 수소와 산소가 결합한 물이 나온답니다.

> **정의** **이산화탄소** 탄소 원자 1개에 산소 원자 2개가 결합한 화합물. 대기압에서 기체 상태로 존재하며 색, 냄새, 맛이 없음

33 교과서에 나오는 화합물

자연에 있는 다양한 원소들은 서로 결합할 수 있는데, 결합 후 물질은 결합 전 원소의 특성을 갖지 않고 새로운 특성을 갖게 되지요. 두 가지 이상의 원소가 결합해서 생긴 새로운 물질을 화합물이라고 해요.

염산은 수소와 염소가 만나서 만들어진 분자예요

염산은 원래는 염화수소라고 불리는 푸른색 기체인데, 물에 용해되면 아주 강한 산성을 띠는 염산이 되지요. 염산은 피부에 닿으면 피부가 바로 타들어가고, 금속까지 녹여버릴 정도예요. 실험실에서는 물에 희석한 묽은 염산을 많이 사용해요. 우리 몸의 위에서 나오는 위산의 성분도 염산이에요. 위산은 위에 들어온 음식물의 부패를 막아줘요. 염산을 구성하고 있는 염소는 수영장이나 수돗물의 소독 약품으로 쓰여요. 청소할 때 쓰는 락스의 재료로도 쓰이지요.

수영장의 소독 약품으로 쓰이는 염산

염기성 용액, 수산화나트륨 용액

수산화나트륨 용액은 수산화나트륨이라는 하얀색 고체를 물에 녹여서 만든 용액이에요. 수산화나트륨 용액은 수소, 산소 그리고 나트륨으로 구성된 매우 강한 염기성 용액이지요. 수소와 산소, 나트륨이 화학적으로 결합되어 있어 수소의 성질이나 산소의 성질은 갖고 있지 않아요. 소량으로 비누의 재료로 쓰이기도 하고 간장이나 맥주와 같은 음식에 첨가되기도 해요. 하지만 쓴맛이 나기 때문에 너무 많이 넣으면 맛이 좋지 않아요.

석회수는 수산화칼슘을 물에 녹인 용액이에요

수산화칼슘은 수소와 산소, 칼슘으로 이루어진 화합물이에요. 수산화칼슘은 물에 잘 녹진 않지만 녹기만 하면 강염기가 되기 때문에 산성이 된 토양을 중화시키는 등 많이 쓰이는 물질이지요. 석회수는 이산화탄소와 만나면 탄산칼슘이라는 물질을 만드는데, 탄산칼슘은 물에 녹지 않기 때문에 뿌옇게 보인답니다. 이 반응을 이용하면 석회수로 이산화탄소를 검출할 수 있어요.

석회수의 구성 원소인 칼슘은 사실 금속이에요. 우리 몸에서도 중요한 역할을 해요. 뼈와 이빨에서는 결정을 이루어서 몸의 형태를 단단히 잡아주고, 체액에서는 이온으로 존재해서 각종 생리 현상을 조절해요. 칼슘은 유제품, 멸치 등에 많답니다.

시트르산은 산성 물질로 구연산이라고도 해요

시트르산은 과일에 많이 들어 있는 약한 산성 물질로 우리 몸에 해가 되지 않아요. 사탕과 같은 과자나 음식, 음료수에 신맛을 첨가할 때 많이 쓰이고 있지요. 사이다 성분에 적힌 것을 보면 시트르산이라고 되어 있지 않고 구연산이라고 표기되어 있어요. 시트르산은 살균 소독 작용도 하기 때문에 안전한 보존제, 청소용으로도 쓰이는 만능 물질이에요.

귤에서 주로 발견되는 시트르산

탄산수소나트륨은 베이킹소다를 말해요

탄산수소나트륨은 탄소와 산소, 수소, 나트륨으로 이루어져 있지요. 물에 녹으면 약한 염기성을 띠고, 쓴맛이 나요. 빵을 부풀릴 때 사용하는 안전한 식품이지요. 달고나를 만들 때 설탕을 녹이고 마지막에 하얀 가루를 살짝 넣으면 부풀어 오르지요. 이때 사용하는 하얀 가루가 탄산수소나트륨, 즉 베이킹소다예요. 또한 베이킹소다는 농약이나 먼지 등의 이물질을 흡착시키는 성질이 있어 과일이나 야채를 안전하게 씻는 데에도 사용되고 있어요.

베이킹소다를 이용해 부풀린 빵

정의

염산 수소와 염소가 만나서 만들어진 화합물. 기체 상태에서는 염화수소라고 부르고, 물에 녹여 액체로 만든 것은 염산이라 함

수산화나트륨 나트륨과 수산화 이온이 결합한 화합물로 상온에서 고체 상태임

석회수 칼슘과 수산화 이온이 결합한 화합물인 수산화칼슘을 물에 녹인 것

시트르산 과일에 들어 있는 아주 약한 산성을 띠는 화합물

탄산수소나트륨 탄소와 산소, 수소, 나트륨이 만나 만들어진 화합물로 베이킹소다라고 부름

34 상태 변화

물, 얼음, 수증기를 이루는 분자는 모두 같아요. 분자 1개만 있을 때에는 열을 가하거나 뺀다고 해도 물, 얼음, 수증기처럼 성질이 변하지는 않아요. 물질의 상태 변화는 분자를 변화시키는 것이 아니라 분자들 사이의 결합을 변화시키는 것이에요.

🧪 우리 주위의 모든 물질은 네 가지 상태로 존재해요

고체 모양과 부피가 일정해요. 단단하고 압력을 가하더라도 잘 압축되지 않아요.

액체 담는 그릇에 따라 모양이 달라져요. 압축이 거의 되지 않아서 부피가 일정해요.

기체 담는 그릇에 따라 모양이 달라지지요. 부피도 변하고 쉽게 압축되는 특징이 있어요.

플라스마 예전에는 이렇게 세 가지 상태로 물질이 존재한다고 생각했어요. 최근에 '플라스마'라는 새로운 상태가 추가되었어요. 플라스마는 기체 상태의 물질을 더 가열했을 때 나타나는 이온화된 기체를 말해요. 전압을 걸었을 때 전류가 흐를 수 있는 기체예요.

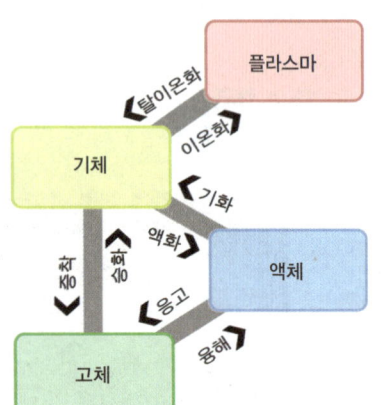

융해, 응고, 기화, 액화, 승화의 상태 변화

물질은 눈에 보이지 않는 매우 작은 원자나 분자로 이루어져 있어요. 물질의 상태가 바뀌는 데에는 원자나 분자 사이의 결합이 중요해요.

고체는 분자들이 서로 강하게 연결되어 거의 움직임이 없는 상태예요. 고체를 가열하면 액체가 되는데, 이러한 과정을 융해라고 해요. 반대로 고체보다 결합이 약한 액체가 열을 방출하면서 고체가 되는 과정이 응고예요.

차가운 아이스크림 주위에서 공기 중의 수증기가 액화되는 모습

액체가 열을 흡수하면서 기체가 되는 과정을 기화라고 해요. 기체는 분자들끼리의 결합이 거의 없는 상태로, 각자 활발하게 움직이고 있어요. 더울 때 우리 몸이 땀을 흘려 체온을 조절하는 것도 기화열을 이용한 거예요. 반대로 기체가 액체가 될 때에는 열을 방출해요. 이 과정을 액화라고 해요.

고체에 열을 가하면 분자들은 에너지를 얻으면서 서로 떨어져 움직이려고 해요. 그래서 액체가 되지요. 액체에 더 많은 열을 가하면 분자들은 더 활발하게 움직이면서 결합을 끊고 기체 상태가 돼요. 보통은 액체에서 기체로 변화하지만 고체가 바로 기체가 되거나 기체가 바로 고체가 되는 경우도 있어요. 이러한 과정을 승화와 증착이라고 해요. 아이스크림을 사면 넣어주는 드라이아이스는 액체가 되지 않고 사라지지요. 고체인 드라이아이스가 기체가 되는 것이에요.

압력에 의해서도 상태가 변해요

가스를 아주 높은 압력으로 저장하면 액체가 되지요. 야외에서 사용하는 부탄가스는 높은 압력을 주어 액체 상태로 저장한 거예요. 라이터 연료도 마찬가지로 압력을 높여 액체 상태로 저장한 거지요. 라이터를 열면 압력이 낮아지면서 액체 연료가 기화해서 새어나와요.

꽁꽁 언 호수에서 낚시가 가능할까요?

물을 얼리면 얼음은 물보다 부피가 커져요. 실제로 물은 4℃에서 부피가 가장 작고, 밀도가 가장 커요. 추운 겨울날 호수는 윗부분부터 물의 온도가 내려가기 시작해요. 4℃가 되면 물은 무거워져서 바닥으로 가라앉아요. 이 과정을 반복하다 보면 호수 전체가 4℃가 되겠지요. 이때부터 호수 표면이 얼기 시작해요.

얼음은 4℃의 물보다 밀도가 낮기 때문에 아래로 가라앉지 않고 표면만 덮게 된답니다. 따라서 얼어붙은 호수 아래에서 물고기가 살 수 있어요.

정의 **상태 변화** 어떤 물질이 온도나 압력에 의해 물질의 상(相, phase)이 변하는 현상

35 압력

좁은 곳에 힘이 집중될 때 그 힘의 효과는 매우 커져요. 압력은 힘이 얼마나 집중되었는지를 나타내는 정도라고 할 수 있어요.

힘과 압력은 비슷한 것 같지만 서로 다른 양이에요

힘이 같더라도 압력이 다를 수 있어요. 한 개의 핀 위에 풍선을 누르면 풍선이 찢어지면서 터져버려요. 하지만 여러 개의 핀을 깔아놓고 풍선을 누르면 쉽게 터지지 않아요. 여러 개의 핀 끝에 힘이 나누어졌기 때문이에요.

반대로 압력이 같더라도 힘이 다를 수도 있어요. 책상 끝에 자를 올리고 신문지를 덮은 다음 힘껏 자를 내리치면 신문지는 멀쩡하고 자가 부러져요. 신문지를 누르고 있는 대기압에 의해서 신문지 위에 힘이 가해져 신문지 밑에 깔린 자도 그만큼의 힘으로 눌렸기 때문이에요. 만약 신문지의 크기를 줄이면 자가 부러지지 않고 신문지가 날아가요. 신문지의 넓이와 상관없이 압력은 같지만 신문지 위에 가해지는 힘은 신문지가 넓을수록 커져요.

공기 무게의 의해 생기는 대기압

신문지와 자를 이용한 실험에서 신문지에 대기압이 가해진다고 했어요. 이 압력은 신문지 위의 공기의 무게에서 온 거예요. 눈에 보이지도 않고 만져지지도 않는 공기도 지구의 중력을 받는데, 바로 이것이 공기의 무게이지요.

그렇다면 공기의 무게는 대체 얼마나 될까요? 1m²당 공기의 무게는 10,000kg 이상이 되지요. 대기권의 높이가 대략 1,000km 정도라는 것을 생각하면 정말 어마어마한 양의 공기가 우리 머리 위에 있는 셈이에요. 이런 엄청난 무게가 우리를 누르고 있다면 우리는 왜 납작하게 눌려지지 않는 것일까요? 그것은 우리 몸 속의 공기가 몸 바깥의 대기압과 평형을 이루고 있기 때문이에요.

우주선과 우주복의 기압

무게를 느낄 수 없는 우주선 안에서는 기압이 0일까요? 사실 우주선 안의 기압은 1기압이에요. 한편 우주복 안의 기압은 대기압의 1/3이에요. 또 우주복 안의 공기는 질소와 산소가 섞인 것이 아니라 100% 산소로 되어 있답니다. 그래서 우주인들은 우주복을 입고 기압에 적응하는 데 1시간 정도 걸린다고 해요. 그렇다면 우주복 없이 맨몸으로 우주 밖으로 나가면 어떻게 될까요? 숨을 참기가 몹시 힘들고, 잠수병처럼 혈액에 녹아 있던 산소 기포가 커져요. 또한 압력이 낮아지면 끓는점이 내려가서 체액이 끓어올라요. 우주복이 얼마나 중요한지 알 수 있겠죠?

🪐 물 밑으로 내려가면 수압이 작용해요

단위 면적당 물의 무게가 수압이에요. 물 밑으로 내려갈수록 우리 머리 위의 물의 양은 많아지기 때문에 깊은 곳일수록 수압이 높아져요. 물속에서는 10m 내려갈 때마다 압력이 1기압씩 증가하지요. 수심 30m에서는 수압 3기압과 대기압 1기압을 합한 4기압을 잠수부가 견뎌야 해요. 그래서 편하게 숨을 쉬려면 4기압의 압력을 가진 고압 공기를 마셔야 해요. 그렇지만 이

때 4기압의 공기는 1기압의 공기보다 압축되어서 혈액에 녹게 되지요. 그런데 이 상태로 물 밖으로 나오면 공기가 혈관과 조직에서 팽창해서 통증, 감각 이상, 심한 경우 척수 신경 손상 등의 잠수병이 생길 수 있어요. 그래서 물속 깊은 곳을 잠수할 때는 반드시 천천히 올라와야 한답니다.

> **정의** **압력** 단위 면적에 수직으로 가해지는 힘의 양. 단위는 파스칼 $Pa=N/m^2$

36 보일의 법칙

물속에서 생긴 공기방울은 물 위로 떠오르면서 점점 커져요. 공기방울이 물에서 공기를 흡수할 수도 없을 텐데 어떻게 된 걸까요?

보일의 법칙

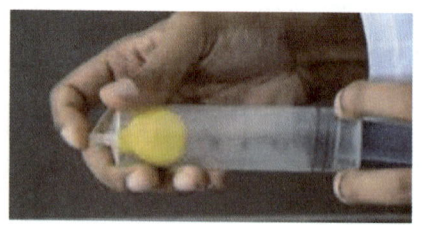

주사기 구멍을 손가락으로 막고 주사기 손잡이를 누르면 공기의 부피가 줄어들어요. 손잡이를 누르면서 압력이 커지기 때문에 부피가 줄어들어요. 기체의 압력과 부피는 반비례해요. 만약 기체의 압력이 2배가 되면 부피는 반으로 줄어드는 것이지요. 기체의 이러한 성질을 발견한 사람은 뉴턴과 비슷한 시기에 살았던 아일랜드의 과학자 로버트 보일이에요. 그는 수은 기둥을 이용하여 1662년 기체의 온도와 질량이 일정할 때 기체의 부피와 압력의 곱이 일정하다는 보일의 법칙을 발견했어요.

보일의 실험

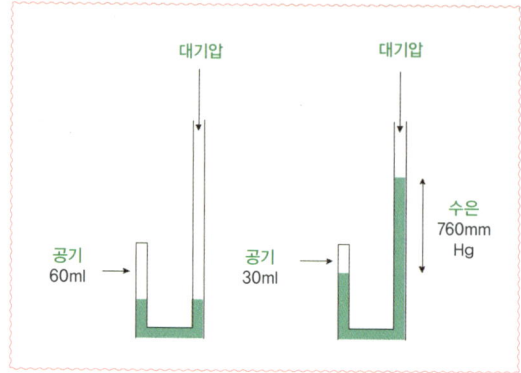

보일의 실험

보일은 토리첼리의 수은 기둥 실험에서 아이디어를 얻어 수은 기둥의 높이를 조절해서 압력의 크기를 변화시키는 방법을 고안했어요. 3m 길이의 갈고리(J) 모양 유리관을 준비해서 수은을 천천히 채워요. 그러면 어느 순간 유리관 왼쪽과 오른쪽의 수은 높이가 같아지면서 갈고리 부분에 공기가 갇히게 되지요. 이때 갇힌 공기의 압력은 대기압과 같아요. 여기에 수은을 더 부으면 갈고리 모양에 갇힌 공기의 부피가 줄어들면서 왼쪽과 오른쪽 관의 수은의 높이가 달라지지요. 이것은 공기의 부피가 줄어들면서 공기의 압력이 높아졌음을 의미해요. 보일은 이 실험으로 보일의 법칙을 발견할 수 있었지요.

생활 속에 숨겨진 보일의 법칙

높은 산에 올라가거나 비행기를 타면 귀가 먹먹해져요. 고도가 높은 곳일수록 대기압이 낮아져 고막 안쪽의 공기 압력이 대기압보다 더 커지게 돼요. 그러면 고막 안쪽의 공기가 팽창하면서 주위 대기압과 같아질 때까지 압력이 떨어져요. 이때 고막이 팽창하는 공기에 눌려서 귀가 먹먹해지는 것이지요.

헬륨 기체를 가득 채운 풍선은 결국 하늘 높은 곳에서 터져버려요. 높은 곳은 압력이 낮아서 헬륨 풍선의 부피가 커져요. 풍선이 계속 커지다가 결국 터져버리는 거지요.

보일의 법칙은 물속에서도 볼 수 있어요. 물속에서 잠수부가 호흡할 때 생긴 물방울이 물 위로 올라갈수록 커져요. 물 위로 올라갈수록 수압이 낮아져 물방울의 부피가 커지기 때문이에요.

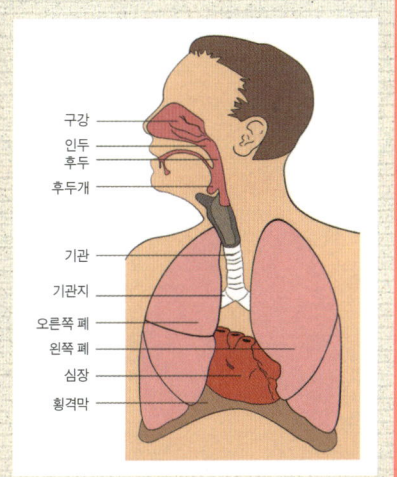

들숨과 날숨 속 보일의 법칙

코로 숨을 쉴 때 코에 힘을 줘서 숨을 쉰다고 생각하지만 사실 우리 코는 공기의 통로 역할만 할 뿐이에요. 우리가 숨을 쉴 수 있는 것은 횡격막(가로막) 덕분이지요. 횡격막은 폐의 아랫부분에 맞닿아 있어요. 횡격막이 수축하면 폐의 부피를 키워서 폐의 압력이 대기압보다 작아져요. 이 때문에 바깥 공기가 폐로 들어오게 되지요. 반대로 횡격막이 늘어나면 폐의 부피를 줄여서 폐의 압력이 대기압보다 커져요. 이 때문에 폐의 공기가 바깥으로 나가게 돼요.

로버트 보일

보일의 법칙으로 잘 알려져 있는 로버트 보일(1627~1691)은 아일랜드에서 태어난 영국의 화학자예요. 그는 실험을 중요하게 여겨 아버지가 남겨주신 유산으로 실험실을 만들었어요. 그는 조수였던 로버트 훅과 함께 진공 펌프를 만들어 '진공'을 증명하기도 했어요. 특히 아리스토텔레스부터 이어져 내려오던 잘못된 원소 개념을 바로잡는 데에도 크게 이바지했지요.

로버트 보일

정의 **보일의 법칙** 기체의 온도와 질량을 일정하게 유지했을 때, 기체의 부피가 감소할수록 기체의 압력은 높아지며 기체의 부피가 커질수록 기체의 압력은 감소함

37 샤를의 법칙

고무공은 말랑말랑하고 탁구공은 딱딱한데도 둘 다 바닥에서 잘 튀어요. 고무공은 찌그러져도 고무공 반대편을 꾹 눌러주면 다시 원래 모양으로 돌아오지만 탁구공은 원래대로 돌아오지 않고 눌러준 곳까지도 찌그러져요. 탁구공은 한번 찌그러지면 원래 모양으로 만들 수 없는 걸까요?

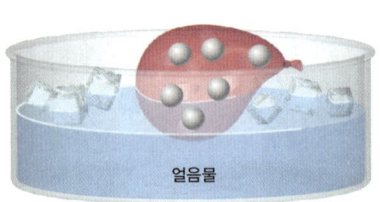
얼음물

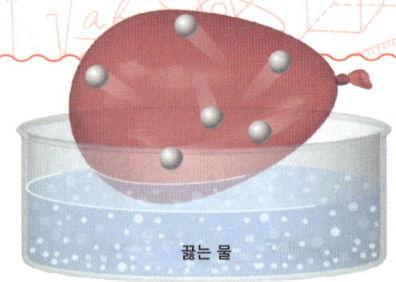
끓는 물

루이 조제프 게이뤼삭

자크 샤를

샤를이 이론을 제시하고 게이뤼삭이 실험으로 증명한 샤를의 법칙

샤를의 법칙은 보일의 법칙(1662)이 발견되고 100년도 더 지나서 탄생했어요. 1802년에 프랑스의 조제프 루이 게이뤼삭(1778~1850)이 기체 온도와 부피의 관계를 발표했지요. 하지만 게이뤼삭은 이 법칙의 발견을 샤를의 공으로 돌렸지요. 프랑스의 자크 알렉상드르 세사르 샤를(1746~1823)이 1787년에 작성했지만 발표하지 않은 논문을 인용하여 발표했기 때문이에요. 게이뤼삭과 샤를은 친구 사이였다고 해요.

 ## 일상생활 속 샤를의 법칙

빈 페트병을 냉동실에 넣어두고 나중에 꺼내어보면 찌그러져 있어요. 페트병 안의 공기의 온도가 내려가면서 페트병 안의 공기가 수축했기 때문이에요. 한여름에는 자동차 타이어의 공기를 가득 채우지 않아요. 뜨거워진 도로를 달리면서 타이어 안의 공기 온도가 올라가면 타이어가 부풀어 올라 승차감이 나빠지거나 심한 경우 타이어가 터질 수 있기 때문이에요. 온도가 높아지면 부피가 증가하지요. 온도와 부피의 관계를 설명한 것이 샤를의 법칙이에요.

 ## 샤를의 법칙과 절대 영도

기체의 밀도가 높지 않은 경우 샤를의 법칙은 기체의 종류에 상관없이 적용돼요. 샤를의 법칙은 압력을 일정하게 유지했을 때, 기체는 온도가 1℃ 오를 때 0℃ 때의 부피에 비하여 1/273.15만큼 증가한다는 거예요. 즉 기체의 온도가 273.15°C가 되면 0°C 부피의 2배가 되고, 546.3°C가 되면 0°C 부피의 3배가 되지요. 온도를 0°C 아래로 계속 내리면 대부분의 기체는 액체나 고체로 변해요.

만약 온도가 내려가도 계속 기체 상태라고 가정하면, 기체의 온도가 -273.15°C가 되면 그 부피가 0이 될 거예요. 바로 이것이 영국의 켈빈 경(1824~1907)이 절대 영도(0K)를 처음 제안했던 이유였어요. 절대 온도의 단위는 켈빈의 이름을 따서 K(Kelvin)로 표시해요.

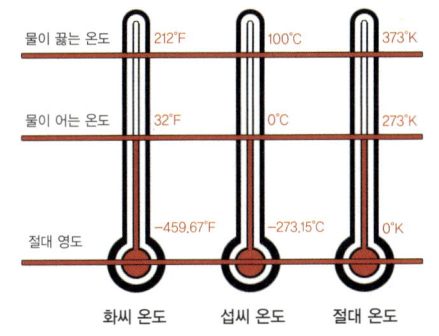

샤를의 법칙과 대류

대류는 열의 이동이 액체나 기체의 흐름으로 나타나는 것을 말해요. 해안가에서 하루를 주기로 바람의 방향이 해풍과 육풍으로 바뀌는 것도 공기의 대류로 인한 것이에요. 대류는 지구의 온도와 기후를 유지하는 데에도 매우 중요한 역할을 해요. 대류 현상은 샤를의 법칙으로 설명할 수 있어요. 기체의 온도가 올라가 부피가 팽창한 기체는 주변의 기체보다 상대적으로 밀도가 작아져요. 이 밀도 차는 부력을 발생시켜서 뜨거운 기체는 위로 상승하게 되지요. 이것이 바로 대류예요. 열기구도 이러한 원리를 이용해서 하늘로 날아가요.

> **기체의 압력, 부피, 온도를 동시에 모두 다룬 보일-샤를의 법칙**
> 보일의 법칙은 기체의 압력과 부피 사이의 관계를 다루고, 샤를의 법칙은 기체의 부피와 온도 사이의 관계를 다뤄요. 보일-샤를의 법칙은 밀도가 높지 않은 기체의 경우에는 기체의 압력과 부피를 곱한 후 기체의 절대 온도로 나눈 값이 일정하다는 법칙이에요. 이 법칙은 후에 이상적인 기체가 따르는 압력, 부피, 온도 사이의 방정식으로 발전하지요.

해풍

육풍

> **정의** **샤를의 법칙** 기체의 압력과 질량을 일정하게 유지했을 때, 기체의 온도가 높아지면 기체의 부피는 증가하고 기체의 온도가 낮아지면 기체의 부피는 감소함

38 용액, 용해, 용매, 용질

설탕 가루가 물에 녹으면 원래의 모습이 사라지지만 설탕 가루와 설탕물은 모두 단맛이 나지요. 설탕은 물에 완전히 녹았지만 물과 섞였을 뿐 화학 변화를 일으킨 것은 아니기 때문이에요.

녹고 녹이는 관계

용질과 용매

용해

설탕을 물에 넣으면 스르륵 물에 녹아 설탕 알갱이가 없어져버리지요. 이때 설탕은 없어진 게 아니라 작은 설탕 입자가 물과 섞인 거예요. 모래를 물에 넣으면 모래가 그대로 보여요. 물과 설탕 또는 물과 모래를 섞은 것을 혼합물이라고 해요. 설탕을 물에 녹인 것처럼 한 물질이 다른 물질에 녹아 그 모습이 보이지 않게 된 것을 용액이라고 해요. 설탕이 물에 녹는 것처럼 한 물질이 다른 물질에 녹는 현상을 용해라고 하지요. 이때 설탕은 물에 녹아들었고, 물은 설탕을 녹여요. 물은 용매, 설탕은 용질이라고 한답니다.

설탕을 계속해서 녹일 수 있을까요?

물에 설탕을 계속해서 넣다 보면 처음에는 쉽게 녹지만 점점 설탕이 잘 녹지 않는 것을 볼 수 있어요. 소금도 마찬가지지요. 모든 용질은 용매에 녹는 양이 정해져 있어요. 만약 설탕이 물에 녹지 않고 가라앉는다면, 더는 녹지 않는 상태가 된 거예요. 이런 상태를 과포화 용액이라고 해요.

어떻게 하면 설탕을 더 많이 녹일 수 있을까요? 물을 더 넣거나 가열하면 가라앉은 설탕이 녹아요. 설탕이 더 녹을 수 있는 상태를 불포화 용액이라고 해요. 설탕이 물에 딱 맞게 녹아들어간 상태는 포화 용액이라고 해요. 용질이 용매에 얼마만큼 녹을 수 있느냐는 용매의 양과 온도에 달려 있어요.

> **수용액**
> 화학물질의 이름 끝에 '수용액'이 들어가면 물에 녹인 용액이라는 뜻이에요. 수산화나트륨 수용액이라면 수산화나트륨이라는 물질이 물에 녹아 있는 용액을 말해요.

생명의 소금물, 0.9%

눈에서 뚝뚝 흐르는 눈물이나 코에서 줄줄 흐르는 콧물이 입에 들어가게 되면 짠맛이 느껴져요. 우리 체내의 혈액, 수분, 세포 등은 모두 0.9%의 소금물이기 때문이지요. 병원에서 맞는 링거액 역시 0.9% 소금물이에요. 지구상에 생명이 탄생하게 된 것은 바다가 생겼기 때문이에요. 소금물에서 생명이 탄생한 거지요. 태아가 자라는 엄마 뱃속의 양수도 0.9%의 소금물이랍니다. 우리 몸의 체액도 용질이 소금인 용액인 셈이에요.

삼투압

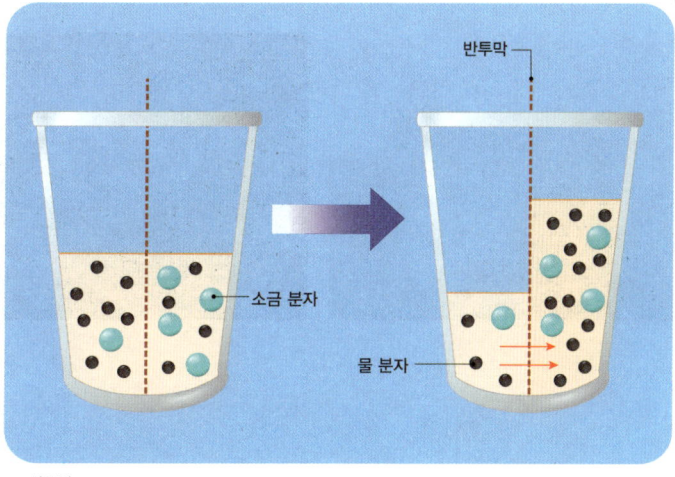

삼투압

일반적인 해수욕장에는 구조 요원들이 튜브를 가지고 있지만, 사해에 있는 구조 요원들은 생수병을 가지고 있어요. 사해는 염분이 너무 높아 몸이 저절로 뜨기 때문에 물에 빠질 위험은 없어요. 하지만 눈에 물이 들어가면 큰일이 나지요. 우리 눈보다 훨씬 농도가 진한 사해의 물이 눈에 들어가면, 눈의 세포에 있는 수분이 밖으로 빠져버려요. 이렇게 농도가 연한 용액에서 농도가 진한 용액으로 용매가 이동하는 현상을 삼투압이라고 해요. 배추를 소금으로 절이면 농도가 연한 배추에서 물이 밖으로 빠져나와서 뻣뻣하던 배추가 흐물흐물해지지요. 식물의 뿌리가 물을 흡수하는 것도 삼투압의 원리를 이용한 거예요. 식물의 뿌리는 농도가 진하고 흙은 농도가 연한 셈이지요. 이때 물은 농도가 연한 흙에서 농도가 진한 뿌리로 흡수된답니다.

정의	
용해	한 물질이 다른 물질에 녹는 현상
용액	한 물질이 다른 물질에 녹아 있는 혼합물
용매	다른 물질을 녹이는 물질
용질	용매에 녹는 물질

39 연소

캠핑장에서 모닥불을 피우기 위해 나뭇가지에 불을 붙여본 적이 있나요? 불을 피우는 것이 생각보다 쉽지 않았을 거예요. 옛날 사람들은 어떻게 불을 붙였을까요? 또 어떻게 해야 불이 잘 붙을까요?

🧪 연소가 일어나기 위해 필요한 탈 물질과 산소, 그리고 온도

캠프파이어를 하려면 나무가 필요하죠? 가스레인지에 불을 붙이기 위해서는 가스가 필요해요. 나무와 가스 외에도 종이, 알코올, 석탄, 초, 풀, 숯, 기름 등이 탈 물질이랍니다. 캠프파이어를 할 때 나무가 다 타면 불이 꺼지는 건 더 이상 탈 물질이 없기 때문이랍니다.

연소는 탈 물질이 공기 중의 산소와 결합하는 과정이에요. 초에 불을 붙이고 아크릴 통으로 덮어버리면 곧 불이 꺼져요. 산소를 다 써버렸기 때문이지요. 생일파티 때 케이크에 꽂은 초를 입으로 '후' 불면 초가 꺼지는 건 입김으로 촛불 주변의 산소를 날려버렸기 때문이에요.

불을 지펴야 하는데 성냥이나 라이터가 없다면 나뭇가지를 마찰시키거나 부싯돌을 이용할 수 있어요. 또는 돋보기로 햇빛을 모아도 불씨를 만들 수 있지요. 온도가 높으면 탈 물질이 저절로 타기 시작하기 때문이에요.

불은 옮겨 붙이는 게 아니에요

생일 케이크에 초를 여러 개 꽂았어요. 초에 불을 붙이기 위해서 라이터 불을 가까이 가져가지요. 이때 초에 불이 붙는 건 라이터에 있는 불이 옮겨 간 게 아니에요. 라이터의 불은 온도를 높여주는 역할만 한답니다. 초의 온도가 발화점보다 높아지면 초에서 불씨가 생겨요. 불씨를 만드는 건 이미 붙어 있는 불이 아니라 발화점 이상의 온도랍니다.

> **발화점은 물질이 저절로 연소하기 시작하는 온도를 말해요**
>
> 탈 물질의 종류에 따라 연소가 일어나기 시작하는 온도가 달라져요. 성냥 머리, 숯, 나무, 알코올 중에서 성냥 머리에 불이 가장 빨리 붙어요. 성냥의 발화점이 가장 낮기 때문이에요. 발화점이 낮은 물질일수록 불이 잘 붙고, 발화점이 높은 물질일수록 불을 붙이기 어렵답니다.

연소가 일어나면 새로운 물질이 생겨요

유리병 안에서 알코올을 연소시키면 병 안에 액체가 맺혀요. 이 액체에 푸른색 염화코발트 종이를 갖다 대면 종이 색깔이 붉은색으로 변해요. 이것으로 연소 후에 물이 생기는 것을 알 수 있어요.

물이 생기는 탈 물질 초, 나무, 알코올
물이 생기지 않는 탈 물질 숯

이산화탄소 유리병 안에서 알코올을 연소시킨 후 병 안에 석회수를 부으면 석회수가 뿌옇게 흐려져요. 이것으로 연소 후에 이산화탄소가 생기는 것을 알 수 있어요.

이산화탄소가 생기는 탈 물질 숯, 나무, 종이, 알코올
이산화탄소가 생기지 않는 탈 물질 수소 연료

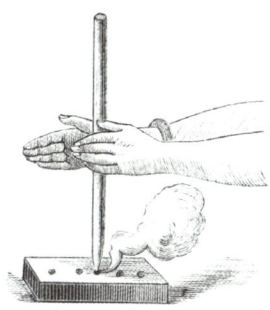

마찰을 이용하여 온도를 발화점까지 높이는 모습

> **정의** **연소** 탈 물질이 발화점 이상의 온도에서 공기 중의 산소와 빠르게 반응하여 열과 빛을 내는 현상

40 반응 속도

종이가 타는 것은 종이의 연소 현상으로 종이가 산소와 빠르게 결합하는 것이지요. 실제로는 평상시에도 종이와 산소의 결합은 진행되고 있어요. 다만 연소에 비해 매우 천천히 진행되는 것일 뿐이에요.

느린 반응   느린 반응, 석회 동굴   빠른 반응

 ## 화학 반응에는 빠른 반응과 느린 반응이 있어요

공기 중에 철을 그냥 두면 갈색의 녹이 슬어요. 이것은 철이 공기 중의 산소와 반응하여 산화되었기 때문이에요. 일종의 화학 반응이에요. 녹이 스는 과정은 관찰하기 힘들 정도로 아주 천천히 일어나요. 이것을 느린 반응이라고 해요. 석회 동굴도 아주 오랜 시간에 걸쳐 만들어지지요. 오래 묵은 종이가 점점 누렇게 변하는 것 역시 느린 반응이에요.

강철 솜에 불을 붙이면 공기 중의 산소와 결합해요. 자연에서 녹이 스는 과정에 비해 아주 빠르게 산화되지요. 이것을 빠른 반응이라고 해요. 금속을 연소시킨다든지 산과 염기를 섞어서 중화시키는 반응은 바로 결과를 확인할 수 있어요. 불꽃 축제에 사용하는 불꽃이나 폭죽도 순식간에 일어나는 빠른 반응이에요.

각 화학 반응은 반응이 일어나는 속도가 달라요. 화학 반응이 일어나는 속도를 반응 속도라고 해요. 대개 화학적 반응 속도에 영향을 미치는 주된 요인은 온도와 농도예요.

반응이 일어나려면 에너지의 장벽을 넘어야 해요

모든 물질은 에너지를 가지고 있는데, 어떤 상태냐에 따라 에너지의 크기가 달라요. 화학 반응이 일어나기 전의 물질을 반응물(A), 화학 반응이 일어난 후의 물질을 생성물(B)라고 해요. A의 에너지가 40이고 B의 에너지가 80이라면, A는 40만큼의 에너지를 더 얻으면 B가 될 수 있어요. 하지만 모든 화학 반응이 이렇게 단순하지는 않아요. 화학 반응은 활성화 에너지라는 장벽을 넘어야만 반응이 일어날 수 있어요. 예를 들어, A는 실제로는 60만큼의 에너지가 있어야 반응이 일어날 수 있는 거지요. 활성화 에너지가 작다면 화학 반응은 아주 쉽게 일어나요. 반대로 활성화 에너지가 크다면 그 반응은 일어나기 어려워요. 촉매는 활성화 에너지를 조절하여 반응 속도를 변화시켜주지요.

촉매로 반응 속도를 조절해요

촉매란 어떤 화학물질이 반응할 때 그 속도를 빠르거나 느리게 변화시켜주는 물질이에요. 촉매는 아주 소량만 있어도 화학 반응의 반응 속도에 큰 영향을 미치지요. 촉매 중에서 활성화 에너지를 낮춰 반응 속도를 빠르게 하는 것을 정촉매라고 하고, 반응 속도를 늦추는 것을 부촉매라고 한답니다. 우리 몸에도 촉매가 있어요. 바로 효소예요. 효소는 몸속에서 일어나는 모든 화학 반응에서 촉매 역할을 하지요. 덕분에 우리 몸의 화학 반응은 꽤 빠른 편이랍니다.

화학 반응이 일어나기 위해 필요한 활성화 에너지

수소와 산소가 만나면 물이 만들어져요. 이것도 화학 반응이에요. 하지만 수소와 산소가 아무리 많아도, 조건이 맞지 않으면 반응이 일어나지 않아요. 바로 에너지가 필요한 거지요. 이렇게 화학 반응이 일어나기 위해 필요한 최소한의 에너지를 활성화 에너지라고 해요. 활성화 에너지가 클수록 어려운 반응이고, 활성화 에너지가 작으면 쉬운 반응이에요.

정의 | **반응 속도** 어떤 화학 반응이 일어나는 속도. 반응 속도에 따라 빠른 반응과 느린 반응이 있음

41 산과 염기

화학 반응 물질의 반응성은 크게 산성과 염기성으로 나눌 수 있어요. 일상생활에서 유용하게 사용되는 식초는 대표적인 산성 물질이고, 비누는 대표적인 염기성 물질이에요.

산성을 띠는 물질의 공통적인 성질

산(acid)은 물에 녹였을 때 수소 이온이 나오는데, 이 수소 이온 때문에 산성을 띠는 물질은 공통된 성질을 갖는답니다. 우선 신맛이 나요. 신맛이 나는 식초는 산성 용액이에요. 하지만 산을 함부로 맛보면 안 돼요. 염산이나 황산은 아주 강한 산이라서 위험하거든요. 또 산은 금속을 부식시켜요. 산성인 용액에 금속을 넣으면 뽀글뽀글 기포가 생겨요. 이 기포가 바로 수소 기체예요. 산은 대리석도 녹여요. 대리석으로 만든 조각상은 실외에 두면 안 돼요. 산성비가 내리면 조각상이 녹아버리죠.

산은 지시약에 똑같이 반응해요. 리트머스 종이는 붉게 변화시키고, 페놀프탈레인 용액의 색깔은 변화시키지 않아요.

산성비

공기 중의 수증기가 이산화탄소를 만나면 약한 산성을 띠게 돼요. 원래 비는 자연 상태에서 약산성이에요. 최근에는 공장에서 나오는 매연이나 배기가스 때문에 강한 산성을 띠게 된 것이에요. 강한 산성을 띠는 비를 산성비라고 해요. 산성비는 토양이나 하천을 산성화시켜서 생물이 살기 어렵게 만들고 건축물을 부식시키기도 해요. 산성비 피해를 막으려면 무엇보다도 매연이나 배기가스에 의한 환경오염을 막는 것이 중요하답니다.

염기를 띠는 물질의 공통적인 성질

염기는 물에 녹였을 때 수산화 이온이 나오는 물질이에요. 이 수산화 이온 때문에 염기성을 띠는 물질은 공통된 성질을 가진답니다. 염기성을 띠는 물질은 쓴맛이 나요. 손으로 만졌을 때는 미끈미끈하답니다. 대표적인 염기성 물질이 비누예요. 비누나 샴푸는 염기성이 강해서 때를 잘 벗겨내요. 베이킹파우더 역시 염기성을 띠고 있어서 청소나 빨래할 때 사용하기도 해요. 염기는 단백질을 녹여요. 하수구가 막혔을 때 사용하는 하수구 세정제는 염기성이에요. 하수구가 머리카락으로 막혔을 때 머리카락 단백질을 녹이는 염기성 세정제를 사용하는 거지요. 샴푸로 머리를 감고 난 후 물에 식초를 떨어뜨려서 헹구면 머릿결이 좋아져요. 염기성인 샴푸가 머리카락을 녹이는 것을 산인 식초가 막아주기 때문이에요.

염기성 물질도 지시약에 똑같이 반응해요. 리트머스 종이는 푸르게, 페놀프탈레인 용액은 붉은색으로 변화시켜요.

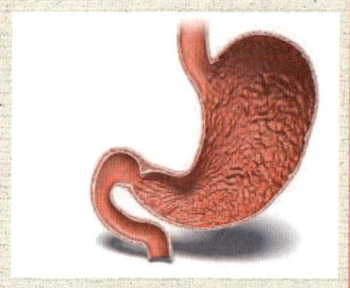

위액은 강한 산성이에요

우리 몸은 약염기성을 띠지만 위장은 산성을 띠어요. 음식물이 들어가서 소화가 이루어지는 위에서는 음식물에 들어 있는 세균을 죽이고, 음식물이 부패되지 않도록 하기 위해 위산을 만들어내요. 위산은 아주 강한 산성을 띠고 있답니다. 위산은 아주 중요한 역할을 하지만 많으면 속이 쓰리지요. 이럴 때 먹는 제산제는 염기성으로 위산을 중화시켜줘요.

🪐 중화 반응을 이용한 생활의 지혜

산과 염기가 만나면 중성이 되면서 물과 염이라고 부르는 부산물이 생겨요. 염산 용액과 수산화나트륨 용액 각각은 인체에 치명적이지만 이 둘을 섞으면 물과 소금이 생겨요. 이러한 반응을 중화 반응이라고 해요.

생선에 레몬즙을 뿌리는 것은 생선 비린내의 성분인 트리메탈아민이라는 염기성 물질을 중화시켜 비린내를 제거하기 위해서예요. 꿀벌의 독은 산성이라서 꿀벌에게 쏘였을 때는 물에 베이킹파우더를 섞어 발라요. 재미있게도 말벌의 독은 염기성이라서 말벌에게 쏘였을 때는 식초나 레몬즙을 발라야 한답니다.

정의	
산(acid)	물에 녹였을 때 수소 이온을 내는 물질
산성 용액	산을 물에 녹인 수용액으로 용액 속에 수소 이온이 수산화 이온보다 많음
염기	물에 녹였을 때 수산화 이온을 내는 물질
염기성 용액	염기를 물에 녹인 수용액으로 용액 속에 수산화 이온이 수소 이온보다 많음

42 지시약

화학 반응을 하여 색깔이 달라지는 물질을 이용하면 어떠한 물질이 산성인지 염기성인지 알아낼 수 있어요.

리트머스 종이

 ## 최초의 지시약, 제비꽃

제비꽃

로버트 보일은 '보일의 법칙'으로 유명한 영국의 과학자예요. 보일은 실험실에서 황산을 만들고 있었어요. 그런데 황산 옆에 있는 제비꽃에서 연기가 나는 거예요. 제비꽃에 묻은 황산을 씻어내기 위해 물에 담갔더니, 보라색이던 제비꽃이 빨갛게 변해버렸답니다. 이상하게 생각한 보일은 다른 산성 물질을 제비꽃에 떨어뜨려보았어요. 제비꽃에 산성 물질이 닿자 빨갛게 변하는 것을 보고 지시약을 만들었어요. 제비꽃 외에도 튤립, 장미, 나팔꽃, 양배추 등으로 천연지시약을 만들 수 있어요.

 ## 리트머스 종이와 페놀프탈레인 용액

리트머스 종이는 지중해 지방에서 자라는 리트머스 이끼에서 추출한 색소를 거름종이에 흡수시켜 만들었어요. 리트머스를 염기성 용액에 담그면 푸른색, 산성 용액에 담그면 붉은색으로 변하지요.

백색 알갱이인 페놀프탈레인을 알코올에 녹이면 페놀프탈레인 용액이 만들어져요. 페놀프탈레인 용액은 무색의 투명한 액체예요. 염기성 물질에 떨어뜨리면 붉은색으로 변해요. 중성과 산성에서는 변화가 없기 때문에 주로 염기성 물질을 판별할 때 사용해요.

수국은 자연에 존재하는 산성도(pH) 지표예요

수국은 파란색, 분홍색, 보라색 등 여러 색을 띠어요. 간혹 하나의 꽃 안에서도 보랏빛을 띠는 파란색이라든지, 분홍빛을 띠는 보라색 등을 볼 수 있지요. 수국은 빛의 양과 흙의 산성도에 따라 색깔이 변해요. 수국 꽃의 색깔에 가장 큰 영향을 주는 것은 흙의 산성도예요. 수국은 산성 토양에서는 파란색으로, 염기성 토양에서는 분홍색으로 변해요.

수국

파란색 품종인 수국은 산성 토양에서 본래의 진한 파란색을 보이지만, 중성에서 염기성 토양으로 변화시켜주면 파란색에서 보라색으로, 또다시 자줏빛으로 변하다가 분홍색 수국이 돼요. 분홍색 수국을 파란 수국으로 키우고 싶다면 흙을 산성으로 만들어주면 되지요.

지시약을 이용하면 우리 몸의 건강 상태를 알 수 있어요

우리 몸에 필요한 3대 영양소인 탄수화물, 단백질, 지방이 있는지 확인하는 지시약도 있어요. 베네딕트 용액은 탄수화물과 반응해서 노란색으로 변해요. 단백질이 있는 곳에 뷰렛 용액을 떨어뜨리면 보라색이 된답니다. 수단 Ⅲ이라는 용액은 지방과 반응하면 선홍색으로 변해요.

소변 검사지에는 총 10개의 칸이 있어서 소변에 담그면 색깔이 변해요. 각각의 칸에는 소변의 산성도, 단백질, 포도당, 백혈구 등에 반응하는 지시약이 들어 있지요. 그 외에도 세균 감염이나 간, 신장 등에 이상이 있는지 판단할 수 있는 지시약들로 이루어져 있어요. 소변 검사에서 지시약의 색깔을 보고 이상이 있으면 정밀한 검사를 받게 되는 거예요.

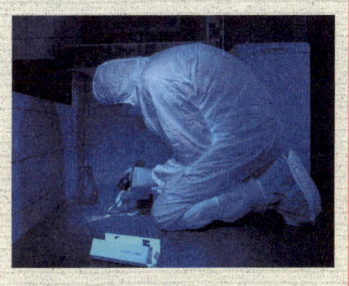

혈흔을 검출하는 지시약, 루미놀

루미놀은 동물 혈액의 헤민과 반응하면 푸른 형광색을 띠어요. 영화나 드라마에서 과학수사대가 범행 현장 식별에 사용하는 용액이 바로 루미놀이에요. 루미놀은 혈액과의 반응성이 매우 높아서 혈액을 3만 배 이상으로 희석시켜도 혈액을 검출할 수 있어요. 그렇지만 루미놀은 독성 물질이라서 반드시 보호 장비를 착용하고 사용해야 해요.

> **정의**
> **지시약** 적은 양으로도 색의 변화를 통해 용액이 어떤 성질을 가졌는지 알 수 있는 물질. 대표적인 지시약으로 페놀프탈레인 용액과 리트머스 종이가 있음

43 볼타 전지

전지는 콘센트를 통해서 전기가 공급되지 않아도 전기 제품이 작동하도록 하는 획기적인 물건이에요. 작고 가볍고 오래 쓰는 전지를 개발하는 것은 오늘날 중요한 연구 분야예요.

인간의 생활공간을 늘려준 전지

전기는 우리 생활을 많이 바꾸었지요. 특히 밤에도 불편함 없이 생활할 수 있게 되어 인간의 생활시간을 늘렸다는 것이 가장 큰 변화예요. 전지가 발명되기 전까지는 전기를 사용하려면 반드시 콘센트에 연결해야 했어요. 하지만 전지가 발명되어 전선이 필요 없어지자 사람들은 전선에 얽매이지 않고도 전기를 사용할 수 있게 되었어요. 휴대전화와 노트북, 자동차에도 전지가 반드시 필요하지요. 전지 없이는 깊은 바닷속이나 우주 공간을 탐험하지도 못했을 거예요.

전지의 발명

볼타의 친구였던 이탈리아의 해부학자 루이지 갈바니(1737~1798)는 두 종류의 서로 다른 금속이 죽은 개구리의 다리에 닿았을 때 저절로 근육이 경련을 일으킨다는 것을 발견했어요. 그는 개구리의 몸에서 전기가 나온 것이라고 생각해서 이를 '동물 전기'라고 불렀어요.

이탈리아의 물리학자 알렉산드로 볼타(1745~1827)는 오랜 실험 끝에 갈바니가 틀렸다는 것을 알아냈어요. 전기는 개구리의 몸에서 나온 것이 아니라 '서로 다른 종류의 금속'에서 나오는 것이었지요. 그는 위아래 서로 다른 금속판 사이에 소금물을 적신 판지를 끼워 넣고 전선을 연결해 전기가 발생하도록 했어요. 이 원리를 이용해 볼타는 1800년에 지속적으로 전기를 발생하는 '볼타 파일'이라는 전지를 발명했어요.

전지를 발명한 볼타의 이름은 죽은 뒤에도 영광을 누리고 있어요. 오늘날 전

여러 가지 전지

알렉산드로 볼타

압의 단위로 사용하고 있는 볼트Volt라는 단어는 볼타의 이름을 딴 것이지요.

친환경 기술의 대명사, 리튬 전지

오늘날 사용되고 있는 전지는 대부분 1차 전지와 2차 전지로 나뉘어요. 1차 전지는 우리가 가장 자주 사용하는 건전지를 말해요. 전기 작용을 일으키는 화학물질을 넣어서 전류를 생성하는 것이지요. 1차 전지는 수명이 짧고 한 번 다 사용하면 재생할 수도 없지요.

2차 전지는 방전되면 충전할 수 있는 축전지를 말한답니다. 니켈 카드뮴 전지, 니켈 수소 전지, 그리고 리튬 이온 전지 등이 있어요. 리튬 이온 전지는 다른 전지들보다 훨씬 작고 많은 용량의 전기를 담을 수 있어요. 지금도 계속 발전되고 있어서 해마다 담을 수 있는 전지의 용량이 8~10%씩 늘고 있다고 해요. 리튬 전지의 발전으로 석유 자동차를 대신할 전기 자동차의 시대가 더욱 앞당겨졌어요.

리튬 이온 전지

화학 전지와 태양 전지

전지는 전자가 흐르도록 해줘요. 이것을 화학 반응을 통해서 일으키는 것이 화학 전지이고, 빛에 반응하는 물질을 이용하는 것이 태양 전지예요. 화학 전지에는 반드시 전자를 내어놓는 물질과 전자를 받아들이는 물질이 있어요. 이것이 바로 전지에 있는 2개의 전극이 되지요. 이 두 물질을 전류가 흐를 수 있는 용액이나 반죽에 꽂아놓으면 마침내 전지로 쓰일 수 있어요. 레몬이나 감자에 다른 종류의 도체판을 꽂아서 꼬마전구를 밝히는 것이 이러한 원리랍니다.

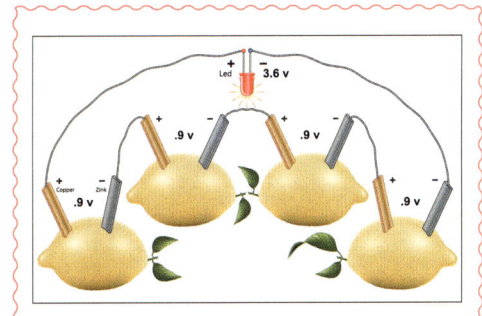

2개의 다른 금속판을 사용한 화학 전지

태양 전지는 전극에서 전자를 내어놓거나 받아들이지 않고 전극은 단지 전자가 지나다니는 통로 역할을 해줄 뿐이에요. 전자의 흐름은 태양 빛이 물질에 전달하는 에너지에서 발생해요.

> **정의** **볼타 전지** 묽은 황산 용액 속에 아연판과 구리판을 넣고 두 판을 도선으로 연결하여 만든 최초의 전지

여러분은 어떻게 탄생하게 되었을까요?

정자와 난자라는 아주 작은 세포에서 출발했다는 것이 믿기나요? 정자와 난자가 만나서 만들어진 수정란은 수정 직후부터 세포 분열을 시작해요. 세포 분열을 하면서 눈, 코, 입, 장기와 같은 인체 기관으로 발달한답니다. 하나의 세포가 세포 분열을 통해서 점차 다양한 기관을 갖추고 마침내 인간이 된다는 것은 너무나 신비로운 일이에요. 생물은 종류에 따라서 특정 기관이 더욱 발달하기도 한답니다. 시력이 매우 좋거나, 소리로 세상을 보는 생물들은 환경에 따라 자신만의 뛰어난 능력을 가지도록 진화한 것이죠. 생물학은 생명에 대해 연구하는 학문이에요. 최근에는 유전자 기술과 줄기세포 연구를 통해 생명의 신비에 더 깊이 다가가고 있어요.

3부 생물

44 세포

우주에 있는 어떤 물질이든지 계속 쪼개면 결국 원자로 이루어져 있어요. 생명체도 최소 단위가 있답니다. 바로 세포예요. 세포를 쪼개면 더 이상 생명체로 보기가 어렵지요.

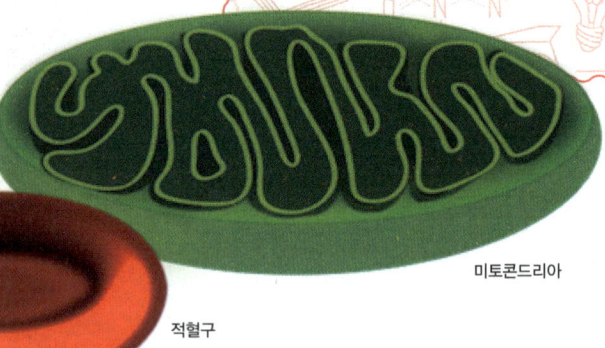
미토콘드리아

백혈구

적혈구

세포는 생명체를 이루고 있는 기본 단위예요

모든 생물은 세포로 이루어져 있지요. 우리 몸 곳곳에는 조직에 따라서 다양한 종류의 세포가 있답니다. 신경계는 신경 세포로 이루어져 있고, 혈액은 적혈구와 백혈구라는 세포로 되어 있지요. 정자와 난자도 하나의 세포예요. 세포는 대부분 핵을 가지고 있어요. 그리고 미토콘드리아, 세포질, 세포막으로 이루어져 있지요. 특이하게도 적혈구는 핵이 없어요.

죽어야 할 세포가 죽지 않고 계속해서 분열할 때 암이 돼요

어떤 세포든 암세포가 될 수 있어요. 암세포는 정상 세포를 밀어내어 영역을 확장하고 온몸으로 퍼져 나가서 분열이 더욱 심해져요. 또 몸속 장기들이 제 기능을 못하게 해서 결국 환자를 죽음에 이르게 하지요.

식물 세포와 동물 세포는 달라요

식물 줄기가 동물의 피부보다 단단한 이유는 세포벽이 있기 때문이에요. 식물 세포의 모양을 일정하게 유지시켜주는 세포벽은 셀룰로오스로 되어 있어요. 초식 동물은 셀룰로오스를 소화시켜 에너지원으로 사용할 수 있어요. 사람은 셀룰로오스를 에너지원으로 사용하지 못하기 때문에 그대로 대변으로 내보내요. 하지만 채소의 셀룰로오스는 장운동을 활발하게 해주어 사람에게도 유익해요. 식물 세포에는 엽록체가 있어서 광합성을 할 수 있어요. 그래서 다른 먹이를 먹지 않고도 스스로 양분을 만들 수 있지요.

우리 몸은 대략 60조 개의 세포로 되어 있어요

세포는 매일 죽어서 사라지고, 그 자리에 새로운 세포가 생겨요. 새로운 세포가 만들어지는 것은 바로 세포 분열을 통해서예요. 사람의 몸을 이루고 있는 세포들은 체세포 분열과 감수 분열을 해요. 체세포 분열은 대부분의 세포가 분열하는 방법으로, 하나의 세포가 둘로 나뉘지요. 감수 분열은 정자와 난자가 분열하는 방법으로, 하나의 세포가 4개의 세포로 나뉜답니다. 사람은 어느 크기 이상으로 성장할 수 없기 때문에 오래된 세포는 스스로 죽게 돼요.

난자와 정자

줄기세포를 이용하면 불치병을 치료할 수 있어요

아빠의 정자와 엄마의 난자가 만나서 만들어진 수정란은 엄마의 배 속에서 수천 번의 분열을 거듭한 끝에 아기의 모습을 갖추게 돼요. 하나의 수정란에서 몸속 다양한 기관들이 모두 만들어지는 거예요. 이렇게 우리 몸을 구성하는 다양한 세포로 분열하게 되는 가장 초기 세포를 배아 줄기세포라고 해요.

배아 줄기세포는 혈액, 뼈, 피부 등 모든 세포를 대체할 수 있는 만능 세포인 셈이에요. 하지만 배아 줄기세포를 연구하는 것은 윤리적인 문제로 제약이 많아요. 배아 줄기세포를 채취하고 나면 수정란은 태아로 자라지 못하기 때문에 생명을 훼손하는 일이 될 수 있기 때문이지요.

> **세포 수가 많아서 생기는 비만이 있고, 세포가 커져서 생기는 비만이 있어요**
>
> 성인이 되어서 비만이 되는 경우는 세포 자체가 커진 것이기 때문에 살을 빼기가 상대적으로 쉽지만, 어릴 때 살이 찌는 경우는 세포의 수가 증가한 것이기 때문에 살을 빼기 어려워요. 한번 증가한 세포 수는 변하지 않기 때문이에요. 이 때문에 청소년기에 균형 잡힌 식사와 운동이 중요하답니다.

정의 세포 생물을 이루고 있는 기본 단위

45 광합성

식물의 놀라운 점은 물과 햇빛만으로 성장한다는 점이에요. 광합성을 하기 때문이지요. 광합성은 식물이 햇빛을 받아 산소와 포도당을 만들어내는 과정이에요.

식물은 빛에서 에너지를 얻어요

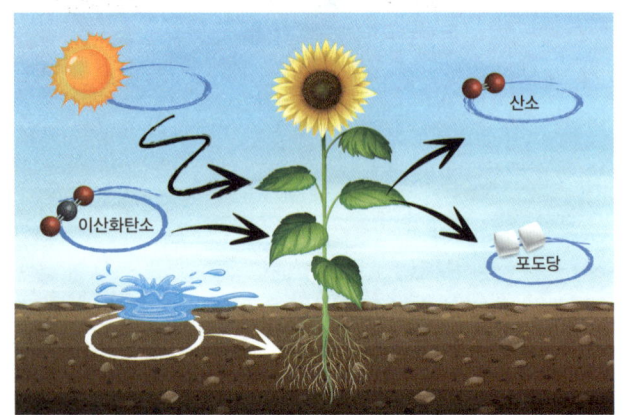

광합성

살아 있는 모든 것은 에너지를 얻어야 살 수 있어요. 식물은 태양 빛을 이용해 물과 이산화탄소에서 생물의 에너지원인 탄수화물을 만들어요. 이러한 과정을 광합성이라고 하지요. 광합성은 지구상에서 가장 중요한 화학 작용이라고 할 수 있어요.

광합성은 생태계를 유지시키는 가장 근본적인 에너지를 제공하는 거의 유일한 과정이라는 점에서 생명 활동 전체에서 아주 중요해요. 광합성은 태양 에너지가 생명 에너지로 바뀌는 출발점이지요. 그래서 광합성을 하는 기관인 엽록체는 지구상의 모든 생명을 먹여 살리는 기관이라고 할 수 있어요.

식물은 엽록소 덕분에 광합성을 할 수 있어요

엽록소는 엽록체 안에서 빛에너지를 흡수하는 안테나 역할을 하는 색소예요. 엽록소는 빛을 흡수하면 에너지가 불안정하게 변해요. 이러한 상태를 들뜬 상태라고 하지요. 이 들뜬 에너지는 주변으로 전자를 전달해 화학 반응을 일으키게 해요. 조용한 교실에 들뜬 친구 하나가 떠들면서 에너지가 전파되면 결국 교실 전체가 왁자지껄해지는 것과 비슷해요. 식물은 이러한 화학 반응을 통해 물과 이산화탄소를 분해해서 산소와 포도당을 합성해내지요. 즉 식물은 이산화탄소를 흡수하고 산소를 뱉어내는 거예요.

엽록체 안에 층층이 겹쳐 있는 그라나. 그라나 속에 엽록소가 있다.

식물도 에너지를 얻기 위해서 하루 종일 호흡해요

식물도 모든 호흡 과정에서 산소를 소모하고 이산화탄소를 만들어요. 그런데 호흡에서 만들어진 이산화탄소가 광합성에 바로 이용되지요. 한낮에 광합성이 활발할 때에는 식물이 호흡으로 소모하는 산소보다 광합성으로 만들어내는 산소가 더 많답니다. 광합성은 엽록체가 있는 부분에서만 일어나지만 호흡은 식물의 모든 조직에서 일어나지요. 예를 들어, 식물의 뿌리는 엽록체가 없어서 광합성을 하지는 못하지만 호흡을 통해 산소를 소모한답니다.

엽록소와 단풍

단풍은 계절의 변화에 따라 나뭇잎이 녹색에서 붉은색이나 갈색 등으로 변하는 현상을 말해요. 단풍은 나무가 겨울을 지내기 위해 준비하는 과정에서 일어나지요. 가을이 되면 나무는 잎으로 가는 물과 양분을 차단해요. 잎에 있던 엽록소가 햇빛에 타들어가면서 양이 줄어들고, 결국 녹색이 빠져 나뭇잎의 색깔이 변하는 거랍니다.

광합성만으로는 충분한 양분을 얻지 못하는 식물도 있어요

기생 식물은 자신이 광합성을 하지 않고, 다른 식물에 기생하여 살면서 필요한 양분을 얻어요. 겨우살이와 같이 광합성도 하고 기생도 하는 반기생 식물도 있어요. 벌레를 잡아먹는 식충 식물은 광합성을 하지만 습지와 같은 척박한 환경에 살기 때문에 광합성이 활발히 이루어지지 않지요. 더구나 땅에서 얻을 수 있는 무기 물질이 부족하기 때문에 벌레를 잡아먹어 보충해줘요.

식충 식물, 파리지옥풀

정의 **광합성** 식물이 물과 이산화탄소, 빛을 이용하여 영양분과 산소를 만드는 과정

46 유전 (멘델의 법칙)

아이를 보면 부모님을 쏙 빼닮기도 하고 집안의 할아버지나 할머니를 닮기도 해요. 세대 간의 유사성은 인간에게만 있는 것이 아니라 동물과 식물에도 있답니다.

그레고어 멘델

🧪 멘델의 완두콩 실험

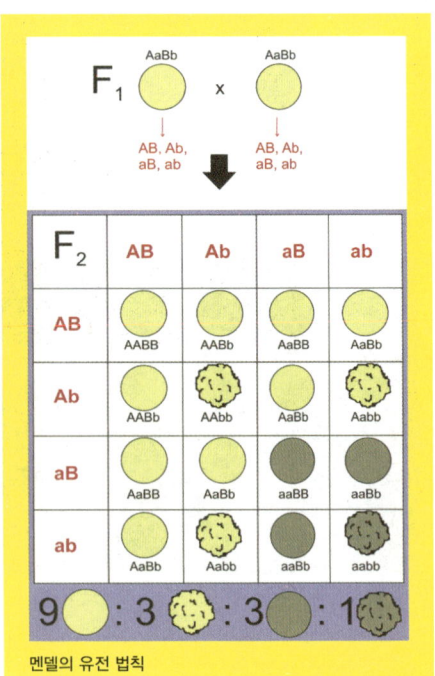

멘델의 유전 법칙

오스트리아의 수도사였던 그레고어 멘델(1822~1884)은 7년간의 완두콩 실험을 통해 유전 법칙을 과학적으로 밝혀냈어요. 멘델은 1856년부터 1863년까지 7년 동안 완두콩을 키워서 완두콩 자손은 어떤 유전 형질이 나타나는지 관찰했지요. 가령 둥글고 노란색인 완두콩과 쭈글쭈글하고 녹색인 완두콩을 교배시켰더니 둥글고 노란색인 완두콩, 쭈글쭈글하고 녹색인 완두콩, 둥글고 녹색인 완두콩, 쭈글쭈글하고 노란색인 완두콩이 나왔어요. 신기하게도 노란색이나 녹색인 완두콩은 나오지만, 그 중간색인 완두콩은 나오지 않았어요. 유전 형질이 섞여서 나타난다는 고대 사람들의 생각은 잘못된 것이라는 걸 알 수 있었지요.

게다가 완두콩의 개수를 모두 세어서 비교해보았더니 더 많이 나오는 형질과 더 적게 나오는 형질이 있었어요. 좀 더 유전이 잘되는 형질이 있다는 의미예요. 7년간의 완두콩 실험을 통해 멘델은 우열의 법칙, 분리의 법칙, 독립의 법칙이라는 세 가지 유전 법칙을 밝혔어요.

우성과 열성

순종인 노란색 완두콩과 순종인 초록색 완두콩을 교배시켰더니, 모두 노란색 완두콩만 나왔어요. 노란색과 초록색 중에 노란색이 좀 더 잘 나타나는 유전 형질인 거지요. 이것을 우성과 열성이라고 해요. 노란색이 우성, 초록색이 열성이에요. 사람 머리카락의 경우, 곱슬머리는 직모보다 우성이에요. 부모 두 사람이 곱슬머리라면 자녀도 곱슬머리가 나온다는 거예요. 머리카락 색깔은 검은색이 금발보다 우성이에요.

혈액형

혈액형 A형과 B형은 O형보다 우성이랍니다. 부모가 모두 O형이면 자녀는 반드시 O형이지요. 하지만 모든 유전 형질이 우성과 열성으로 나뉘는 건 아니에요. 우열을 가릴 수 없는 유전 형질도 있어요. 가령 A형과 B형은 우열을 가릴 수 없어요. 따라서 AB형이 존재할 수 있는 거지요.

중간 유전

대부분의 유전은 아빠와 엄마의 유전 형질이 섞여서 나타나는 것이 아니라 둘 중 한 가지 특징이 나타나요. 하지만 그렇지 않은 경우도 있어요. 멘델의 법칙에 따르면 붉은색 분꽃과 하얀색 분꽃을 교배시키면 붉은색 또는 하얀색 분꽃이 나와야 해요. 하지만 예상과는 다르게 분홍색 분꽃이 나타난답니다. 붉은색 분꽃과 하얀색 분꽃 사이에 우열 관계가 없기 때문이에요. 이렇게 중간 형질이 나타나는 유전을 중간 유전이라고 해요. 하얀 쥐와 검은 쥐를 교배시키면 회색 쥐가 나타나는 것도 중간 유전이지요.

분꽃

옛날에는 유전 형질도 섞여서 나타난다고 잘못 생각했어요

옛날에는 자식에게 엄마와 아빠의 피가 섞이듯 흰 피부를 가진 사람과 검은 피부를 가진 사람이 만나면 노란 피부의 자손이 태어난다고 생각했어요. 그래서 과거에는 순수 혈통을 아주 중요하게 여겼어요. 그리스의 철학자 데모크리토스는 혈액 속에 유전을 결정하는 입자가 들어 있고, 엄마 아빠의 혈액이 섞여 자손의 특성이 결정된다고 보았지요. 데모크리토스의 이러한 생각은 19세기 초 진화론을 펼친 영국의 생물학자 찰스 다윈에게까지 이어졌어요.

> **정의** **유전** 부모의 고유한 형질이 자손에게 전달되는 것

47 DNA, 염색체, 유전자

아기는 엄마의 배 속에서 자랄 때 한 번도 본 적이 없어도 엄마나 아빠를 닮게 되지요. 공장에서 설계도를 정해놓고 물건을 만드는 것도 아닌데, 생명체는 어떻게 유전이 가능한 것일까요?

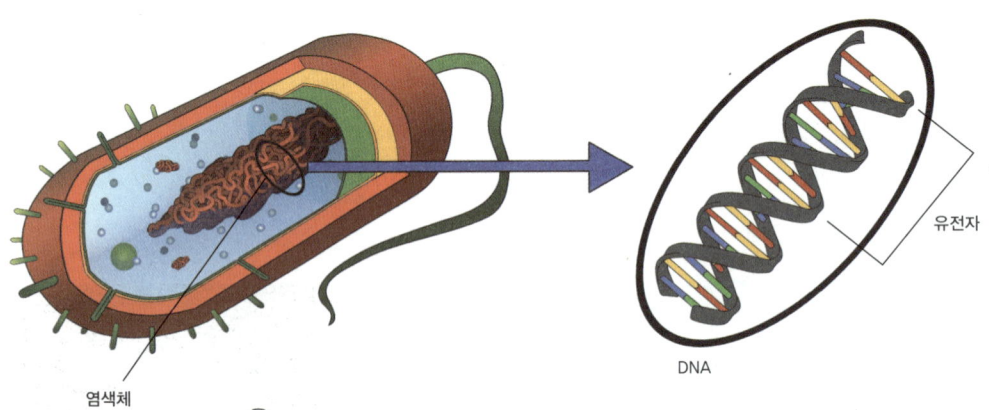

염색체   DNA

DNA, 염색체, 유전자는 어떻게 다를까요?

DNA는 디옥시리보 핵산(Deoxyribonucleic acid)의 약자로, 핵산이라는 고분자의 일종이에요. 고분자는 분자들이 여러 개 모인 덩치가 큰 분자예요. 이 고분자 안에 유전에 관한 정보가 저장된답니다.

평소에 핵 안에서 DNA가 실타래처럼 감겨 있는 것이 염색사이고, 세포 분열 전에 염색사가 복제되어 다시 똘똘 뭉치는데 이것이 염색체예요.

DNA의 특정한 구역마다 어떤 유전적인 특징을 가지게 되는데, 그 단위를 유전자라고 한답니다. 그러니까 기다란 DNA 안에서 유전 정보를 가지게 되는 최소 단위가 유전자인 거예요.

혈우병은 남자에게만 생기는 병이에요

염색체에는 상염색체와 성염색체가 있어요. 성염색체는 말 그대로 남녀의 성을 결정하는 염색체예요. 여자는 X염색체가 2개인 XX염색체, 남자는 X염색체 하나와 Y염색체 하나로 된 XY염색체를 가지고 있지요. 어떤 유전자가 X염색체에 있다면 여자와 남자 모두 그 특성을 가질 수 있어요. 하지만 어떤 유전자가 Y염색체에 있다면 여자는 가질 수 없는 특성이 되지요. 성염색체에 있는 유전자에 의해 나타나는 유전을 반성 유전이라고 해요. 예를 들어, 혈우병과 적록 색맹은 Y염색체에 있기 때문에 남자에게만 생기는 병이에요.

노벨상을 안겨준 초파리

모든 생물에는 유전자가 있어요. 이 유전자가 세포 염색체에 들어 있다는 것을 처음 발견한 학자가 바로 토머스 모건(1866~1945)이에요. 모건은 1910년 어느 날 실험실에서 이상한 초파리를 발견했어요. 다른 파리들은 모두 눈이 빨간색인데 유독 한 마리만 하얀색이었던 거예요. 호기심이 생긴 모건은 그 하얀 눈의 초파리를 정상(붉은 눈) 파리와 교배를 시킨 뒤 몇 대에 걸쳐 어떤 현상이 일어나는지 관찰했지요.

실험 결과, 처음 태어난 초파리(F_1)는 모두 눈이 붉은색이었지만 다음 세대(F_2)에서는 하얀 눈의 초파리가 몇 마리 태어났지요. 자세히 보니 하얀 눈을 가진 초파리는 모두 수컷이었어요. 이 신기한 현상을 설명하기 위해 모건은 반성 형질에 대한 가설을 세웠고, 이것이 발전하여 유전자 개념이 체계화되었어요. 모건은 이러한 업적으로 1933년 노벨 생리의학상을 수상했어요.

토머스 모건

초파리

인간의 유전자 정보를 샅샅이 밝히려는 시도

인간 게놈 프로젝트(Human Genome Project, HGP)를 통해 유전자 지도를 완성하면 질병의 원인이 되는 유전자가 염색체의 어디에 있는지 알 수 있지요. 유전자에 대한 연구 덕분에 인류는 생명의 신비를 밝히고 질병 없는 세상을 만들어가게 되었어요. 하지만 인간 게놈 프로젝트에 반대하는 의견도 많아요. 뛰어난 유전자만 골라 아기를 만드는 비인간적인 상황이 펼쳐질지도 모르기 때문이지요. 진짜 능력을 보기도 전에 유전자로 결정되는 사회적 차별이 생길 수도 있기 때문이에요.

영국의 HGP 게놈 기념 우표 (2003)

HGP logo

정의	**DNA(디옥시리보 핵산)** 생물의 유전 정보를 저장하는 물질로 세포의 핵 안에 있음
	염색체 DNA가 실타래처럼 감겨 있는 것
	유전자 DNA 안에서 유전 정보를 가진 최소 단위

48 신경계

수업 시간에 선생님 말씀에 집중하다가도 급식실에서 음식 냄새가 나면 대번에 알아차릴 수 있어요. 우리의 감각 기관은 끊임없이 환경에 대한 정보를 받아들여서 알려줘요. 이때 신경이 정보의 전달을 담당해요.

중추 신경계와 말초 신경계

🧪 신경 세포, 신경

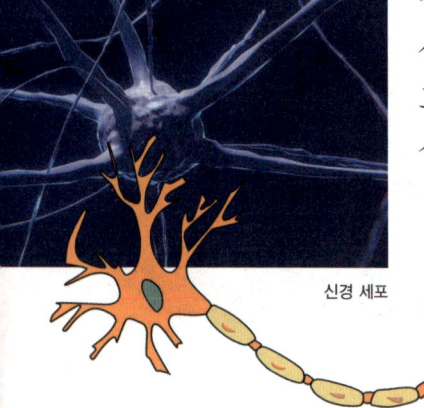

신경 세포

신경神經은 한자로 정신의 길을 뜻해요. 현미경으로 실제 동물의 신경을 들여다보면 가느다란 모양의 세포랍니다. 신경계는 신경 세포가 서로 연결되어 있는 구조를 의미해요. 주변으로부터 자극을 받아서 그 자극을 뇌로 전달하고, 뇌의 명령을 받아 반응을 하는 과정을 모두 신경계가 담당해요.

식당에서 "맛있는 음식이네!" 하고 아는 것은 눈과 코를 통해서 받은 음식의 모양, 색깔과 냄새 자극이 뇌로 전달되었기 때문이에요. 전달받은 자극을 바탕으로 뇌는 우리가 모르는 사이에 "손! 음식 집어!"라는 명령을 내리지요. 그러면 우리는 손으로 음식을 집어서 입으로 가져가는 반응을 보이는 거예요.

🧪 신경계는 크게 중추 신경계와 말초 신경계로 나눌 수 있어요

중추 신경계는 들어온 자극을 판단해서 반응을 명령하는 부위로, 뇌와 척수가 여기에 해당해요. "맛있겠네. 손, 음식 집어!" 이것이 중추 신경의 역할이에요. 뇌는 머리에 있고 척수는 등뼈인 척추 속에 있어요. 모든 자극은 척수를 통해서 뇌로 올라간답니다. 척수가 손상되면 맛있는 음식을 보고도 집지 못할 수 있어요.

말초 신경계는 자극과 반응을 전달하는 역할을 해요. 말초 신경은 중추 신경으로부터 뻗어 나와 온몸에 퍼져 있어요. 말초 신경의 끝은 우리 몸의 감각 기관이나 운동 기관과 연결되어 있어요. 감각 기관을 통해 감각을 받아들이거나 운동 기관에 반응을 전달할 수 있어요.

운동 신경 세포의 파괴가 불러온 루게릭병

미국의 야구 선수 루게릭의 이름을 딴 루게릭병은 우리 몸에서 운동 신경 세포가 죽어서 생겨요. 안타까운 건 이 병에 걸린 사람들은 자극을 받아들이고 생각하고 판단하는 능력은 있지만 운동 신경 세포가 없어서 몸을 움직일 수가 없다는 것이지요. 뇌에서는 '움직여!'라고 명령을 내리지만 몸이 말을 듣지 않는 거예요. 천재 우주물리학자 스티븐 호킹도 이 병에 걸렸어요. 그는 온몸을 움직일 수 없지만, 눈동자를 굴려 대화를 하며 우주의 비밀을 밝히기 위해 계속 연구하고 있답니다.

🪐 무조건 반사는 조건 반사보다 빨라요

날아오는 공을 보면 피하게 되지요? 뇌에서 자극을 전달받고 판단하여 명령을 내려서 반응하는 것을 조건 반사라고 해요. 이때는 반응 속도가 느려요. 뇌까지 전달하려면 길이 멀거든요. 물건을 떨어뜨렸을 때 알면서도 바로 잡지 못하는 이유는 뇌를 통하는 조건 반사의 속도가 느리기 때문이에요.

• 공을 본다. (자극) → 피해! (뇌에서 명령) → 몸이 움직여서 피한다. (반응)

뜨거운 주전자를 잡으면 순간적으로 "앗, 뜨거워!"라고 말하기도 전에 손을 떼지요? 이때는 위급한 상황이라서 척수에서 바로 명령을 내려요. 뇌까지 전달하는 시간 동안에 손을 델 수 있기 때문이에요. 뇌를 거치지 않고 척수에서 명령을 내려서 반응하는 것을 무조건 반사라고 해요.

반복 훈련을 통해서 조건 반사의 속력을 높이는 운동선수들

• 뜨거운 주전자를 잡는다. (자극) → 피해! (척수에서 명령) → 손을 뗀다. (반응)

정의	
신경계	동물이 주변 환경의 변화에 반응하고 적응하는 데 관여하는 신경 조직으로 이루어진 기관
감각 기관	외부 자극을 받아들이는 곳. 눈, 코, 혀, 귀, 피부에서 시각, 후각, 미각, 청각, 촉각을 받아들임
운동 기관	움직일 수 있는 부위로 근육을 의미함

49 뇌

뇌는 생명체 내부에서 일어나는 생리적인 반응을 총괄하고, 외부의 환경으로부터 들어오는 자극에 대해서 종합적인 판단을 하는 중요한 조직이에요. 뇌는 작동 방식이 복잡하여 인체의 마지막 탐구 분야라고 해요.

우리 몸의 작은 우주, 뇌

뇌는 인체에서 가장 중요한 기관이고, 우리 몸의 명령 센터예요. 일반적인 성인의 뇌는 약 1.5킬로그램 정도로 전체 체중의 2%밖에 차지하지 않지요. 하지만 뇌는 인체가 소모하는 전체 에너지의 20%를 소모해요. 이것은 근육이나 다른 조직이 소모하는 에너지의 10배 정도예요. 또 몸으로 들어온 산소의 20~25%를 사용해요.

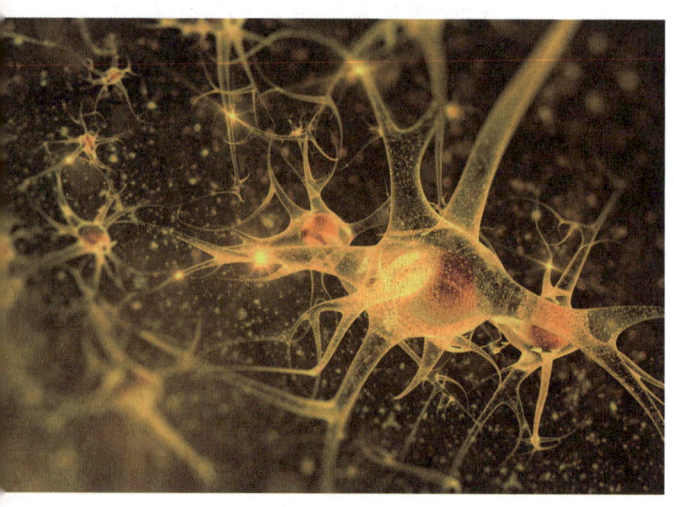

뇌세포의 연결망

뇌에는 1,000억 개 정도의 뉴런과 그것들을 서로 연결해주는 시냅스가 1,000조 개나 있어요. 외부에서 들어오는 방대한 정보를 인식해 기억에 저장하고 생각하며 인체에 명령을 내리지요. 우리가 의식하지 못하는 순간에도 뇌에서는 수많은 일이 일어나요. 아직도 뇌가 정확히 어떻게 작동하는지 밝혀지지 않았어요. 그래서 뇌를 작은 우주라고 부르기도 한답니다. 뇌세포의 수명은 다른 세포들보다 훨씬 길어요. 적혈구 세포의 수명이 평균 120일 정도인 것에 비해 뇌세포의 수명은 평균 60년이랍니다.

뇌의 구조와 역할

뇌는 특정 구역마다 담당하는 역할이 있는 것으로 밝혀졌어요. 뇌줄기는 뇌의 한가운데 위치하고 있는 영역으로 뇌와 척수를 이어주는 줄기 역할이에요. 뇌의 가장 깊숙한 곳에 위치하여 호흡, 심장 운동 조절 등 기본적인 생명 유지 기능을 담당하지요. 파충류나 원시적인 동물의 뇌에서 차지하는 비중이 커서 '파충류의 뇌'라고 불리기도 해요.

소뇌는 뇌줄기 뒤쪽에 붙어 있는 영역으로 운동 기능과 평형감각을 조절해요. 뇌줄기와 대뇌 사이의 변연계는 포유동물에게 잘 발달되어 있어서 '포유류의 뇌'라고 불리는 영역으로 체온, 혈압 등 생존에 관계되는 감각 작용을 할 뿐만 아니라 감정과 기억 형성에도 관여해요.

뇌의 바깥에 위치한 대뇌는 전체 뇌의 80%를 차지하는 가장 큰 영역으로 인간의 이성적인 사고를 담당하고 있어요. 분석, 이해, 종합, 창조, 대화 등 인간을 인간답게 하는 활동을 가능하게 하지요.

게임은 전두엽을 망가뜨려요

뇌의 앞쪽에 있는 전두엽은 감정과 욕구, 분노를 조절하고 이성적인 판단을 하는 부분이에요. 뇌의 뒤쪽에 있는 후두엽은 외부에서 들어오는 시각 정보를 받아들이지만, 전두엽은 정보를 논리적으로 판단하고 나아가 상상의 나래를 펼치는 곳이에요. 전두엽이 망가지면 충동적이고 폭력적인 돌발 행동을 하게 된다고 해요.

TV나 게임은 시각 자극을 통해 우리가 쾌락을 느끼도록 하는 매체예요. 후두엽만 자극하게 되는 게임에 빠지다 보면 전두엽의 기능이 떨어지게 돼요. 반면 책을 읽으면 책의 내용을 머릿속으로 상상해서 떠올리게 되지요. 이런 활동은 전두엽을 활성화시켜 참을성이 강하고 분별력 있는 사람이 되도록 해 준답니다.

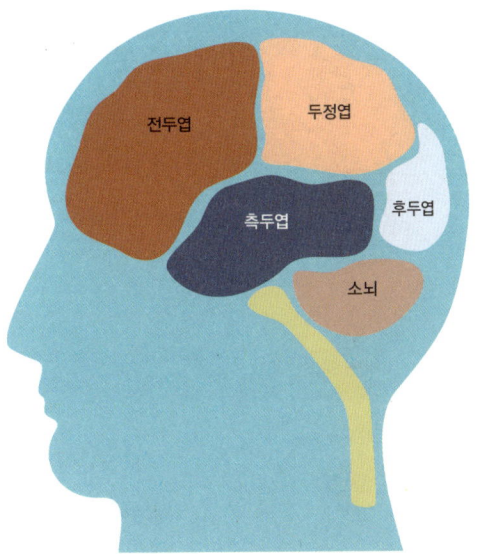

정의 **뇌** 중추 신경 계통 가운데 머리뼈 안에 있는 부분. 근육의 운동을 조절하고 감각을 인식하며, 말하고 기억하며 생각하고 감정을 일으키는 중추가 있음

50 감각 기관

동물이 살아가기 위해서는 먹이를 찾아야 하고 안전한 곳에서 몸을 쉬어야 해요. 그러기 위해서는 무엇보다 환경을 인식할 수 있는 기관이 필요하지요.

시각과 청각

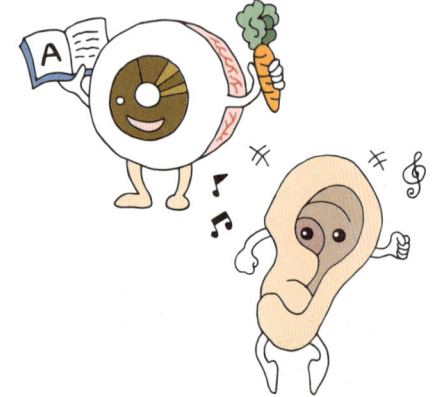

외부의 빛을 받아들이는 눈은 시각을 담당하는 감각 기관이에요. 눈의 망막은 카메라의 필름과 같은 역할을 하지요. 망막 뒤에는 시신경이 있어 망막에 맺힌 모습을 뇌로 보내줘요. 우리 눈에 맺힌 영상 정보를 최종적으로 처리하는 곳은 뇌랍니다.

소리를 듣는 청각 신호를 담당하는 곳은 귓속에 있는 달팽이관이에요. 달팽이관을 통과한 소리 정보는 청신경을 통해 뇌로 전달돼요.

미각과 후각

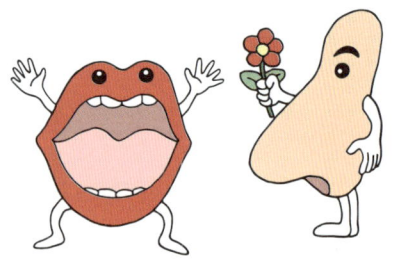

혀를 살펴보면 오돌토돌한 것이 있는데, 그 속에 미각을 담당하는 미뢰라는 감각 세포가 있어요. 우리가 느끼는 짠맛, 쓴맛, 신맛, 단맛, 그리고 감칠맛을 미뢰에서 담당하지요. 인간은 특히 다른 동물들에 비해 미각이 발달되어 있어요.

음식을 먹을 때 미각보다 더 중요한 것은 후각이에요. 후각은 아주 예민하지만 가장 피로를 잘 느끼는 기관이기도 해요.

맛있는 음식 냄새가 나는 곳에 가더라도 오래 있다 보면 냄새를 못 맡게 되는데, 그건 코가 피로해졌기 때문이에요.

상어는 7개의 감각 세포가 있어요

동물도 사람과 마찬가지로 5개의 감각 세포가 있지만, 어떤 기관은 많이 퇴화되었고 어떤 기관은 아주 뛰어나요. 바다의 지배자 상어는 사람보다 감각 세포가 2개 더 있어요. 주변 물의 압력을 감지하는 압력 감각과 사냥감들의 몸에서 나오는 미세한 전류를 감지하는 전류 감각이지요. 이런 감각 세포 덕분에 멀리 있는 사냥감도 쉽게 발견할 수 있어요.

촉각

피부에는 따뜻함을 느끼는 온각, 차가움을 느끼는 냉각, 통증을 느끼는 통각, 압력을 느끼는 압각이 있어요. 이것을 통틀어 촉각이라고 하지요. 통각이 없으면 다쳐도 아픈 걸 느낄 수가 없어요. 아프지 않아서 좋을 것 같지만 아픔을 느끼지 못하면 우리 생명이 위험할 수도 있어요. 촉각은 통증을 통해 우리에게 위험을 알려 준답니다.

동물 대부분은 시각이 발달하지 못했어요

개는 후각과 청각이 아주 발달했지만 시력이 아주 나빠요. 게다가 초록색과 빨간색을 잘 구별하지 못하지요. 고양이는 심한 근시라서 멀리 있는 물체를 잘 보지 못해요. 하지만 망막 뒤쪽에 빛을 반사해주는 층이 있어서 희미한 빛에서도 사물을 볼 수 있지요. 밤에 고양이 눈이 빛나는 것은 반사층에서 망막으로 반사된 빛이 밖으로 새어 나오기 때문이에요.

밤의 고양이 눈

시력이 너무 약해 밤이든 낮이든 잘 볼 수 없는 박쥐는 초음파를 이용해서 장애물을 요리조리 피해 다녀요. 돌고래도 물속에서 초음파를 이용해 먹이가 어디에 있는지 정확하게 파악하지요. 박쥐와 돌고래는 소리로 세상을 본다고 할 수 있어요.

> **정의**
> **감각 기관** 우리 몸에서 외부의 자극을 받아들이는 기관으로 5개의 감각 기관(시각, 청각, 후각, 미각, 촉각)이 있음
> **감각 세포** 각각의 감각 기관에서 고유의 감각 기능을 담당하는 세포

51 호르몬

성장과 감정은 우리의 일생에서 많은 부분을 차지하는 생리 현상이에요. 영양소만으로는 신체의 변화가 저절로 일어나지 않아요. 호르몬이 우리 몸에 변화를 일으켜요.

사람도 식물도 호르몬을 가지고 있어요

우리 몸은 호르몬이 조절하고 있다고 해도 과언이 아니에요. 호르몬은 우리의 성장과 외모, 성격을 좌우하며 건강 상태에도 큰 영향을 미쳐요. 감정을 다스리는 것도 호르몬의 영향이지요. 호르몬은 일종의 화학물질로 인간뿐만 아니라 다세포 생물은 모두 가지고 있어요. 심지어 식물도 호르몬이 있지요. 호르몬은 우리 몸에서 아주 소량만으로도 중요한 기능을 해요. 부족하거나 너무 많으면 부작용이 나타나기도 해요.

호르몬은 우리 몸 전체에 영향을 미쳐요

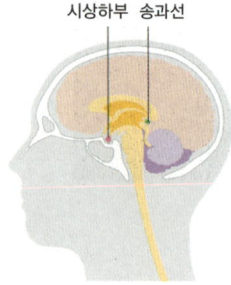

시상하부 송과선

호르몬이 제때 잘 분비되면 우리 몸과 정신은 최상의 상태를 유지하지만, 제대로 분비되지 않거나 지나치게 많이 분비되면 우리 몸에 이상이 생겨요. 호르몬이 분비되는 기관을 내분비 기관이라고 해요. 대표적인 내분비 기관은 뇌하수체인데, 이곳에서 다른 내분비 기관을 자극하는 호르몬을 만들어요. 뇌하수체 외에도 갑상선, 부갑상선, 부신, 췌장, 생식선도 내분비 기관으로 호르몬을 만들어요.

🪐 스트레스 호르몬과 행복 호르몬

극심한 스트레스를 받을 때 분비되는 호르몬은 코르티솔이에요. 어느 심리학자가 코르티솔 호르몬이 담긴 알약을 만들어 실험 참가자에게 먹이고 60개의 단어를 외우게 하는 간단한 시험을 봤어요. 첫 번째 그룹에게는 단어를 외우기 직전과 직후에 약을 먹이고, 두 번째 그룹에게는 시험 60분 전에 알약을 먹였어요. 그리고 세 번째 그룹에게는 가짜 알약을 먹였지요. 시험 결과 첫 번째와 세 번째 그룹은 아무런 영향이 없었지만 두 번째 그룹은 시험 성적이 나빠졌어요. 시험 60분 전에 먹은 알약 때문에 스트레스로 인한 기억 차단 현상이 일어난 거예요. 그래서 시험 전에는 스트레스 조절을 잘해야 해요.

세로토닌 호르몬 분자

스트레스를 받을 때 달달한 음식을 먹고 나면 기분이 좋아지는데, 바로 행복 호르몬 세로토닌이 분비되기 때문이에요. 세로토닌의 분비량이 적어지면 우울증이나 성격 장애, 심할 때는 거식증과 같은 섭식 장애가 생기기도 해요. 기분이 좋지 않은 날에는 야외 활동을 해봐요. 햇빛을 받으면 세로토닌이 나오거든요.

화성에서 온 남자, 금성에서 온 여자

여자는 금성에서 오고, 남자는 화성에서 왔다는 말이 있어요. 여자와 남자는 신체뿐만 아니라 성격도 많이 다르다는 의미예요. 이것도 호르몬 때문이랍니다. 사춘기가 되면 2차 성징이 나타나 여자는 가슴이 커지며 월경을 시작하고, 남자는 변성기가 오면서 수염이 생기지요. 여자는 '에스트로겐'과 '프로게스테론'이라는 여성 호르몬이, 남자는 '테스토스테론'이라는 남성 호르몬이 나오기 때문이에요. 여자도 남성 호르몬이 나오고 남자도 여성 호르몬이 나온답니다. 다만 그 양이 아주 적을 뿐이에요.

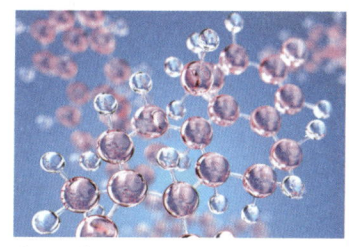

테스토스테론 호르몬 분자

환경 호르몬

우리 몸에서 호르몬이 만들어지거나 몸에 작용하는 것을 방해하는 화학물질을 환경 호르몬이라고 해요. 농약이나 플라스틱과 같은 물질에 섞여 있어요. 일회용 용기를 전자레인지에 데울 때도 많이 나와요. 환경 호르몬은 한번 몸에 들어오면 몸 밖으로 나가지 않고 오랫동안 머물면서 건강을 해쳐요. 성장기에 환경 호르몬에 많이 노출되면 성조숙증이나 무정자증이 생길 수도 있어요.

> **정의**
> **호르몬** 우리 몸의 일부 기관에서 분비되어 혈액을 타고 흐르면서 우리 몸의 기능을 정상적인 상태로 유지시켜주는 일종의 화학물질

52 순환계

피는 46초 만에 120,000km나 되는 혈관을 따라 우리 몸을 여행하지요. 심장은 온몸을 돌고 온 피가 쉬지 않고 다시 순환하도록 해요. 피의 이동을 혈액 순환이라고 한답니다.

우리 몸 구석구석을 여행하는 혈액

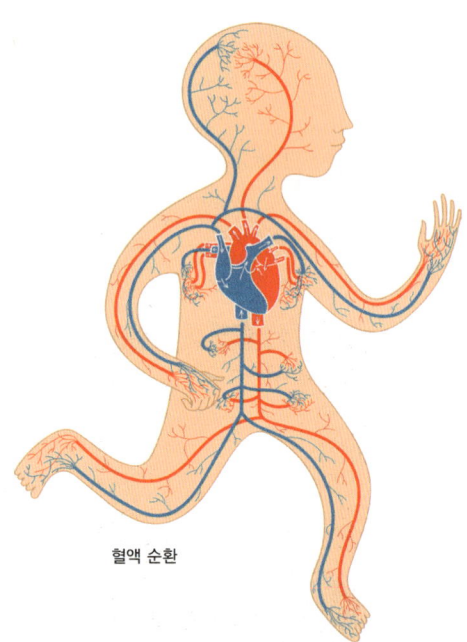

혈액 순환

피는 우리 몸 구석구석을 돌아다니며 온몸에 영양분과 산소를 공급해줘요. 필요한 곳에 산소와 영양소를 실어 나르는 역할을 하는 것이 순환 기관이에요. 피가 제대로 순환하지 못한다면 피 속의 산소가 우리 몸 곳곳에 퍼지지 못해 우리는 채 5분도 지나지 않아 생명을 잃게 돼요.

심장에서 나온 피는 대동맥을 통해 동맥으로 이동하면서 몸 구석구석에 필요한 산소와 영양분을 전달해요. 그 뒤 이산화탄소와 노폐물을 싣고 정맥을 통해 콩팥에서 한 차례 걸러지고, 폐에서 이산화탄소와 산소를 교환한 뒤 심장으로 가지요. 이렇게 피가 온몸을 돌 수 있도록 밀어주는 곳이 심장이에요. 우리 몸속에 있는 펌프라고 할 수 있어요.

혈구를 만들어내는 조혈모세포

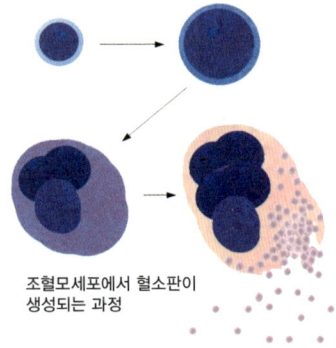

조혈모세포에서 혈소판이 생성되는 과정

성인의 신체에는 약 5리터의 혈액이 있고, 그중 3리터는 혈장이에요. 혈장은 91%가 물이니까 혈액은 반 이상이 물인 셈이에요. 혈액 중 나머지 2리터는 혈장 속을 떠다니는 혈구와 전해질, 영양소, 비타민, 호르몬, 단백질 등으로 구성되어 있어요. 혈구는 적혈구, 백혈구, 혈소판으로 이루어져 있는데, 우리가 흔히 피라고 이야기하는 것은 사실 혈구 중에서 적혈구를 말하는 거예요. 혈구는 우리 몸의 조혈모세포에서 만들어져요. 조혈모세포는 뼈 속에 있는 그물형 조직인 골수 안에 있어요. 어린 시절에는 대부분의 뼈에서 혈구가 만들어지지만 성인이 되면 척추, 늑골, 골반 등으로 한정되지요.

> **동물의 심장 박동수와 수명은 꽤 관련이 깊어요**
>
> 최근 맥박이 느릴수록 오래 산다는 재미있는 연구 결과가 나왔어요. 평균 수명이 177년인 갈라파고스 바다거북은 1분 동안 심장이 6번 정도 뛴다고 해요. 100년 정도 사는 고래는 12회 정도예요. 반면 수명이 5년 정도인 생쥐는 1분 동안 600번이나 심장이 뛰어요.

심장 박동수

운동을 하면 심장박동수가 증가해요. 산소와 에너지가 많이 필요하기 때문에 심장이 더 열심히 일을 하는 거예요. 엄지손가락 아래쪽 손목을 살짝 누르면 맥박이 콩닥콩닥 뛰는 것을 느낄 수 있어요. 신생아의 심장 박동수는 1분에 120~160회로 높지만 자라면서 점점 줄어들어 초등학생 때는 80~90회, 성인이 되면 60~80회 정도예요. 꾸준히 운동을 통해 심장을 단련한 사람들은 1분에 50회 정도로 심장이 느리게 뛰어요. 그만큼 심장이 한 번 뛸 때 강하게 혈액을 보내줄 수 있다는 의미예요.

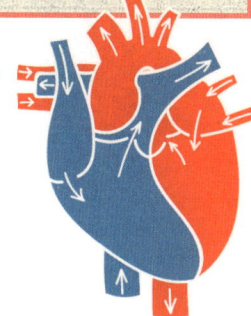

폐에서 산소를 공급받은 혈액이 심장을 통해 온몸으로 퍼짐

하비가 밝혀낸 심장과 혈액의 비밀

1628년, 윌리엄 하비(1578~1657)는 피는 간이 아니라 심장에서 만들어지며 우리 몸을 순환하는 것이라고 주장했어요. 하비의 이러한 주장에 간에서 피가 만들어진다고 생각했던 당시의 의학계는 깜짝 놀랐어요. 심장이 규칙적으로 뛴다는 것은 알고 있었지만 그것이 피를 뿜어내는 소리라고는 상상도 하지 못했지요. 하비는 1628년에 《동물의 심장과 혈액의 운동에 관한 해부학적 연구》라는 책을 써서 심장과 혈액의 관계에 관해 밝혔어요.

윌리엄 하비

> **정의**
>
> **순환** 심장에서 나온 혈액이 온몸을 따라 돌면서 각 기관에 산소와 영양소를 공급하고 노폐물을 받아 배설 기관으로 내보내는 과정
>
> **순환 기관** 순환에 관여하는 심장과 혈관

53 혈액

혈액은 영양소를 에너지로 바꾸는 데 필요한 산소를 운반해주고, 외부에서 침입한 세균이나 이물질을 공격해서 우리 몸을 방어해줘요. 에너지의 생성과 몸의 방어는 생명을 유지하는 가장 기본 작용이지요.

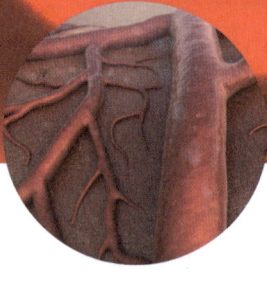
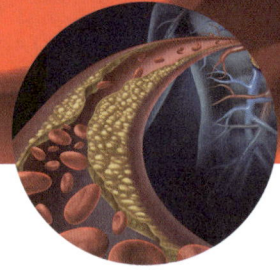

혈액은 혈구와 혈장으로 구성돼요

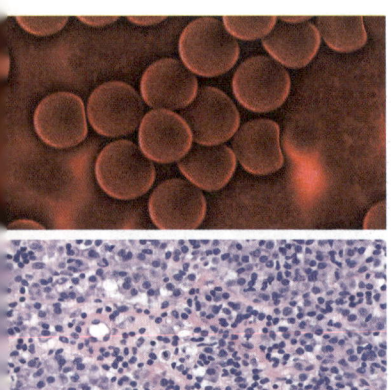
혈구(위)와 혈장(아래)

혈구에는 적혈구와 백혈구, 혈소판이 있는데, 우리 피가 붉은색인 것은 적혈구 때문이에요. 적혈구에 있는 헤모글로빈은 산소를 운반하는 역할을 하지요. 백혈구는 우리 몸에 침입한 세균을 잡아먹어요. 몸에 세균이나 바이러스가 들어왔을 때에는 백혈구 수가 많아진답니다. 몸에 상처가 나서 피가 나도 시간이 지나면 피가 멈추고 그 자리에 딱지가 생겨요. 혈액을 응고시켜 출혈을 막아주는 역할을 하는 것은 혈소판이에요.

혈장은 91%가 물로 되어 있어 혈액 속의 각종 물질들이 혈관을 따라 이동할 수 있도록 해주지요. 또한 세포에서 노폐물을 받아오는 역할도 해요.

혈액이 흐르는 길, 혈관

사람의 혈관은 총 12만 km라고 하는데, 이것은 지구 두 바퀴 반을 돌 수 있는 길이에요. 혈관은 심장에서 나오는 동맥과 심장으로 들어가는 정맥, 그리고 손끝, 발끝과 같이 온몸의 구석구석에 퍼져 있는 모세혈관으로 되어 있어요. 동맥에는 산소와 영양분이 가득 든 혈액이 흐르는데, 이 혈액은 모세혈관으로 들어가 각 조직의 세포에 산소와 영양소를 주고 세포에서 만들어진 이산화탄소와 노폐물을 받아오지요. 이산화탄소와 노폐물을 실은 혈액은 정맥을 통해서 다시 심장으로 들어간답니다.

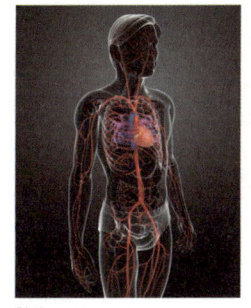
혈관

동맥은 심장의 펌프질을 바로 받아 혈압이 높고 혈액이 아주 빠르게 흘러요. 동맥은 끊어지면 생명이 위험할 수도 있기 때문에 정맥보다 몸속 깊이 있답니다.

ABO식 혈액형을 발견한 란트슈타이너

ABO식 혈액형을 발견한 사람은 오스트리아의 의학자 카를 란트슈타이너(1868~1943)예요. 그는 몇몇 사람에게서 채취한 혈액을 혼합하던 중 혈구가 엉겨 작은 덩어리로 되는 것을 발견했어요. 그런데 늘 그런 것이 아니라 경우에 따라 달랐어요. 그 까닭을 연구하여 1901년에 혈액이 뭉치는 성질에 따라 사람의 혈액형이 나뉜다는 사실을 발견했어요.

란트슈타이너는 처음에 A, B, C 세 가지의 혈액형을 제안했어요. 이 중 C형은 항원이 없기 때문에 나중에 제로형(숫자 0)으로 불렀으며, 지금은 O형으로 불러요. A형과 B형에는 각각 고유한 항원이 있어요. 그래서 다른 혈액형과 섞였을 때 적혈구가 응고돼요.

카를 란트슈타이너

오징어와 문어는 피가 파란색이에요

척추동물은 적혈구 내에 헤모글로빈을 가지고 있기 때문에 피가 붉은색이에요.
무척추동물의 피는 색깔이 다양해요. 오징어, 문어와 같은 연체동물은 혈액 속에 헤모시아닌이 있는데, 철이 아닌 구리와 결합하기 때문에 파란색을 띠어요.
곤충들도 다른 혈색소를 가지고 있기 때문에 무색, 노란색, 초록색 등의 다양한 색깔의 혈액을 가지고 있어요. 모기를 잡으면 붉은 피가 나오는 것은 사람 피를 빨아먹었기 때문이에요.

정의 **혈액** 사람이나 동물의 몸속에서 세포에 산소와 영양소를 주고, 이산화탄소와 노폐물을 받아오는 붉은색의 액체. 체내에 침입한 세균이나 바이러스를 공격하여 무력화시키는 역할도 함

3부 · 생물

54 배설 기관

우리 몸은 음식물을 분해해서 에너지를 얻거나 생명 활동에 필요한 물질을 합성하지요. 합성 과정에서 생명 활동에 상관이 없거나 해로운 것도 생겨나요. 인체는 이러한 물질을 몸 밖으로 내보내야만 유지될 수 있어요.

콩팥에서 오줌을 걸러줘요

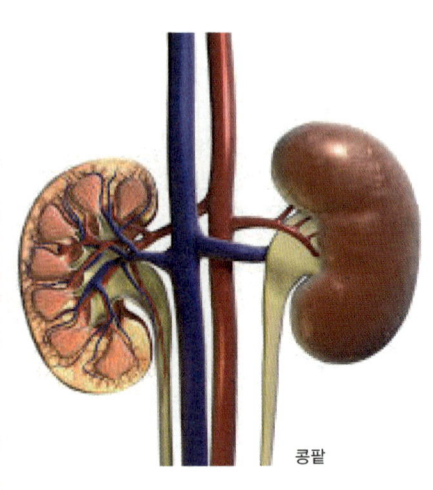
콩팥

콩팥은 신장이라고도 하는데, 등 쪽에 좌우로 1개씩 붙어 있어요. 어른 주먹만 한 크기의 강낭콩 모양으로 생겼어요. 콩팥은 몸속 노폐물을 걸러 오줌을 만드는 곳이에요. 우리 몸에 2개가 있지만, 하나만으로도 살아가는 데 큰 지장은 없어요.

요리를 하고 나면 음식물 쓰레기가 나오듯이, 음식을 먹어 에너지를 만들고 나면 우리 몸에는 노폐물이 생겨요. 노폐물에는 독소도 들어 있어서 몸속에 오래 남아 있으면 해로워요. 혈액 속을 돌아다니는 노폐물을 걸러주는 곳이 콩팥이에요. 정수기 같은 역할을 하는 거지요. 이외에도 혈액의 산염기의 균형을 유지하고, 혈압을 조절하며, 호르몬이나 비타민 D를 활성화시키기도 해요.

콩팥이 망가지면 혈액 투석을 받아야 해요

콩팥이 없으면 몸속의 노폐물이 그대로 혈액 속에 쌓여요. 그렇게 되면 신체의 모든 활동이 떨어지게 되지요. 그래서 콩팥 기능을 상실한 사람은 혈액 투석을 받아야 해요. 투석기는 몸 밖에서 콩팥의 역할을 대신해주는 인공 콩팥이라고 볼 수 있어요. 몸속의 피를 투석기로 빼내서 투석기에서 노폐물을 제거하고 걸러낸 피를 다시 몸속으로 넣어줘요. 투석 과정은 4~5시간이 걸리는데 일주일에 2~3번씩 받아야 한답니다. 시간도 많이 소요되고 몸도 힘들고 비용도 많이 들지요.

콩팥에서 걸러진 노폐물은 오줌이 되어 방광으로 들어가요

방광은 오줌을 저장해두었다가 어느 정도 모이면 배설하는 곳이에요. 그래서 오줌보라고 불러요. 몸에서 단백질을 소화시키면 암모니아가 생성되는데, 암모니아는 독성을 가지고 있어 빨리 몸 밖으로 내보내야 해요. 성인의 방광은 400~500mL 정도의 오줌을 저장할 수 있어요. 남자는 여자보다 방광이 좀 더 크답니다. 그래서 남자가 오줌을 더 잘 참아요.

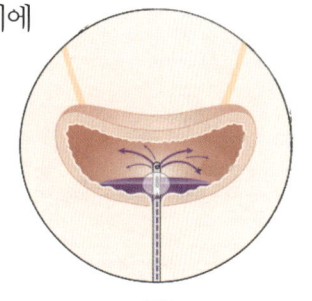
방광

땀은 체온을 조절해요

피부의 땀샘은 배설 기관이지만 주요 기능은 노폐물 배출보다는 체온을 조절하는 거예요. 땀을 못 흘리면 조금만 더워져도 체온이 급격하게 올라가서 인체의 신진대사가 흐트러질 수 있어요. 땀샘은 체온을 조절하는 매우 중요한 기관이랍니다. 땀은 대부분이 수분이지만 오줌처럼 노폐물이 섞여 있어요. 더운 날 야외 활동을 오래 해서 땀을 많이 흘리면 몸의 수분이 부족해져서 탈수 증상이 올 수도 있어요. 그래서 탈수 증상에 취약한 쥐 등의 작은 설치류는 아예 땀샘이 없답니다.

물고기의 아가미 심줄

어류와 조류는 방광이 없어요

어류와 타조를 제외한 조류는 방광이 없어요. 물고기는 아가미를 통해서 암모니아를 그대로 배출하고, 새는 암모니아를 요산으로 변화시켜 대변과 같이 배출해요. 요리할 때 방광이 있는 동물을 손질하는 요리사는 매우 조심해야 해요. 방광이 터지면 암모니아 때문에 고기가 쓸모없어지고 지린내가 심하다고 해요.

정의	
배설	혈액 속에 있는 노폐물을 몸 밖으로 내보내는 일
배설 기관	배설 작용에 관여하는 콩팥과 방광

55 호흡 기관

우리 몸의 에너지원이 되는 포도당은 분해되면서 이산화탄소를 만들어요. 이산화탄소는 우리 몸에 나쁜 영향을 끼치기 때문에 몸 밖으로 배출해야 해요. 혈액에 산소를 공급하고 이산화탄소를 배출하는 것이 호흡이에요.

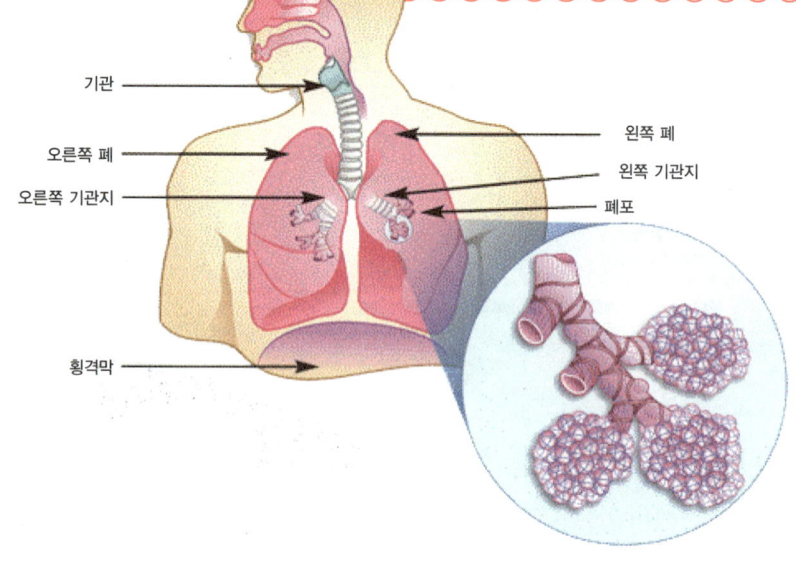

기관
오른쪽 폐
오른쪽 기관지
횡격막
왼쪽 폐
왼쪽 기관지
폐포

호흡의 원리

우리가 섭취한 음식물에서 에너지를 만들어내기 위해서는 산소가 필요해요. 우리 몸에 필요한 산소를 받아들이는 것을 호흡이라고 하고, 호흡에 필요한 기관을 호흡 기관이라고 해요.

호흡에는 산소를 들이마시는 들숨과 이산화탄소를 내뱉는 날숨이 있어요. 호흡은 갈비뼈와 횡격막(가로막)이 움직이면서 일어나요. 횡격막은 근육으로 된 막으로 가슴과 배를 나눠주는 부분이에요. 숨을 들이마시면 갈비뼈가 올라가고, 횡격막은 내려가요. 이때 가슴의 부피가 커지면서 압력이 낮아져요.

숨을 내쉴 때는 반대예요. 갈비뼈는 내려가고, 횡격막은 올라가요. 가슴의 부피가 작아지면서 압력은 높아져요. 그래서 압력이 높은 몸속에서 밖으로 공기가 빠져나가게 된답니다.

폐에서는 가스 교환이 일어나요

코로 들어온 공기는 기관지를 지나서 폐로 들어가요. 폐는 양쪽으로 갈라진 기관지 끝에 붙어 있어요. 폐에는 폐포(허파 꽈리)라는 주머니 모양의 아주 작은 세포가 있어요. 포도송이처럼 달려 있는 폐포는 많은 모세혈관으로 둘러싸여 모세혈관에 산소를 주고, 이산화탄소를 받아 와요. 작은 세포가 여럿이 있는 것이 큰 세포가 하나 있는 것보다 표면적이 넓어져요. 그래서 폐포는 더 효율적으로 산소와 이산화탄소를 주고받을 수 있답니다. 기침을 심하게 하면 폐포가 터지기도 해요. 폐포는 워낙 많고 새로 생기기 때문에 큰 문제가 되지는 않지만, 너무 많이 손상될 경우에는 문제가 생겨요.

건강에는 복식 호흡이 좋아요

복식 호흡은 숨을 들이마실 때 배가 나오고, 숨을 내쉴 때 배가 들어가지요. 길고 느리게 호흡하면서 산소를 훨씬 많이 받아들이고, 흉식 호흡에 비해 칼로리 소모가 많기 때문에 뱃살을 빼는 데에도 아주 좋아요. 갓 태어난 신생아들은 자연스럽게 복식 호흡을 하지요.
우리가 평소에 하는 호흡은 흉식 호흡이라고 해요. 갈비뼈가 오르락내리락하면서 가슴 부위가 움직이기 때문이지요.

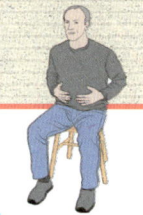

기관은 공기가 다니는 길이에요

우리 목에는 2개의 관이 있어요. 하나는 음식물이 위로 넘어가는 식도이고, 다른 하나는 공기가 드나드는 기관이지요. 기관은 양쪽으로 나뉘는 기관지로 연결되어 있어요. 기관지는 외부의 세균이나 먼지 등이 폐로 들어가지 않도록 걸러줘요. 가끔 음식물을 먹다가 재채기를 하거나 사레에 걸리면 음식물이 식도가 아닌 기관으로 잘못 넘어가는 일이 있어요. 기관은 폐와 연결되어 있어 음식물이 들어가면 매우 위험해요. 그래서 기관으로 음식물이 들어가면 기침을 해서 내뱉도록 만들어요.

고래는 물속에서 살아가지만 폐로 호흡해요

고래가 폐호흡을 하면서도 깊은 바다에서 오랫동안 잠수할 수 있는 이유는 산소를 혈액이 아니라 근육에 저장할 수 있기 때문이에요. 또 잠수하는 동안에는 생명에 중요한 기관에만 산소를 공급해서 산소 소비량을 줄일 수 있답니다.

정의
호흡 숨을 들이마시고 내쉬는 일로, 생물이 산소를 흡수하고 이산화탄소를 내보내는 과정
호흡 기관 호흡에 관여하는 코, 기관, 기관지, 폐

56 소화 기관

우리가 먹은 음식물은 몸속에서 사용하기에 적당한 크기로 쪼개줘야 해요. 이러한 과정을 소화라고 해요. 먹이를 통째로 삼키는 뱀이나 악어 같은 경우에도 삼킨 먹이를 쪼개는 작용이 몸속에서 일어나지요.

소화란 음식물을 에너지원으로 쓸 수 있게 만드는 과정이에요

소화 기관에 따라서 하는 일이 조금씩 달라요. 입이나 위, 창자와 같이 직접 소화시키는 기관도 있고, 간이나 쓸개, 이자와 같이 소화를 도와주는 기관도 있어요. 소화 효소가 없으면 소화가 일어나지 않아요. 소화 효소의 도움을 받으면 낮은 온도에서도 반응이 빨리 일어나게 할 수 있지요.

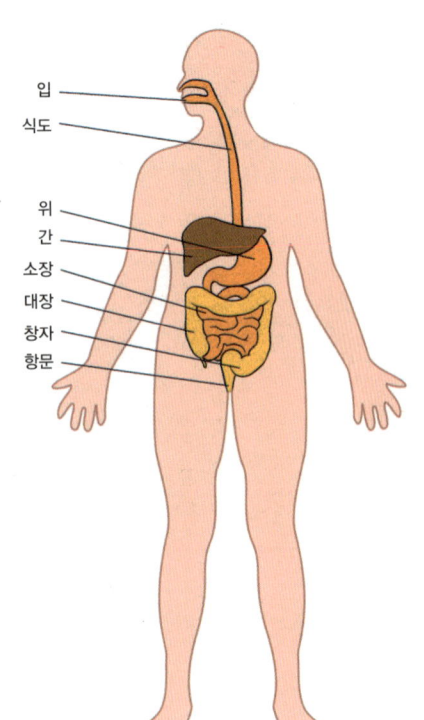

입
식도
위
간
소장
대장
창자
항문

입은 첫 번째 소화 기관이에요

이는 큰 음식물을 잘게 부수고, 혀는 침과 음식물을 고루 섞어줘요. 침에서는 아밀레이스라는 소화 효소가 들어 있어요. 아밀레이스는 탄수화물을 단맛이 나는 작은 입자인 엿당으로 분해시켜줘요. 밥을 꼭꼭 씹어 먹으면 살짝 단맛이 나지요? 이것은 아밀레이스에 의해 밥이 엿당으로 분해되었기 때문이에요.

위에서는 단백질을 분해해요

위액에는 펩신과 염산이라는 두 가지 중요한 물질이 있어요. 펩신이라는 소화 효소는 단백질을 분해시켜요. 강한 산성인 염산은 음식 속의 세균을 죽여 부패되지 않도록 하고 펩신을 도와주지요. 입에서 혀가 음식물과 침을 섞어주듯이, 위에서는 위장이 조물조물 운동하며 위액과 음식물을 섞어서 소화가 잘 일어나게 도와줘요. 위에서 할 일이 끝나고 나면 꿈틀거리는 운동으로 음식물을 십이지장으로 보내요.

소의 트림과 방귀가 지구 온난화를 일으킨다고요?

이산화탄소는 지구 온난화의 주범으로 불려요. 메탄가스는 양은 적지만 이산화탄소보다 온난화에 20배나 더 영향을 미쳐요. 지구상에는 약 10억 마리의 소가 살고 있어요. 소의 위에 있는 미생물은 풀을 분해하면서 메탄가스를 만들고, 소는 트림을 통해 메탄가스를 밖으로 내보내지요. 10억 마리의 소가 하루에 내뱉는 메탄가스는 어마어마한 양이에요. 그래서 일부 국가에서는 소의 트림과 방귀에 세금을 부여하는 법안을 추진 중이에요.

작은창자에는 영양소를 흡수하는 융털이 있어요

작은창자(소장)는 3대 영양소(탄수화물, 단백질, 지방)가 모두 소화되는 곳이에요. 각각의 소화 효소가 분비되거든요. 즉 탄수화물을 분해시키는 아밀레이스, 단백질을 분해하는 트립신, 지방을 분해하는 리페이스가 나와요. 이 세 가지 소화 효소는 모두 이자에서 만든답니다.

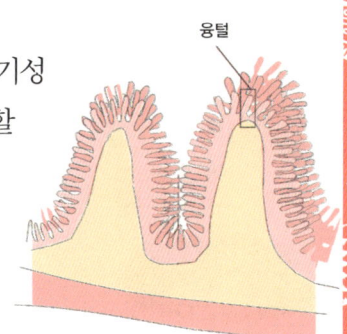

융털

간에서 만들어서 쓸개에 저장해두는 쓸개즙은 음식물을 다시 염기성으로 바꿔줘요. 그래야 작은창자에서 다른 소화 효소들이 잘 작동할 수 있기 때문이에요. 또한 작은창자는 소화를 통해 최종적으로 남은 영양소를 흡수해요. 작은창자 벽은 융털이라는 작은 돌기로 덮여 있어서 흡수하는 면적을 넓게 만들어 영양소를 잘 흡수할 수 있지요.

큰창자에서는 수분을 흡수해요

작은창자에서 몸에 필요한 영양소를 모두 흡수하고 나면 음식 찌꺼기가 남아요. 이 찌꺼기는 큰창자(대장)로 들어가게 되지요. 여기서는 찌꺼기에 남아 있는 수분을 흡수해서 대변을 만들어요.

> **정의**
> **소화** 우리 몸에 필요한 영양소가 몸에 잘 흡수되도록 음식물을 잘게 쪼개어 분해하는 과정
> **소화 기관** 소화에 관여하는 입, 식도, 위, 십이지장, 작은창자, 큰창자

57 단백질

단백질은 우리 몸을 구성하는 요소 중에서 성장과 발육에 반드시 필요해요. 단백질은 항체를 형성하는 데에도 필수적이기 때문에 면역력에도 큰 영향을 미쳐요.

🧪 단백질은 우리 몸의 면역력을 키워서 병을 예방해줘요

우리 몸은 70%가 수분으로 이루어져 있어요. 수분은 우리의 피부, 장기, 혈액, 골격 등에 가장 많이 분포해 있어요. 그다음으로 많은 것이 단백질이에요. 수분이 우리 몸을 유지하는 데 필수적이라면 단백질은 우리 몸이 성장하는 데 반드시 필요해요. 머리카락, 손톱부터 시작해 근육을 늘리거나 뼈가 자라는 데에도 단백질이 무척 중요하지요. 우리 몸에는 세균이나 바이러스라는 적이 침입했을 때 그에 맞서 싸우는 항체라는 대항군이 있어요. 이 항체가 바로 단백질로 구성되어 있어요.

우리 몸에서 단백질은 소화와 분해, 흡수 과정을 거쳐요

음식을 통해 섭취한 단백질은 다시 우리 몸의 세포, 근육, 항체, 호르몬 등을 구성해요. 단백질은 아미노산이라고 하는 작은 단위로 구성되어 있어요. 음식으로 섭취한 단백질은 소화 과정을 거쳐 최종적으로 아미노산으로 분해되어 소장에서 흡수가 일어나요. 흡수된 아미노산은 다시 결합하여 우리 몸에 필요한 성분을 만들게 되지요. 아미노산이 부족하면 필요한 성분을 만들 수 없어요.

단백질을 만드는 원료는 아미노산이에요

자연에는 20개의 아미노산이 있어요. 그중 12개는 음식을 먹으면 몸에서 저절로 합성되지만 나머지 8개는 우리 몸이 만들지 못하기 때문에 반드시 해당 음식을 섭취해야 해요. 음식을 통해서 섭취해야 하는 아미노산을 필수 아미노산이라고 해요. 아미노산의 개수와 종류, 연결 순서를 달리하면 다양한 종류의 단백질을 만들 수 있어요. 놀랍게도 20개의 아미노산이 수만 가지의 단백질을 만든다고 해요.

단백질이라는 말을 처음 사용한 멀더

단백질이라는 말을 처음으로 사용한 사람은 네덜란드의 화학자, 게라르두스 요하네스 멀더(1802~1880)예요. 멀더는 동물의 세포에 대한 연구를 하다가 질소를 발견했고, 질소, 인, 유황이 공통으로 결합되어 있는 물질을 발견했어요. 이것에 단백질(protein)이라는 이름을 붙였지요. 이 말은 '중요한' 혹은 '가장 우선'을 뜻하는 그리스어에서 유래했어요.

단백질이 너무 많으면 질병을 불러올 수 있어요

건강한 성인에게 하루 필요한 단백질은 20g 정도예요. 그런데 오늘날 하루에 섭취하는 단백질이 160g 정도 된다고 하니, 단백질 과잉 시대라고 할 수 있어요. 탄수화물이나 지방은 많이 섭취하면 우리 몸에 저장되어 살이 찌게 돼요. 하지만 단백질은 우리 몸에 저장되지 않아서 필요 이상으로 많으면 몸 밖으로 내보내야 해요. 이 과정에서 간과 신장에 무리가 가게 되지요.

땀과 오줌의 독특한 냄새의 주인공은 암모니아예요

암모니아를 만드는 것은 단백질이에요. 탄수화물과 지방은 탄소, 수소, 산소로만 이루어져 있지만, 단백질은 질소까지 포함돼요. 질소가 소화 과정에서 암모니아가 되지요. 암모니아는 우리 몸에 해로운 독성을 가지고 있어요. 그래서 빨리 내보내는 것이 좋아요. 혈액 속에 암모니아가 들어가면 간경화나 간암이 생길 수 있고, 심하면 혼수상태에 빠지기도 해요.

정의

단백질 우리 몸을 유지하는 데 꼭 필요한 주영양소 중 하나로 세포, 근육, 항체, 호르몬 등을 구성하는 성분

아미노산 단백질의 기본 구성단위. 한 분자 안에 염기성 아미노기와 산성의 카복시기를 가진 유기 화합물을 통틀어 이름

58 비타민

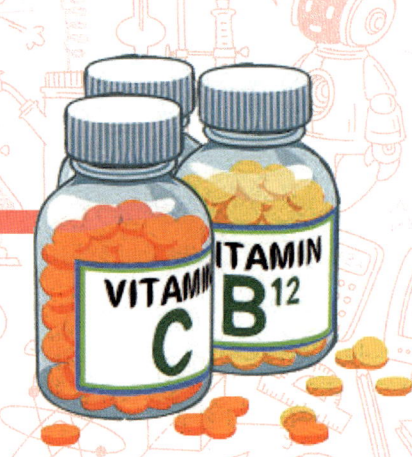

동물이 살아가는 데 반드시 필요한 주영양소인 탄수화물, 단백질, 지방이 아무리 풍부해도 신체의 여러 작용이 원활하지 않을 수 있어요. 적은 양으로도 큰 영향을 끼치는 필수 영양소가 부족하기 때문이에요.

비타민이 부족하면 우리 몸에는 결핍증이 생겨요

비타민은 아주 적은 양으로 몸의 생리 작용을 조절하는 중요한 영양소예요. 대부분의 비타민은 몸속에서 합성할 수 없기 때문에 음식물로 섭취해줘야 해요.

비타민 A가 부족하면 밤에 유난히 시력이 약해지는 야맹증이 오지요. 비타민 A는 동물의 간이나 간유에 많고 당근, 시금치 등의 채소에도 많아요. 비타민 C가 부족하면 괴혈병이 생겨요. 작은 상처에도 피가 멈추지 않고, 피부 안에서 피가 흘러 반점이 생기기도 하지요. 비타민 C를 보충하기 위해서는 배추, 고추, 귤 등을 먹어야 해요. 비타민 B가 부족하면 각기병, 비타민 D가 부족하면 구루병이 생겨요. 구루병은 뼈의 성장에 이상이 생기는 병이에요. 비타민 D는 간, 간유, 달걀, 고기, 물고기 등으로 섭취해야 한답니다.

영양분의 중요성을 처음 과학적으로 밝힌 에이크만

네덜란드의 의사였던 크리스티앙 에이크만(1858~1930)은 어느 날 병든 닭으로 실험을 하던 중 우연히 껍질을 벗긴 쌀을 먹은 닭이 각기병에 걸린다는 사실을 알았어요. 그래서 쌀 껍질에 중요한 영양분이 있다고 생각했지요. 이 영양분이 바로 비타민 B_1이에요. 에이크만은 아주 적은 양의 영양분이라도 심각한 질병이 생길 수 있음을 밝혀낸 공로로 1929년 노벨 생리의학상을 받게 되었답니다.

비타민의 정체를 밝힌 과학자들

비타민의 정체는 영국의 생화학자, 프레더릭 홉킨스(1861~1947)가 밝혀냈어요. 그는 영양소에는 단백질, 탄수화물, 지방처럼 에너지를 내는 영양소와 물, 무기염류처럼 에너지를 내지는 않지만 꼭 필요한 보조 영양소가 있다는 것을 확인했어요. 비타민 역시 이러한 보조 영양소에 포함되는 것이었지요. 1929년 홉킨스는 에이크만과 함께 노벨 생리의학상을 받았어요.

비타민이라는 이름을 붙인 사람은 미국의 생화학자, 카지미르 풍크(1884~1967)예요. 그는 1912년에 현미에 있는 물질이 아민amine이라는 것을 발견하고, 여기에 라틴어로 '생명'을 뜻하는 단어 비타vita를 결합해 비타민vitamine이라는 이름을 붙여주었어요. 우리 몸에 비타민이 부족하면 괴혈병, 각기병 같은 여러 질병이 생긴다는 것도 밝혀냈지요.

햇빛을 받아서 합성하는 비타민 D

식물이 광합성을 이용해 영양분을 만들어내듯 사람은 비타민 D를 만들기 위해 햇빛이 꼭 필요해요. 피부가 자외선을 받으면 콜레스테롤을 분해해서 비타민 D를 만들어요. 현대인들은 대부분의 시간을 실내에서 보내기 때문에 햇빛을 충분히 쬐기 어려워요. 비타민 D를 만드는 데 필요한 자외선은 유리창을 통과하지 못해요. 따라서 창문을 열거나 실외에서 직접 햇빛을 쬐어주는 것이 중요해요. 하루에 1시간 정도의 충분한 실외 활동이 필요해요.

비타민 음료에는 비타민보다 당분이 더 많아요

마트에서 파는 비타민 음료에는 비타민 함량보다 당분이 더 많아요. 마시기만 해도 건강해질 것 같이 유혹하지만, 비타민 음료에 있는 비타민으로는 필요량을 섭취할 수 없어요. 오히려 과도하게 먹으면 살이 찔 수 있지요. 비타민은 건강한 제철 음식으로 섭취하는 것이 가장 좋아요.

비타민C가 다량 함유된 산딸기

> **정의** **비타민** 매우 적은 양으로 우리 몸의 생리 작용을 조절하는 필수 영양소

59 식물의 구조

육지 동물은 대부분 머리, 몸통, 다리처럼 공통되는 구조를 가지고 있어요. 환경에 가장 적합한 구조를 가진 동물이 살아남기 때문이에요. 지구의 환경에서 식물은 어떤 적합한 구조를 갖게 되었을까요?

식물의 뿌리

🧪 식물 전체를 지탱하고 지지하는 뿌리

뿌리가 없으면 식물은 땅에 박혀 있지 못하고 쑥 뽑혀버릴 거예요. 간혹 잎에서 만든 양분을 뿌리에 저장하는 식물도 있어요. 하지만 뿌리의 가장 중요한 역할은 땅속에 있는 물과 무기염류를 흡수하는 거예요. 식물에 뿌리털이 아주 많이 나 있는 것은 표면적을 넓혀 물을 더 많이 흡수하기 위해서예요. 특히 사막과 같이 물이 부족한 지역의 식물은 뿌리가 더 멀리까지 뻗어 있어 물을 흡수하기에 좋아요.

🧪 바닷물에 뿌리를 두고 사는 맹그로브

맹그로브

맹그로브는 열대 지방의 바닷가에 뿌리를 두고 있는 특이한 나무예요. 땅 위의 식물은 짠 소금물에서는 살 수 없지만 맹그로브는 바닷물에서 소금을 거르고 잎으로도 배출해요. 맹그로브 잎은 짠맛이 나요. 맹그로브는 땅속 깊숙이 10m 이상 뿌리를 박아두고 있어요. 쓰나미나 지진 해일에도 끄떡하지 않고 해안 생태계를 지켜주지요. 뿌리의 일부분이 활처럼 굽어 밖으로 나와 있는 이유는 호흡을 위해서랍니다.

🪐 줄기의 물관과 체관을 통해 물과 양분을 운반해요

줄기는 뿌리와 잎을 연결하고 있는 부분이에요. 동시에 식물이 쓰러지지 않도록 지탱해주지요. 줄기에는 2개의 이동 통로가 있어요. 뿌리에서 흡수된 물이 잎으로 올라가는 길이 물관이에요. 뿌리는 물과 함께 나트륨이나 칼륨과 같은 무기양분도 흡수해서 물관을 통해 잎으로 보낸답니다. 반대로 잎에서 광합성을 통해 만들어진 양분이 뿌리로 내려오는 길은 체관이에요.

식물의 잎은 양분을 만들어내는 공장이에요

동물은 음식을 먹고 에너지를 만들지만, 식물은 물만 흡수해서 광합성을 통해 에너지를 만들어요. 식물의 광합성은 모든 생물에게 중요해요. 인간을 비롯한 동물도 식물이 광합성으로 만든 양분을 먹고 사니까요.

식물은 이산화탄소를 흡수하는 광합성만 하는 건 아니에요. 식물도 산소를 들이마시고 이산화탄소를 내뱉는 호흡을 해요. 다만 낮에는 광합성이 호흡보다 더 활발할 뿐이지요. 해가 없는 밤에는 식물도 이산화탄소를 더 많이 내뱉어요. 잎에는 기공이 있어 뿌리에서 올라온 물을 내보내는 증산 작용도 해요. 사람이 땀을 내며 체온을 조절하듯, 식물은 수증기를 내보내며 체온을 조절하지요.

> **식물은 다양한 부분에 양분을 저장해요**
> 감자는 잎에서 만든 영양분을 땅속에 있는 줄기에 저장해요. 양파를 반으로 자르면 가운데에 좀 더 딱딱한 심 같은 게 있어요. 이 부분이 양파의 줄기예요. 우리가 먹는 양파는 영양분을 저장해둔 잎이랍니다. 복숭아나 포도처럼 씨를 감싸고 있던 씨방이 열매가 되는 과일도 있지만, 사과나 딸기처럼 꽃받침이 열매가 되는 식물도 있지요.

꽃이 아름다운 이유는 식물의 생식 기관이기 때문이에요

꽃가루받이

식물은 움직이지 못하기 때문에 스스로 수정할 수 없어요. 바람이나 곤충, 동물들의 도움이 필요하지요. 수술에서 만들어진 꽃가루를 암술머리에 옮기는 것을 수분 또는 꽃가루받이라고 해요. 꽃가루받이 후에 꽃가루의 정세포가 암술의 씨방에 있는 밑씨와 만나면 비로소 씨가 자라요. 이때 꽃이 지고 그 자리에는 씨를 둘러싸는 열매가 자라요. 열매는 곤충이나 새를 유혹해서 씨를 퍼뜨리기 위해서 발달했어요.

정의	
뿌리	식물의 구조 중 땅속에 묻혀 식물을 지탱하고 물과 무기염류를 흡수하는 기관. 양분을 저장하는 경우도 있음
줄기	뿌리와 잎을 연결하는 식물의 기관으로 식물을 지지하고 물과 양분을 이동시키는 통로
잎	광합성과 호흡, 증산 작용이 일어나는 식물의 기관
꽃	씨를 만들어 번식을 하는 식물의 생식 기관
열매	수정 후에 꽃이 진 자리에 씨를 둘러싸고 발달하는 기관

60 증산 작용

동물들은 땀을 흘려 체온을 조절하지만 식물들은 물을 증발시켜 체온을 조절해요.

 ### 뿌리의 물을 잎까지 보내주는 원동력이 증산 작용이에요

줄기의 관다발과 연결되어 있는 그물 모양의 잎맥

물관을 통해 식물의 뿌리에서 줄기와 잎까지 물이 이동하여 잎을 통해 물이 빠져나가는 것을 증산 작용이라고 해요. 잎에서 물이 빠져나가면 다시 뿌리에서 줄기로 물이 올라가요. 물이 빠져나간 만큼 계속해서 보충해주는 거예요. 키가 큰 나무들도 몇십 미터 되는 높이까지 계속해서 물을 끌어 올리지요. 이게 바로 증산 작용 덕분이에요.

 ### 식물의 생명 유지에 꼭 필요한 증산 작용

공변세포
식물의 기공은 참 예민해서 빛이나 이산화탄소, 온도, 바람 등 다양한 원인에 따라 열고 닫혀요. 기공 옆에 붙어 있는 입술 모양의 공변세포는 기공이 열고 닫히는 것을 도와줘요. 광합성이 활발한 낮에는 공변세포가 부풀어 올라 활처럼 휘어지면서 기공이 열리게 되고, 광합성을 못하는 밤에는 공변세포가 쭈그러들면서 기공이 닫히게 된답니다.

식물은 뿌리에서 물을 흡수할 때에 땅속에 있는 무기 양분도 함께 흡수해요. 증산 작용 덕분에 식물이 자라는 데 꼭 필요한 무기 양분을 계속 흡수할 수 있는 거예요. 증산 작용은 또한 식물의 체온도 조절해줘요. 낮 동안의 강한 햇빛 아래서 체온 조절이 안 되면 잎이나 줄기가 타버릴 수도 있거든요. 특히 사막에 사는 식물들에게는 체온 조절이 더 중요하지요. 식물이 증산 작용을 통해 물을 내보내면 물이 수증기로 변하면서 주변의 열을 흡수해요.

증산 작용이 일어나는 기공

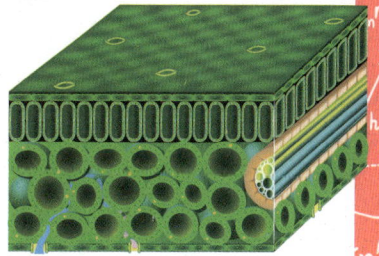

식물의 잎에는 증산 작용이 일어날 수 있는 구멍이 있는데, 이 구멍을 기공이라고 해요. 식물은 기공을 통해서 증산 작용으로 수증기를 내보내기도 하고, 산소와 이산화탄소가 이동하기도 해요. 기공은 주로 잎 뒷면에 많지만, 물에 떠 있는 식물은 잎의 앞면에 있어요.

기공   잎의 구조

나무가 많은 숲속에 들어가면 시원하면서 촉촉한 느낌이 드는 것은 기공에서 계속해서 물을 뿜어내고 있기 때문이에요. 식물은 대부분 낮 동안에는 기공을 열고 밤이 되면 닫지만, 환경에 따라 조절하기도 해요. 너무 덥거나 건조한 날은 물을 많이 내보내면 말라 죽는다는 것을 아는지 한낮에도 기공을 닫아버려요.

선인장은 왜 가시가 있을까요?

더운 사막에 사는 선인장은 온몸이 뾰족한 가시로 덮여 있는데, 이 가시가 선인장의 잎이에요. 가시가 솟아나 있는 마치 잎처럼 넓은 부분은 줄기예요. 햇빛이 강한 사막에서는 광합성이 굉장히 활발하게 일어나 수분을 공기 중으로 많이 빼앗겨요. 사막에서 물이 부족해지는 것을 막기 위해 잎이 가시로 변해버렸어요. 그런데 잎이 작은 가시가 되어버려 광합성을 비롯해 잎이 해야 할 일을 잘 못하게 되었지요. 잎이 할 일을 줄기가 대신하기 위해 줄기가 두껍게 변해 물을 많이 저장할 수 있게 되었어요.

증산 작용은 증발 현상이에요

햇빛이 강하고 날이 더울 때, 그리고 건조하고 바람이 많이 부는 날 빨래가 잘 말라요. 이런 날 식물의 증산 작용도 많이 일어나지요. 증산 작용이 잘 일어난다는 것은 식물이 수분을 많이 빼앗긴다는 뜻이에요. 이런 날은 화분에 물을 많이 줘야 한답니다.

정의 **증산 작용** 식물이 뿌리를 통해 흡수한 물을 잎의 기공을 통해 공기 중으로 내보내는 작용

61 꽃가루받이

지구상의 모든 생명체는 번식을 통해서 종을 유지해요. 식물도 번식을 통해서 자식 세대를 만들지요. 식물도 동물처럼 정자와 난자가 있는 걸까요?

식물의 결혼 이야기

가운데 솟아 있는 암술과
암술 주변의 수술

식물의 생식 기관은 꽃이에요. 식물은 하나의 꽃 안에 암술과 수술이 함께 있는 경우도 있고, 따로 있는 경우도 있어요. 암술머리를 타고 내려가면 씨방이 있어요. 사람의 난자 역할을 하는 밑씨가 씨방 안에 있어요. 수술은 사람의 정자에 해당하는 꽃가루를 만들어요. 수술의 꽃가루가 암술의 밑씨와 만나면 드디어 자손을 만들 수 있어요.

수술의 꽃가루가 암술머리로 옮겨지는 것을 꽃가루받이(수분)라고 해요. 암술머리에 꽃가루가 도착하면 꽃가루에서 긴 관이 생겨 아래로 쭉 사다리를 내리지요. 꽃가루 속에 있는 정세포가 꽃가루관을 타고 내려가서 씨방 안의 밑씨와 만나는 것을 수정이라고 해요. 식물이 결혼에 성공하는 순간이지요.

식물마다 수분하는 방법이 달라요

식물은 움직일 수 없어서 스스로 꽃가루받이를 할 수 없어요. 식물의 대부분은 곤충의 도움을 받아요. 벌은 식물의 수분을 가장 많이 도와주는 중요한 곤충이에요. 곤충이 수분을 도와주는 꽃을 충매화라고 해요. 장미, 백합, 봉숭아와 같이 향기가 좋고 화려한 꽃은 충매화예요.

소나무, 은행나무, 자작나무, 옥수수 등은 바람에 날려 수분을 하는 풍매화예요. 풍매화의 꽃가루는 아주 작고 가벼워서 멀리까지 잘 날아갈 수 있지요.

자작나무

꽃이 피는 봄이 되면 눈, 코, 입이 간질간질하며 기침이나 가래 등으로 고생하는 경우가 많아요. 꽃가루 알레르기의 주범도 바로 풍매화예요.

동백나무나 선인장과 같이 새가 꿀을 빨아 먹으면서 꽃가루를 옮겨주는 조매화도 있어요. 조매화는 꽃이 크고 눈에 띄는 색으로 새를 유혹하지요.

검정말이나 연꽃과 같이 물에 사는 수중 식물은 물이 수분을 도와준답니다. 이런 식물을 수매화라고 해요.

은행의 특유한 냄새는 씨앗을 보호해요

식물은 대부분 하나의 꽃 안에 암술과 수술이 모두 들어 있어요. 남자와 여자처럼 수꽃과 암꽃이 분리되어 있는 식물도 있지요. 소나무나 호박, 옥수수는 한 나무 안에 수꽃과 암꽃이 따로 있어요. 호박꽃을 자세히 보면 수꽃과 암꽃이 다르게 생겼어요.

은행나무처럼 암꽃만 있는 암나무와 수꽃만 있는 수나무가 따로 있는 식물도 있어요. 은행나무 밑을 지나가다 보면 고약한 냄새가 나요. 은행나무는 이 특유의 냄새로 곤충들로부터 씨앗을 보호한답니다.

호박꽃

🪐 수정이 일어나면 열매가 생겨요

수정이 일어나면 꽃이 있던 자리에 열매와 나중에 싹을 틔울 수 있는 씨가 생겨요. 열매는 씨를 다른 곳으로 옮기기 위해 생겨요. 먹음직스럽고 달달한 열매는 동물을 유혹하기 딱 좋아요. 동물들이 과일을 먹고 씨를 똥으로 배출하게 돼요. 움직이지 못하는 식물의 씨가 멀리까지 이동할 수 있는 방법이지요. 식물은 자손을 멀리 퍼뜨리기 위해 맛있는 열매를 만드는 거랍니다.

체리 열매

마가목 열매

정의
- **꽃가루(화분)** 수술의 꽃밥에서 만들어진 가루
- **꽃가루받이(수분)** 수술의 꽃가루가 암술머리에 옮겨 붙는 것
- **수정** 암술머리에 묻은 꽃가루 속의 정핵과 씨방 속의 밑씨가 합쳐지는 것

62 발아

식물의 씨앗은 부모 식물로부터 떨어져 나와 다른 곳에서 환경이 적당해질 때까지 기다렸다가 마침내 환경이 맞으면 자라기 시작해요. 아기 식물을 키우는 것은 부모 식물이 아니라 바로 자연환경이랍니다.

 싹이 틀 수 있는 조건이 아니면 씨는 싹을 틔우지 않고 기다려요

고사리나 이끼같이 씨가 아닌 포자로 번식하는 식물도 있지만, 모든 종자식물은 씨를 퍼뜨려 번식을 해요. 씨는 포자와는 달리 나중에 싹이 되는 배 부분과 영양분을 저장해두는 배젖이 있어요. 식물은 동물처럼 마음대로 이동할 수가 없지요. 씨는 바람에 날리거나 동물이 먹으면 이동할 수 있어요. 바람이나 동물의 도움으로 이동한 씨는 온도와 습도 등 조건이 맞으면 그제야 싹을 틔우기 시작해요.

갈색의 아보카도 씨앗 내부. 갈색의 씨 껍질 안쪽에 아보카도로 자랄 배와 배의 영양분인 배젖이 보임

 씨는 따뜻할 때 싹을 틔워요

씨앗은 의외로 까다롭지 않아요. 약간의 물과 적당한 온도만 있으면 충분하답니다. 식물이 광합성을 하는 데 필요한 것은 물과 이산화탄소, 그리고 햇빛이에요. 광합성은 식물이 자라기 위해서 꼭 필요한 활동이므로 물, 이산화탄소, 햇빛은 식물에게 없어서는 안 될 중요한 요소예요.

하지만 씨앗이 싹트는 것은 성장과는 다르답니다. 햇빛이 없더라도 따뜻하게 해준다면 충분히 싹을 틔워요. 이산화탄소도 필요 없지요. 씨앗은 아직 광합성을 할 수 없으니까요.

씨가 싹 트면 열이 나요

씨가 딱딱한 껍질을 깨고 싹을 틔우려면 얼마나 힘들까요? 씨가 발아할 때 주변에 온도계를 두면 온도가 높아진다는 걸 알 수 있어요. 발아하면서 열이 발생하기 때문이지요. 씨앗은 아직 광합성을 못해요. 하지만 씨앗이 싹을 틔울 때 호흡은 하지요. 에너지가 많이 필요하기 때문에 아주 왕성한 호흡이 일어나요. 호흡은 열을 많이 발생시켜요. 무엇이든 새 생명이 탄생하는 순간은 힘들어요. 딱딱한 껍질을 깨고 가장 먼저 나온 잎이 떡잎이에요. 떡잎이 나오면 비로소 광합성을 할 수 있답니다.

대추야자 '므두셀라'

잘 건조된 상태에서 씨앗은 발아할 수 있는 능력을 잃지 않고 있어요. 썩지만 않는다면 아주 오랫동안 보관할 수도 있지요. 이스라엘의 고대 유적인 마사다 요새에서 무려 2,000년이 넘은 대추야자 씨앗이 발견됐어요. 이스라엘 과학자들은 대추야자 씨앗의 싹을 틔우는 데 성공했어요. 사람들은 이 나무에 '므두셀라'라는 이름을 지어주었어요. 므두셀라는 성서에 나오는 인물로 최장수인 969년을 살았다고 전해져요.

종자식물과 포자식물

대부분의 식물은 씨를 퍼뜨려 자손을 번식하지요. 씨를 만들어 번식하는 식물을 종자식물이라고 해요. 씨를 씨방 안에 보호하고 있는 속씨식물과 씨가 겉으로 드러나 있는 겉씨식물이 있지요. 사과는 씨가 열매 안에 숨어 있는 속씨식물이지만, 은행은 씨가 그대로 드러나 있는 겉씨식물이에요.

씨로 번식하지 않는 식물도 있어요. 꽃과 씨앗을 만들지 못하는 고사리와 같은 포자식물이나 버섯, 곰팡이 같은 균류는 씨가 아닌 포자로 번식을 해요. 대부분의 포자 생식은 암수 구분 없이 번식하는 무성생식 방법이에요.

은행나무 열매

| 정의 | **발아** 수분과 온도가 적당한 환경에서 씨앗이 싹을 틔우는 것 |

63 진화

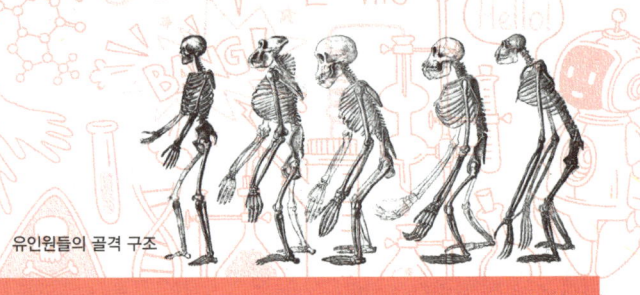

유인원들의 골격 구조

오늘날 볼 수 있는 생물 종뿐만 아니라 화석으로만 남아 있는 과거의 생물 종까지 모두 포함해서 생물 집단의 변화를 설명하고자 하는 이론을 진화론이라고 해요.

찰스 로버트 다윈

🧪 자연을 보는 시각을 바꾼 진화 이론

흔히 가장 위대한 과학자, 세상을 바꾼 과학자를 꼽으라고 하면 영국의 과학자인 찰스 로버트 다윈(1809~1882)의 이름이 빠지지 않고 등장해요. 다윈이 위대한 과학자인 이유는 바로 현재 지구상에 살고 있는 모든 생물의 탄생 기원을 추적할 수 있는 이론을 제시했기 때문이에요. 바로 진화 이론이에요.

진화 이론이 위대한 이유는 생명에 대한 시각을 바꾸었기 때문이에요. 진화 이론이 나오기 전에는 모든 생물체가 태초부터 지금의 모습대로 창조된 채 그대로 이어진 거라고 믿었지요. 즉 생물의 형태가 변할 수 있다고 생각하지 못했어요. 하지만 다윈은 여러 화석 증거를 바탕으로 생명체는 가장 단순한 형태에서 지금의 모습으로 진화했다고 주장했어요.

🧪 진화론에 대한 잘못된 개념

우선 진화와 진화론은 달라요. 진화는 세대에 걸쳐서 생물 집단의 특성이 변하는 것으로 자연에서 실제로 확인되는 현상이에요. 진화론은 진화가 어떻게 발생하는지를 이해하는 이론이지요. 공장 지대의 검은색 나방은 매연이 많은 지역에 적응하기 위해서 검은색이 된 것이 아니라 매연이 많은 지역에서는 하얀색 나방보다 검은색 나방이 눈에 띄지 않아서 많이 살아남기 때문에 결과적

> **갈라파고스 제도와 《종의 기원》**
>
> 다윈은 우연히 비글호라는 배에 생물학자 자격으로 타게 되었고, 세상을 바꿀 세계 여행을 떠나게 되었어요. 다윈은 1835년에 갈라파고스 제도에 도착했어요. 그곳에서 각기 다른 생김새의 작은 새들을 조사하였고, 영국에 돌아온 뒤 그 새들이 모두 핀치라는 새의 변종이란 걸 알아냈어요. 서로 멀리 떨어져 있어서 교류가 없던 새들이 각자의 환경에 맞게 다른 모양새로 변한 것을 알아챘지요. '종은 고정된 것이 아니고 변화한다.' 이것이 진화 이론이 탄생한 배경이 되었어요. 그로부터 20년이 지난 1856년 5월 14일, 마침내 다윈은 《종의 기원》이라는 책을 발표했어요. 이 책으로 진화 이론의 위대한 여정이 시작되었답니다.

으로 나방 집단이 검은색으로 진화한 것이에요. 환경에 적합한 나방이 자연적으로 선택된 것이지요. 따라서 진화를 환경에 적응한 개체가 살아남는 것으로 이해하는 것은 잘못된 것이에요. 또는 강한 개체가 살아남는 것으로 이해하는 것도 진화를 완전히 잘못 이해한 것이에요.

진화론에 대한 또 다른 오해 중의 하나는 초기의 단순한 생물에서 지금의 인류처럼 복잡한 생물로 진화할 확률은 너무 낮다는 주장이에요. 그러나 생명체의 진화는 무작위로 확률적으로 일어나는 것이 아니라 환경에 의해 진화의 방향이 선택돼요. 돌연변이는 무작위로 일어날 수 있어도 다음 세대로 전달되는 특징은 환경에 적합한 것으로 자연스럽게 선택되는 거예요. 이것을 자연 선택이라고 해요.

🪐 인간은 원숭이가 아니라 유인원에서 진화했어요

다윈의 진화 이론에서는 모든 생물이 하나의 공통 조상에서 오랜 시간에 걸쳐 갈라져 지금의 모습이 되었다고 했지요. 19세기 당시의 종교인들은 이러한 다윈의 주장을 공격했어요. 하느님의 선택을 받은 인간의 조상이 원숭이라니 말도 안 된다는 것이었어요. 하지만 이는 진화 이론에 대한 오해였지요.

진화 이론에 따르면 인간의 조상이 원숭이가 아니라 200만 년 전 공통의 유인원 조상에서 지금의 인간과 원숭이로 갈라진 것이지요. 상당한 화석 증거가 나와 진화 이론을 뒷받침하고 있어요.

> **정의**
> **진화** 생물 집단의 특성이 시대에 걸쳐서 변해가는 자연 현상. 변화가 누적되면 새로운 종을 탄생시킬 수도 있음
> **진화론** 지구의 역사에 걸쳐 발생한 다양한 생물의 연관과 종의 분화에 대한 과학 이론

64 균류

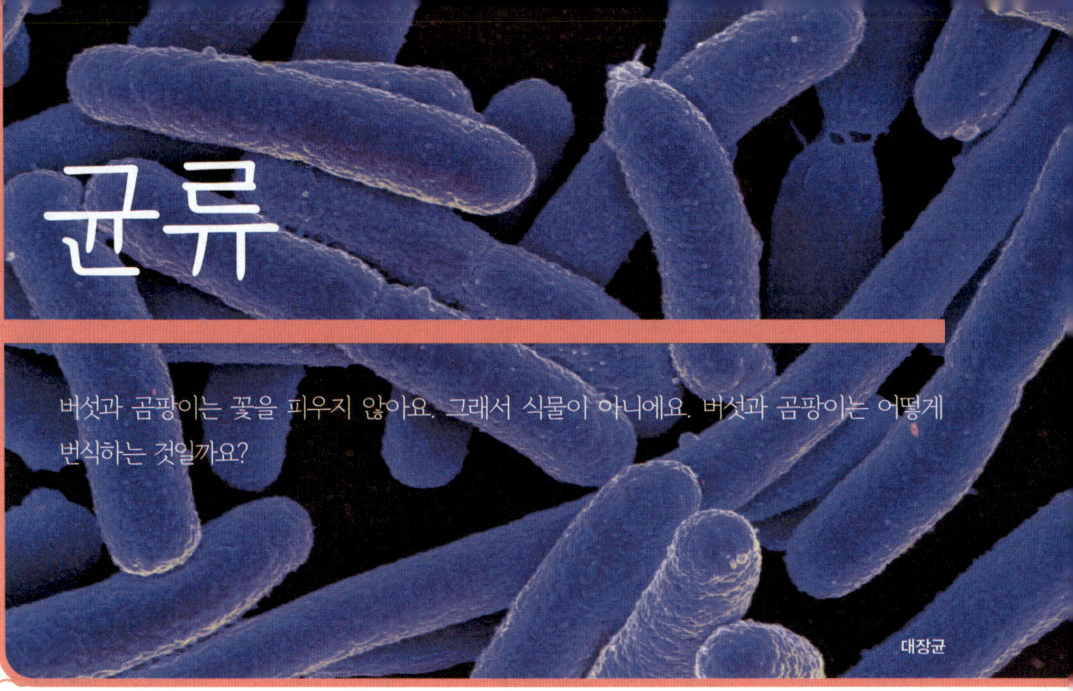

버섯과 곰팡이는 꽃을 피우지 않아요. 그래서 식물이 아니에요. 버섯과 곰팡이는 어떻게 번식하는 것일까요?

대장균

🧪 꽃이 피지 않고 포자로 번식해요

버섯, 곰팡이, 효모는 씨가 없어서 꽃이 피지 않아요. 포자로 번식을 하지요. 엽록체가 없어서 광합성도 하지 못해요. 스스로 양분을 만들 수 없기 때문에 다른 생물체 옆에 붙어 기생 생활을 한답니다. 효모는 빵이나 맥주 발효에 이용되는 미생물이에요.

포자는 곰팡이의 생식 세포를 말해요. 일반적인 식물의 씨와는 차이가 많아요. 포자는 양분을 거의 가지고 있지 않아요. 씨와 같은 껍질이 없어서 포자는 자라기 좋은 따뜻하고 습기가 많은 환경에서만 생존할 수 있어요. 포자는 공기 중에 둥둥 떠다니다가 적합한 환경이 있는 곳에서 싹을 틔워요. 포자는 살아남을 수 있는 확률이 낮기 때문에 균류는 굉장히 많은 포자를 만들지요.

건강을 위협하는 나쁜 곰팡이

곰팡이는 따뜻하고 축축한 곳을 좋아해요. 화장실이나 지하에 곰팡이가 많아요. 더럽고 불결한 느낌을 주는 곰팡이는 실제로 독소를 내뿜어서 건강에 좋지 않아요. 곰팡이가 많은 환경에서는 알레르기나 피부병이 생기기도 해요. 최근에는 곰팡이가 우울증과 관련 있다는 연구가 진행되고 있어요.

곰팡이, 세균, 바이러스는 달라요

버섯, 곰팡이, 효모와 같은 균류는 세포 안에 핵을 가지고 있어요. 핵에는 DNA라는 유전 물질이 들어 있어요. DNA는 유전에 대한 정보를 가지고 있어 아주 중요해요. 박테리아라고 불리는 세균은 핵이 없어요. 세포 안에 있는 유전 물질(DNA)이 보호받지 못하고 있지요. 바이러스도 유전 물질을 가지고 있어요. 하지만 세포가 없어서 다른 생명체를 찾아서 기생 생활을 해요. 우리 몸에 바이러스가 들어오면 바이러스는 유전 정보를 복제해서 더 많은 바이러스를 만들어요. 그리고 마치 자기가 주인인 것처럼 우리 몸에 명령을 내린답니다. 바이러스 때문에 아프기도 하고 심한 경우 목숨이 위험해요.

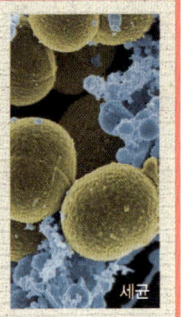
세균

곰팡이를 이용한 발효 음식은 몸에 좋아요

우리나라에서는 된장과 간장, 막걸리를 만들 때 곰팡이를 이용해요. 일본 간장과 일본 된장, 일본 술인 사케를 담글 때도 곰팡이를 사용해요. 유럽에서는 우리나라 된장처럼 곰팡이를 이용해서 살라미나 블루치즈를 만들어요. 블루치즈는 아주 역한 냄새가 나지만 '영국 여왕이 하루도 빠지지 않고 매일 먹고 있다'고 할 정도로 유럽인들에게 사랑받는 치즈랍니다.

블루치즈

푸른곰팡이에서 페니실린을 발견한 알렉산더 플레밍

페니실린은 우연히 창문으로 날아 들어온 곰팡이 덕에 발견되어 인류의 수명을 획기적으로 늘려준 의약품이에요. 알렉산더 플레밍(1881~1955)은 스코틀랜드에서 농부의 아들로 태어났어요. 1928년 알렉산더 플레밍은 독감 바이러스 연구를 위해 포도상 구균을 키우고 있었어요. 그런데 어느 날 아래층에 있던 곰팡이 연구 실험실에서 날아 들어온 푸른곰팡이가 포도상 구균을 모두 죽인 것을 발견했어요. 플레밍은 이 곰팡이에 강한 항균력이 있다는 것을 확인했지요. 이 곰팡이를 이용해 만든 인류 역사상 최초의 항생제가 바로 페니실린이랍니다.

정의 **균류** 광합성을 하지 않아 스스로 양분을 만들지 못하고 운동성도 없어서 다른 곳에서 양분을 흡수하고 포자로 번식하는 생물을 통틀어 이르는 말. 동물, 식물, 세균 어느 것도 아닌 독자적인 무리. 접합균, 호상균, 자낭균, 담자균 등이 있고, 좁은 뜻으로는 버섯, 곰팡이, 효모를 가리킴

65 생물의 분류

지구에는 많은 생물이 살아가지만 모든 생물이 서로 완전히 다른 것은 아니에요. 비슷한 특징을 가지는 생물별로 묶을 수 있어요.

칼 폰 린네

🧪 동물은 척추가 있는지 없는지를 기준으로 나눠요

척추가 있는 동물을 척추동물, 척추가 없는 동물을 무척추동물이라고 하지요. 척추동물은 다시 포유류, 조류, 파충류, 양서류, 어류로 나눠요. 새끼를 낳아 젖을 먹이는 포유류, 알을 낳고 날개가 있는 조류, 알을 낳고 단단한 비늘로 덮여 있는 파충류, 어릴 때는 물에서 아가미로 호흡하고 크면 육지에서 폐와 피부로 호흡하는 양서류, 아가미로 호흡하며 물에 사는 어류가 있어요.

무척추동물은 종류가 많아요. 게와 같은 갑각류와 곤충은 절지동물이라고 해요. 오징어와 달팽이같이 흐물흐물한 연체동물도 있지요. 〈스폰지밥 네모바지〉의 주인공 스폰지밥은 사실 동물 중에서 가장 단순한 해면동물을 본떴어요. 또 산호나 말미잘, 해파리와 같이 촉수로 먹이를 잡아먹는 동물도 있고, 지렁이처럼 고리 모양으로 생긴 동물도 있어요.

> **생물 분류학의 창시자, 칼 폰 린네**
> 칼 폰 린네(1707~1778)는 생물을 특징별로 분류하고 이름을 지어주었어요. 그는 약 4,000종의 동물과 5,000종의 식물을 분류한 생물 분류학의 창시자라고 할 수 있어요.
> 신학을 공부하던 린네는 약학과 식물학뿐 아니라 동물학과 해부학을 공부했어요. 또한 의학 박사 학위를 취득하고 스톡홀름에 병원을 차렸지요. 생물학에 대한 열정으로 그는 결국 대학 교수가 되어 동물과 식물 분류학에 관해 평생 약 70여 권의 책과 300여 편의 논문을 남겼어요.

말미잘

식물계는 크게 관다발이 있는 식물과 관다발이 없는 식물로 나눠요

식물 안에는 뿌리에서 흡수한 물을 잎까지 이동하는 물관과 잎에서 만든 영양분을 뿌리로 전달하는 체관이 있지요. 물관과 체관을 묶어서 관다발이라고 해요. 대부분의 식물은 관다발이 있어요. 관다발이 없는 식물은 이끼류예요. 바위에 미끌미끌하게 끼어 있는 초록색 이끼가 여기에 해당돼요.

관다발이 있는 식물은 다시 씨로 번식하는 종자식물과 포자로 번식하는 양치식물로 나눠요. 고사리가 양치식물에 해당해요. 고사리 뒷면을 보면 조그맣고 동글동글한 게 붙어 있는데, 이것이 포자예요. 종자식물은 씨가 겉으로 드러나 있는 겉씨식물과 씨가 씨방 안에 숨겨져 있는 속씨식물로 나눠요. 겉씨식물은 속씨식물보다 지구상에 먼저 나타났어요. 은행나무는 고생대부터 번식했던 살아 있는 화석이에요.

> **호모 사피엔스의 의미**
> 린네의 명명법은 생물의 속 이름과 종 이름 두 가지를 함께 붙인다 해서 이명법이라고도 해요. 앞에는 속명, 뒤에는 종명을 붙이지요. '호모 사피엔스'에서 사람의 속 이름은 '호모', 종 이름은 '사피엔스'예요. 사람은 린네의 이명법에 따라 '호모 사피엔스'가 되는 거예요.

고사리 포자

혈통을 이어갈 수 있으면 같은 종이에요

백인이나 흑인이나 황인은 모두 같은 종이에요. 진돗개나 치와와도 같은 종이지요. 생물학적으로 교배가 가능하고, 다음 세대를 이어갈 수 있는 자손이 생긴다면 같은 종이라고 할 수 있어요. 예를 들면 진돗개나 치와와는 교배가 가능하지요. 태어난 새끼도 잡종이라고 부르긴 하지만 교배가 가능해요.

사자와 호랑이를 교배시킨 라이거나 말과 당나귀를 교배시켜 얻은 노새는 생식 능력이 없어요. 사자와 호랑이, 그리고 말과 당나귀는 다른 종이라고 볼 수 있지요.

라이거(위), 노새(아래)

> **정의**
> **생물의 분류** 생물을 특징이 비슷한 것끼리 묶어 특징이 다른 것과 구분하는 방법
> **종** 생물을 분류하는 가장 기본 단위

66 생태계

생명이 오랜 시간 지구상에서 살아가고 있는 것은 생명체가 따로따로 열심히 살아서가 아니라 서로서로 의지해서 생태계를 이루고 있기 때문이에요.

지구는 그 자체가 거대한 생태계라고 할 수 있어요

강가의 생태계

생물에는 스스로 양분을 만드는 식물도 있고, 식물을 먹어서 양분을 얻는 동물도 있어요. 식물과 동물은 생태계의 일원이에요. 곰팡이나 세균도 생태계의 일부예요. 햇빛, 물, 공기, 흙 등도 생태계의 부분이죠.

생물과 생물 사이는 먹이 사슬로 얽혀 있고, 생물과 무생물은 식물 등의 생산자에 의해서 얽혀 있어요. 무생물은 풍화, 침식, 운반, 퇴적 작용으로 끊임없이 순환하고 있지요. 이처럼 지구상의 모든 생물과 환경은 밀접하게 얽혀 있어요. 지구의 생태계는 태양 에너지와 지열로부터 에너지를 받아 유지되고 있답니다.

균형 있는 먹이 사슬은 생태계 유지에 중요해요

식물과 같이 광합성을 통해 스스로 필요한 양분을 만드는 생물을 생산자라고 해요. 식물이나 동물을 먹고 사는 동물을 소비자라고 하고요. 생물의 사체나 배설물을 분해하여 에너지를 얻는 곰팡이나 세균은 분해자라고 해요.

먹이 사슬은 생태계를 구성하는 생산자, 소비자, 분해자의 먹고 먹히는 관계를 나타낸 거예요. 생산자를 먹고 사는 초식 동물을 1차 소비자라고 해요. 초식 동물을 먹고 사는 육식 동물은 2차 소비자예요. 분해자는 소비자의 사체를 처리해주지요. 생산자인 식물은 이러한 분해자를 이용해서 성장한답니다. 모든 생물은 태어남과 죽음을 통해서 생태계 순환에 기여해요.

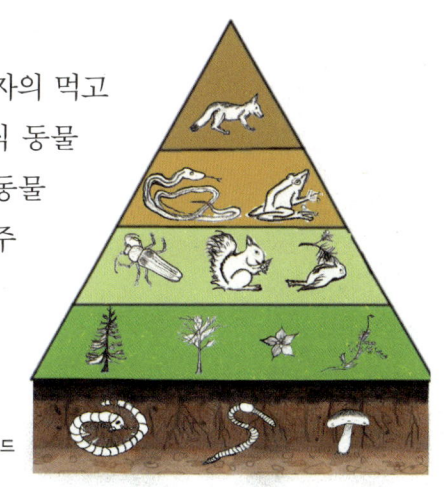

먹이 피라미드

인간의 욕심에 의해 파괴된 생태계는 돌이키기 힘들어요

사람들이 개입하면서 생태계의 평형이 파괴되는 일이 일어나기도 해요. 1859년 호주에서는 영국에서 토끼 24마리를 들여왔어요. 영국에서 온 토끼는 사냥감이었지요. 하지만 토끼는 걷잡을 수 없을 만큼 수가 늘어나 60년 후에는 100억 마리가 되었어요. 토끼는 호주의 드넓은 목초들을 남김없이 먹어치워 호주의 토착 동물이 생명의 위협을 받게 되었지요. 호주에서는 토끼 없애기 프로젝트를 시작하여 토끼만 걸리는 전염병 바이러스를 외국에서 들여오기도 하고, 독이나 화약을 쓰기도 했지만 실패로 돌아갔어요.

꿀벌이 사라지면 인류가 멸종한다고요?

물리학자 아인슈타인은 '꿀벌이 사라지면 4년 안에 인류도 멸종한다'고 예언했어요. 2006년부터 꿀벌의 군집이 전 세계적으로 동시에 사라지고 있는 현상이 발생하고 있어요.
식물이 수분하는 방법은 여러 가지가 있지만, 일등 공신은 꿀벌이에요. 꿀벌이 사라진다면, 식물이 번식하지 못해서 생태계 전체가 위협받게 될 거예요. 꿀을 따러 나간 꿀벌들이 왜 집을 찾아오지 못하는지에 대해서는 아직 정확하게 밝혀지지 않았어요. 과학자들은 인간의 욕심을 원인으로 보고 있지요.

지구 온난화와 우리나라 생태계의 변화

우리나라의 과일 재배지가 전체적으로 북쪽으로 이동하고 있고, 남해에는 아열대성 어종도 나타나고 있어요. 고산성 식물들이 살던 한라산 해발 고도 1,600m 지점에는 이전에는 볼 수 없던 소나무, 억새 등이 자라나고 있어요. 높은 지대로 이동할 수 없는 고산성 식물은 멸종 위기에 처하지요.

정의 **생태계** 생물과 그 생물이 살고 있는 주변 환경 요인이 상호 작용을 하며 균형을 유지하고 있는 복합 체계

67 공생과 기생

생물은 대부분 먹고 먹히며 살아가고 있어요. 그런데 생태계에는 서로 같이 살아가는 방법을 개발한 생물도 있답니다.

흰동가리와 말미잘

서로 도와주며 모두 이익을 얻는 상리 공생

흰동가리는 말미잘의 보호를 받으며 사는 물고기예요. 말미잘은 촉수에서 독을 뿜어 자신을 보호해요. 하지만 흰동가리의 몸에서는 끈끈한 물질이 나와 말미잘의 독에도 끄떡없답니다. 큰 물고기가 나타나 위험해지면 흰동가리는 말미잘 속에 숨지요. 그리고 자신이 잡은 먹이를 말미잘에게 나누어준답니다. 흰동가리와 말미잘은 서로 도우며 살아가는 상리 공생 관계예요.

도움을 받지만 자신이 도와주는 것은 없는 편리 공생

빨판상어

빨판상어는 머리 윗부분에 흡착할 수 있는 빨판이 붙어 있어요. 마치 머리와 턱이 거꾸로 붙은 것 같지요. 납작한 머리 위의 빨판 덕에 다른 물고기에게 딱 달라붙을 수 있어요. 빨판상어는 덩치가 큰 상어에게 붙어서 그들이 먹고 흘리는 물고기 찌꺼기를 받아먹는답니다. 빨판상어는 큰 상어들로부터 도움을 받지만, 정작 자신이 도와주는 것은 없어요. 이렇게 한 생물은 이득을 얻지만 다른 생물은 아무런 이득이 없는 관계를 편리 공생이라고 해요.

한쪽만 피해를 보는 편해 공생

한쪽은 피해를 입는 관계를 편해 공생이라고 해요. 영국의 알렉산더 플레밍은 푸른곰팡이가 만들어내는 페니실린이 세균을 죽이는 것을 발견하고, 페니실린을 이용하여 항생제를 만들었어요. 푸른곰팡이 입장에서는 세균과 함께 살아도 아무런 이득도 피해도 없어요. 하지만 세균은 푸른곰팡이가 만들어내는 페니실린 때문에 피해를 입지요.

특별하게 우리는 이 관계에서 이득을 얻고 있지요. 푸른곰팡이의 페니실린 덕분에 많은 질병을 이겨낼 수 있는 항생제를 얻었으니까요.

메뚜기와 연가시

기생충이 기생할 숙주는 정해져 있어요

기생충은 특정 동물을 숙주로 삼아 기생해요. 심장 사상충은 개나 고양이를 죽음으로 이끄는 기생충이에요. 하지만 사람에겐 치명적이지 않지요. 연가시는 메뚜기나 사마귀 같은 곤충에서만 기생할 수 있어요. 연가시도 숙주가 될 수 없는 곤충 속에 들어가면 기생하지 못하고 죽어버려요.

한쪽은 이득을 얻고 다른 한쪽은 피해를 보는 기생

한쪽은 도움을 받지만 다른 한쪽은 피해를 입는 관계를 기생이라고 해요. 기생충은 다른 동물의 몸속에 살면서 양분을 섭취해요. 기생충이 살고 있는 동물을 숙주라고 해요. 기생충은 숙주로부터 영양분을 얻으며 살아가지만, 정작 숙주는 기생충 때문에 병에 걸리거나 죽을 수도 있어요.

뻐꾸기는 다른 새의 둥지에 몰래 가서 알을 낳아요. 이것은 탁란이라고 부르는 사회 기생이에요. 알을 낳은 어미 새는 사라져버리지요. 이런 사실을 모르는 주인 새는 자신의 알인 줄 알고 품어서 부화시켜요. 부화한 뻐꾸기 새끼는 주인 새가 낳은 알이나 새끼를 둥지에서 밀어 떨어뜨려 버린답니다. 그러고는 주인 새가 물어다주는 먹이를 먹고 자라죠. 다 큰 다음에는 미련 없이 그 둥지를 떠나버려요.

뻐꾸기

정의
공생 서로 다른 생물이 살아가면서 서로 도움을 주고받는 관계
기생 한 생물이 다른 생물의 영양분을 빼앗아 살아가는 관계. 한쪽은 이익을 얻고 다른 한쪽은 피해를 입음

옛날부터 사람들은 우리가 살고 있는 지구가 어떻게 생겼는지, 그리고 매일 뜨고 지는 태양, 달, 별은 무엇이고 왜 그런 운동을 하는지 등 우주에 대한 모든 것이 궁금하고 이해하고 싶었어요. 그래서 지구는 편평하다고 생각했고, 우주의 중심에 지구가 있다고 생각했지요. 그 이후 지구 탐험과 천문학자들의 노력으로 점차 지구와 우주의 비밀이 벗겨지기 시작했어요. 지구 내부에서는 아주 오랫동안 활발한 활동이 일어나고 있다는 사실도 알게 되었지요. 이런 변화가 계속 된다면 미래의 지구는 어떤 모습일까요? 이제 인류는 지구 탐사뿐만 아니라 우주로 나아가 다른 행성을 탐사하게 되었어요. 최근에는 민간 우주여행을 개발하는 기업도 늘어나고 있어요. 인류의 탐험은 이제 지구를 벗어나 본격적으로 우주로 향하고 있어요.

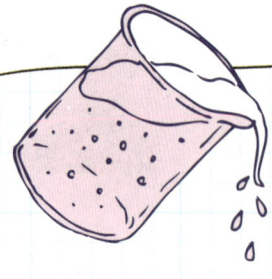

4부 지구과학

68 암석

제주도 돌하르방은 까만 돌에 구멍이 숭숭 뚫려 있어요. 경주의 석탑은 하얀 돌로 만들어졌지요. 알록달록 무늬가 있는 돌도 있어요. 왜 돌은 모두 모양이 다를까요?

 퇴적물이 쌓여서 만들어지는 퇴적암

먼저 물이나 바람에 의해서 커다란 암석이 부서지는 풍화 작용과 침식 작용이 일어나요. 암석에 있는 조그만 틈 사이로 비가 스며들어가 추운 겨울에 얼면 암석이 쪼개지기도 하고, 식물 뿌리가 암석의 틈 사이로 뻗어 나가면서 쪼개지기도 해요. 바람이나 온도 변화 때문에 암석이 부서지기도 해요. 자갈이나 모래, 진흙 등으로 부서진 암석은 바람이나 물에 의해 운반되어 호수나 바다 밑에 가라앉아요. 무거운 자갈이 먼저 가라앉고, 가벼운 진흙은 가장 늦게 가라앉는답니다.

이런 과정이 반복되다 보면 바다 밑에는 층층이 퇴적물이 쌓여 지층을 이루게 돼요. 점점 많이 쌓이다 보면 먼저 쌓였던 퇴적물은 눌려요. 쌓이고 다져진 퇴적물이 서로 엉겨 붙어서 굳어지면 퇴적암이 돼요.

화석은 퇴적암에서만 만들어져요

화석은 먼 과거 지질 시대에 살던 생물의 유해가 지층 사이에 묻혀서 만들어져요. 퇴적암이 만들어지는 과정에서 퇴적물 속에 죽은 생물체가 쌓이고 그 위에 다른 퇴적물이 쌓이면 화석이 만들어져요.

퇴적암에는 여러 종류가 있어요

퇴적암은 부서진 알갱이의 크기에 따라 이름이 달라요. 이암은 아주 작고 부드러운 진흙이 퇴적되어 만들어진 암석이에요. 사암은 모래가 퇴적되었고, 역암은 주로 자갈이 퇴적된 암석이에요. 이암은 알갱이가 가장 작고, 사암, 역암으로 갈수록 알갱이가 커져요.

암염은 바닷물이 증발하고 남은 소금 덩어리로 된 암석이에요. 암염이 발견되는 곳은 과거에 바다였다는 것을 알 수 있지요. 탄산칼슘이 주성분인 석회암도 퇴적암이에요. 화산재가 굳어져 만들어진 응회암은 과거에 화산 활동이 있던 지역에서 발견돼요.

퇴적층

암석은 크게 퇴적암과 화성암, 변성암으로 분류할 수 있어요

우리나라는 퇴적암 분포가 20% 정도밖에 되지 않아요. 우리나라에 가장 많은 암석은 화성암인 화강암과 화강암이 변성된 화강편마암이에요. 화강암은 화성암의 한 종류로, 마그마가 식어서 만들어졌어요. 지구 내부는 온도가 아주 높아서 암석이 녹아 액체 상태인 마그마로 존재해요. 마그마가 지구 내부의 높은 압력 때문에 지각의 약한 부분으로 솟아나와 만들어진 것이 바로 화산이지요. 화산 활동의 결과 마그마가 식어서 굳어진 암석이 화성암이에요. 돌하르방의 재료인 현무암도 화성암에 속해요.

돌하르방(위), 대리석(아래)

변성암은 화성암이나 퇴적암이 변형되어 만들어져요. 지하 깊은 곳에 있던 화성암이나 퇴적암이 열과 압력을 받으면, 원래 성질과는 전혀 다른 새로운 암석으로 만들어져요. 변성 작용을 거쳐 만들어진 변성암 중 대표적인 것이 바로 대리석이에요. 대리석은 색과 무늬가 아름답기 때문에 조각상이나 건축물에 많이 쓰여요.

정의	
암석	광물로 이루어진 고체
퇴적물	물이나 바람에 의해 커다란 암석이나 지층이 부서져 생긴 자갈이나 모래, 진흙 등이 운반되어 쌓인 것
퇴적암	오랜 시간에 걸쳐 퇴적물이 단단하게 굳어져 만들어진 암석
화성암	마그마가 식어서 만들어진 암석
변성암	높은 열과 압력을 받아 원래의 성질이 변하여 만들어진 암석

69 지진

지난 2016년 9월 경주에서 규모 5.8의 지진이 일어났어요. 우리나라에서 지진을 측정하기 시작한 이후 가장 강한 지진이었다고 해요. 지진은 왜 발생하는 걸까요?

지진은 왜 일어날까요?

찰스 리히터

지진은 땅속의 화산 활동이나 단층 활동 때문에 생긴다고도 해요. 하지만 지진이 일어나는 가장 큰 이유는 지구의 표면을 이루는 몇 개의 판들이 이동하다가 충돌하기 때문이에요. 판이 이동하는 것을 '판 운동'이라고 해요. 지구의 표면인 지각 바로 아래에는 맨틀이 있어요. 맨틀의 아랫부분은 암석이 뜨거운 열에 녹아 액체처럼 되어 있지요. 액체 같은 맨틀 하부를 따라 맨틀의 상부가 떠다니면서 지각의 판이 움직이지요. 맨틀 상부가 제각기 이동하면서 서로 부딪히거나 밀고 서로 겹쳐질 때 지진이 일어나요.

지진의 세기를 나타내는 단위는 리히터라고 해요

미국의 지질학자인 찰스 리히터(1900~1985)는 캘리포니아 대학교 지진연구소 연구원을 거쳐 교수로 일했어요. 그는 땅 위의 진동을 자동으로 기록할 수 있는 리히터 지진계를 개발했어요. 리히터는 1935년에 지진의 세기를 나타내는 '리히터 규모'를 제안했어요. 당시까지는 세계 곳곳에서 일어나는 지진을 비교할 수 없었는데, 리히터 규모를 기준으로 지진의 크기를 비교할 수 있게 되었지요.

최대 지진은 리히터 규모 9.5였어요

1960년 5월 22일 칠레 발디비아 지역에서는 리히터 규모 9.5의 지진이 발생했어요. 여태까지 일어난 지진 중 가장 규모가 큰 세계 최대의 지진이었지요. 칠레는 길이가 약 4,300km

리히터 규모의 지진 단위

- 1.0~1.9 지진계가 감지할 수 있는 정도(하루 8,000건 발생)
- 2.0~2.9 지진계는 감지하지만 인간은 느끼지 못하는 정도(하루 1,000건 발생)
- 3.0~3.9 흔들림이 느껴지지만 피해는 없는 정도(1년 5만 건)
- 4.0~4.9 땅이 조금 흔들리는 정도(1년 6,200건)
- 5.0~5.9 전봇대가 파손되는 정도(1년 800건)
  - 2017년 11월, 포항 지진, 5.4 규모
  - 2016년 9월, 경주 지진, 5.8 규모
- 6.0~6.9 160km까지 건물이 무너지는 정도(1년 120건)
  - 779년, 통일신라 경주 지진, 6.0 이상 규모
- 7.0~7.9 넓은 땅이 흔들리고 큰 빌딩이 무너지는 정도(1년 18건)
- 8.0~8.9 수백 km에 심각한 피해 (1년 1건)
- 9.0~9.9 수천 km 지역을 완전히 파괴하는 정도(20년 1건)

나 되는 남북으로 길게 뻗은 나라예요. 국토 전체가 판의 경계에 있어 크고 작은 지진이나 화산이 자주 발생해요. 1960년 발디비아에서 일어난 지진 이외에도 칠레에는 세계 역사에 남을 만한 대지진이 두 번 더 있었어요. 2010년에도 리히터 규모 8.8의 대지진으로 700명 이상의 사망자가 나왔고, 2015년에도 리히터 규모 8.3의 지진이 일어났답니다. 일본도 칠레처럼 판의 경계에 위치하고 있어 지진이 많이 일어나는 나라예요.

다른 행성에도 지진이 있을까요?

지구보다 질량이 크고 암석으로 덮인 행성은 판 운동을 보인다고 해요. 현재 태양계에서 지구보다 질량이 크고 암석으로 덮인 행성은 없어요. 태양계에서 지구가 유일하게 판 운동을 보이는 행성이라고 할 수 있죠. 과거에는 화성이나 금성에서 판 운동이 있었을 것으로 추측하는 학자들도 있어요.

화성의 매리너스 협곡

정의 **지진** 지구 내부의 힘에 의해 땅이 갈라지고 흔들리는 현상

70 화산

화산으로 만들어진 백두산은 약 1,000년 전에 마지막으로 화산 폭발이 있었어요. 최근에 다시 폭발할 시기가 되었다는 주장이 나오고 있어요. 백두산이 또다시 폭발할 수도 있는 걸까요?

화산은 어떻게 만들어질까요?

우리가 서 있는 땅 밑에는 맨틀이 있어요. 맨틀은 온도와 압력이 아주 높은 곳이지요. 맨틀에는 암석이 녹아 만들어진 마그마가 있어요. 마그마는 지표의 약한 부분을 뚫고서 가스가 솟구치면서 지표 밖으로 솟아 나오게 되지요. 이때 화산 가스와 화산재 등 화산 분출물이 함께 나와요. 밖으로 나온 용암은 지표면을 따라 흐르면서 여러 모양의 화산이 만들어져요.

땅속에 있으면 마그마, 지표 밖으로 튀어나온 것은 용암이에요

마그마는 땅속 깊은 곳에서 높은 열과 압력 때문에 암석이 녹아 각종 광물과 화산 가스가 섞여 있는 것을 말해요. 마그마가 지표 밖으로 분출되면 수증기나 이산화탄소와 같은 화산 가스들은 빠져나가 버리고 끈적끈적한 액체 물질만 남게 되는데, 이것을 용암이라고 하지요.

폼페이 최후의 날

이탈리아의 나폴리 근처에 있는 아름답고 풍요로웠던 도시 폼페이는 고대 로마 귀족들의 휴양지였어요. 그런데 서기 79년 8월 24일, 갑자기 베수비오 화산이 폭발해서 18시간 동안 수백억 톤에 달하는 화산재와 화산 분출물이 도시로 떨어졌지요. 화려했던 폼페이 도시는 잿더미가 되고, 사람들은 그대로 인간 화석이 되어버렸어요.

백두산의 천지

백두산의 천지와 한라산의 백록담은 화산으로 만들어진 지형이에요

화산 폭발은 무시무시한 일이지만 오랜 시간이 지나고 나면 아름다운 관광지로 변신하지요. 백두산 천지는 화산이 폭발한 후 정상 부분이 무너지면서 안에 물이 고여 호수가 된 칼데라 호예요. 한라산의 백록담은 화산이 폭발하면서 나온 마그마가 분화구 주변에 쌓이면서 움푹 파인 곳에 물이 고여 생긴 화구호죠. 백두산 천지는 우리나라에서 유일한 칼데라 호이지만, 백록담과 같은 화구호는 우리나라의 작은 기생 화산에도 몇 개가 더 있어요.

백두산은 잠시 쉬고 있는 휴화산으로 언제든 다시 화산 폭발이 일어날 수도 있어요. 백두산이 폭발하면 화산재가 남한 전역에 퍼질 수 있다고 해요. 제주도에는 300개가 넘는 오름이 있는데, 오름은 한라산이 폭발하고 난 후 한라산 기슭에서 작은 화산 폭발이 일어나면서 만들어졌어요. 제주도 관광지는 모두 화산이 만든 것이라고 해도 과언이 아니지요.

> **제주도와 울릉도, 독도는 화산섬이에요**
> 바다 밑에 생긴 화산을 해저 화산이라고 하는데, 해저 화산도 지상에 있는 화산처럼 큰 규모로 폭발할 수 있어요. 바다 밑에서 화산이 일어나 분출물이 쌓이거나 해저가 융기하면서 물 밖으로 화산섬이 만들어지기도 해요.
> 제주도는 물처럼 잘 흐르는 용암이 흘러 만들어졌어요. 용암이 옆으로 잘 흐르다 보니 경사가 완만하고 큰 섬이 되었지요. 울릉도와 독도는 찐득찐득한 용암이 흘렀어요. 점도가 높은 용암은 잘 흐르지 않아 경사가 급한 산이 만들어져요. 용암의 점성에 따라 화산의 모양이 달라진답니다.

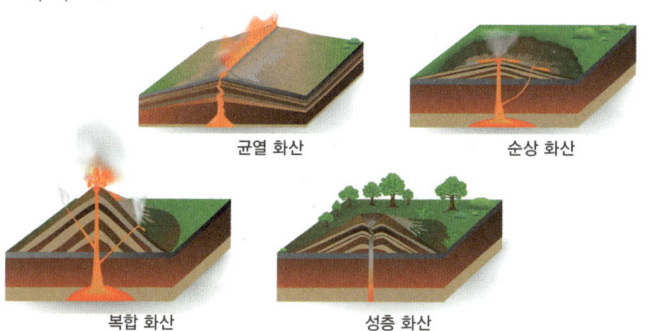

균열 화산 · 순상 화산 · 복합 화산 · 성층 화산

폼페이 유적

정의 화산 땅속에 있는 마그마가 높은 압력을 받아 밖으로 분출하여 만들어진 산

71 판 구조론

우리나라에서 백두산이나 한라산은 화산 폭발로 만들어졌어요. 모든 산이 화산으로 만들어지는 건 아니에요. 세계에서 가장 높은 산인 에베레스트 산은 화산 활동이 아닌 판의 이동으로 만들어졌어요.

판 구조론은 대륙 이동설을 설명하는 이론이에요

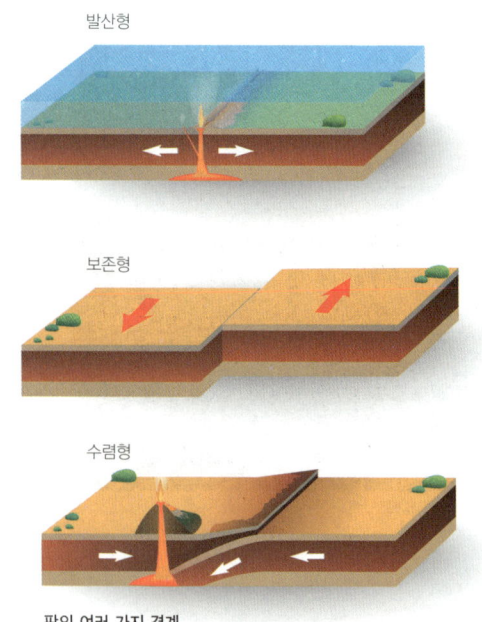

판의 여러 가지 경계

대륙 이동설은 원래는 하나로 되어 있던 대륙이 점차 갈라지고 이동하여 현재와 같은 대륙이 만들어졌다는 거지요. 거대한 대륙이 이동하려면 힘이 필요해요. 이 설명을 뒷받침해주는 것이 판 구조론이에요.

지구 표면은 10개의 지각판으로 되어 있어요. 지각은 맨틀 위에 둥둥 떠 있어요. 맨틀이 흐르면 그 위에 있는 지각도 움직여요. 이것이 판 구조론의 기본 생각이에요.

지각판은 우리가 살고 있는 대륙판과 바다로 이루어진 해양판, 그리고 대륙과 바다가 함께 있는 판도 있어요. 판이라고 하지만 사실 두께는 100km에 이를 정도로 두껍답니다. 지각판이 서로 움직이다 보면 부딪힐 때도 있고, 한 지각판이 다른 지각판 아래로 들어갈 때도 있어요. 이렇게 판이 부딪히거나 한쪽이 아래로 들어가는 판의 경계에서 지진을 비롯한 다양한 지각 변동이 일어나지요.

판 구조론은 두 가지 이론에서 비롯해 탄생했어요

하나는 베게너(1880~1930)가 주창한 대륙 이동설이에요. 베게너는 대륙이 이동한다는 주장까지만 했고, 그 이유를 밝히지는 못했지요. 그의 아이디어는 지각이 판으로 이루어져 있다는 판 구조론의 탄생에 결정적인 영향을 주었어요.

또 다른 이론은 1960년대에 알려진 해저 확장설이에요. 해저 확장설은 맨틀이 흐르면서 해양 지각이 확장된다는 주장이에요. 바닷속에서 맨틀의 마그마가 상승하는 곳에서는 해양 산맥이 형성되고, 골짜기를 중심으로 용암이 냉각되면서 새로운 지각이 형성되지요.

이 두 가지 이론을 바탕으로 존 투조 윌슨(1908~1993)은 판 구조론을 주장했어요. 그가 판 구조론을 처음 제시했을 때 생물학의 유전자 발견, 물리학의 양자역학에 비교되며 20세기 과학의 가장 혁명적인 이론으로 꼽히기도 했답니다.

> **판은 앞으로 어떻게 될까요?**
> 일반적으로 지각판은 1년에 최대 10cm까지 이동하는 것으로 알려져 있어요. 그 속도는 판에 따라 달라요. 5천만 년 뒤에는 아프리카와 유럽이 충돌하며 지중해가 사라지고, 1억 년 뒤에는 대서양이 아메리카 대륙 동쪽 해안을 따라 밑으로 파고들다가 2억 5천만 년 뒤에는 대서양이 완전히 사라질 거라고 예상해요.

거대한 지각판을 움직일 수 있는 이유는 두 가지예요

하나는 해양판이 대륙판보다 무겁기 때문이에요. 지각판 중 해양판은 대륙판보다 밀도가 높고 무거워요. 그래서 해양판이 가라앉게 되고, 대륙판 아래로 파고들어가면서 천천히 대륙판을 이동시키는 것이지요.

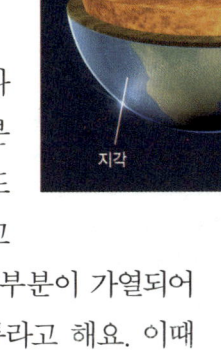

다른 하나는 맨틀의 대류 현상 때문이에요. 맨틀은 상부와 하부로 나뉘어요. 맨틀 안쪽에는 외핵이라는 아주 뜨거운 부분이 있는데, 이 부분과 닿아 있는 하부 맨틀은 암석이 녹아 뜨거운 액체 상태예요. 그 바깥쪽에 있는 상부 맨틀은 액체와 고체의 중간 상태예요. 하부 맨틀과 닿아 있는 상부 맨틀의 아랫부분이 가열되어 상승하면 후에 열이 식어 하강하게 돼요. 이것을 맨틀의 대류라고 해요. 이때 하강하는 맨틀이 지각판을 잡아당기는 것이지요.

> **정의** **판 구조론** 지구 표면은 여러 개의 판으로 이루어져 있고, 이 판의 움직임 때문에 다양한 지각 활동이 나타난다는 이론

72 풍화, 침식, 퇴적

산을 오르다 보면 신기한 모양의 바위를 볼 수 있어요. 사람이 조각한 것도 아닌데 용을 닮고 강아지와 거북이처럼 생긴 바위를 보면 너무 신기하지 않나요? 이 아름다운 조각품들은 자연의 작품이랍니다.

지형에는 지표가 겪은 지구의 역사가 담겨 있어요

미국의 그랜드 캐니언

우리나라에는 매우 다양한 지형이 있어요. 가까운 곳 어디에나 산이 있고, 한강, 낙동강 등 오랜 옛날부터 우리 조상들의 터전이 되었던 큰 강줄기도 있어요. 구불구불한 해안 지형도 많고, 기괴하게 깎인 봉우리들도 큰 산들을 따라 있어요. 우리나라뿐만 아니라 지구 곳곳에도 신기하게 생긴 지형이 많아요. 그 지형들은 처음부터 그런 모양을 가졌던 것이 아니에요. 지각 변동이나 화산 폭발 같은 지표의 큰 변화와 더불어 오랜 시간에 걸쳐서 서서히 일어난 풍화, 침식, 퇴적 작용으로 인해서 생겨났답니다.

리아스식 해안

리아스식 해안

하천에 의해 침식을 받은 지역은 구불구불해져요. 이렇게 구불구불해진 지역의 해수면이 올라가거나 땅이 아래로 꺼지면 구불구불한 지역의 위쪽만 물 위에 남아서 해안선이 매우 복잡해져요. 툭 튀어나온 곳이나 쑥 들어간 만 지형이 얽히고설켜 있지요. 이런 해안을 리아스식 해안이라고 해요. 우리나라의 서해안과 남해안이 대표적인 리아스식 해안이지요. 리아스식 해안은 양식을 하기에 좋고 작은 섬이 많이 퍼져 있어 낚시나 관광 명소 등이 많답니다.

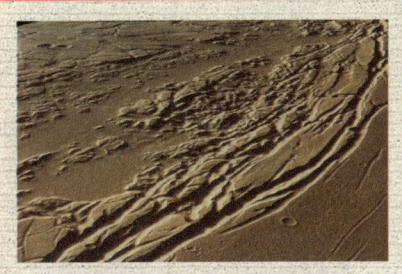

화성의 지형

2003년 유럽 우주국이 발사한 마스 익스프레스Mars Express 위성이 촬영한 화성의 표면 사진을 보면 지구 못지않은 다양한 지형을 확인할 수 있어요. 높은 계곡과 퇴적층 및 수로 등은 화성에서도 풍화, 침식, 퇴적 작용이 과거에 일어났다는 걸 의미해요. 현재 화성 지표에는 물이 없지만 과거에 물이 충분히 있었을 것으로 추측되는 이유죠. 놀랍게도 화성의 풍화, 침식, 퇴적 작용은 지금도 진행되고 있어요.

피오르

노르웨이의 송네 피오르

거대한 얼음 덩어리인 빙하도 지표를 깎을 수 있어요. 육지 위에 쌓인 빙하가 오랜 세월에 걸쳐 이동하면 빙하 밑의 땅이 좁고 깊게 파이게 돼요. 빙하가 녹거나 바다로 흘러가 사라지면 U자형 계곡이 드러나지요. 이것을 'U자곡'이라고 해요. U자곡에 바닷물이 차면 좁고 긴 만이 만들어지는데, 이것을 '피오르'라고 해요. 피오르는 깎아지른 산 사이를 가로질러 흐르는 물의 경치가 매우 인상적이에요. 세계에서 가장 긴 피오르는 그린란드의 스코레스뷔순으로 길이가 무려 350km에 이르러요.

돌기둥들이 빽빽이 서 있는 피나클 사막

피나클 사막의 돌기둥

호주 서부의 피나클 사막에 있는 돌기둥들이 어떻게 생기게 되었는지는 아직도 정확히 밝혀지지 않았어요. 돌기둥의 주재료는 석회암으로, 아마도 옛날 바다 밑의 조개껍데기에서 온 것으로 추정하고 있을 뿐이지요.

정의

풍화 지표의 암석이 토양으로 변해가는 현상. 물이 바위틈으로 파고들어간 후 얼어서 바위가 쪼개어지기도 하고 산성비 등으로 바위가 부식되어 쪼개지기도 함

침식 바람, 흐르는 물, 움직이는 얼음 등에 의해서 지표가 깎여서 떨어져 나가는 현상. 주로 깎인 광물의 운반 현상과 같이 일어남

퇴적 침식으로 깎인 광물이 흐르는 물에 의해 운반되다가 흐름이 늦어지는 곳에 쌓이는 현상

73 지층

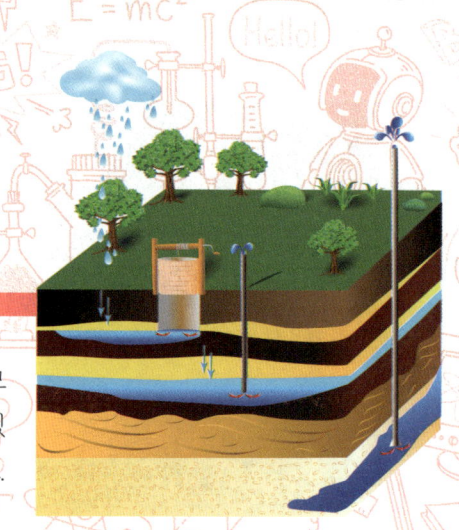

우리나라 서해 북쪽에 있는 두무진에서는 다양한 모양과 색깔로 이루어진 아름다운 해안 절벽을 볼 수 있어요. 층층이 쌓인 지층은 바다 밑에서 만들어졌어요. 그런데 어쩌다가 바다 위로 떠오르게 되었을까요?

지층은 어떻게 만들어질까요?

진흙이나 모래, 자갈과 같은 물질들이 강이나 바다로 흘러 들어가서 물살이 약해지면 바닥에 가라앉게 되지요. 이렇게 차곡차곡 쌓인 퇴적물이 오랜 세월에 걸쳐 높은 압력을 받아 단단하게 굳어진 것이 지층이에요. 강이나 바다에서 퇴적 작용에 의해 만들어진 지층은 지각 변동(지구 내부의 힘)에 의해 물 위로 솟아 나오게 돼요. 그래서 산에서 지층을 볼 수 있답니다.

지층을 이루고 있는 퇴적물을 보면 지층이 만들어진 환경을 알 수 있어요. 자갈이나 모래로 구성된 지층은 주로 해안가나 수심이 낮은 곳에서 만들어져요. 무거우니까 빨리 가라앉기 때문이에요. 입자가 고운 진흙으로 이루어진 지층은 수심이 깊은 바닷가에서 만들어져요. 화산재가 퇴적되었다면 과거 그 지역에서 화산 활동이 있었다는 것을 알 수 있지요.

▲ 지층

퇴적물이 차곡차곡 쌓여서 나타나는 줄무늬를 층리라고 해요

지층은 아래에서부터 퇴적물이 쌓여서 만들어져요. 알갱이 크기나 색깔, 성분 등이 다른 물질이 쌓이면서 층리가 생겨요. 아래에 있는 층이 먼저 퇴적된 층리예요. 가끔 지각 변동으로 층리가 뒤집어지는 경우도 있어요.

층리의 종류로는 건열, 연흔, 사층리, 점이층리가 있어요. 건열은 쫙쫙 갈라진 모양이에요. 건열이 있는 곳은 당시에 아주 건조한 기후였다는 것을 알 수 있어요. 얕은 물에서 물결이 살랑살랑 움직이는 모양 또는 바람이 살살 부는 모양이 그대로 지층이 된 경우에는 연흔이 나타나요. 물이나 바람이 일정한 방향으로 분 경우에는 퇴적물이 비스듬히 쌓여서 사층리가 생겨요. 아래층에는 큰 알갱이가, 위로 올라갈수록 작은 알갱이가 쌓여 있는 구조를 점이층리라고 해요. 점이층리는 주로 깊은 바다에서만 생긴답니다.

사층리

지층의 모양이 변하기도 해요

차곡차곡 쌓인 지층은 평평한 모습이지만 지구 내부의 힘을 받으면 휘어지거나 끊어지기도 해요. 평평하게 쌓아 올린 고무찰흙을 양옆에서 밀면 찰흙이 구불구불 휘어져요. 이렇게 만들어진 것이 습곡이에요. 알프스 산맥과 히말라야 산맥에서 이런 습곡 구조를 볼 수 있어요. 때로는 미는 힘이나 당기는 힘 때문에 지층이 끊어지기도 해요. 끊어진 지층의 한쪽이 올라가거나 내려가서 서로 어긋난 것을 단층이라고 해요.

습곡이나 단층이 생기려면 지구 내부에서 아주 강한 힘이 작용해야 해요. 습곡과 단층이 있는 곳은 과거에 큰 지각 변동이 있었다는 것을 알 수 있답니다.

> **해저 지층에는 천연 에너지인 하이드레이트가 숨어 있어요**
>
> 독도 주변 바닷속 해저 지층에는 석유뿐만 아니라 차세대 에너지로 주목받고 있는 하이드레이트가 많이 매장되어 있어요. 하이드레이트는 천연가스와 물이 합쳐져 만들어지는 고체 에너지원이에요. 불을 붙이면 타는 성질이 있어 불타는 얼음으로 불리지만 환경을 오염시키지 않는 청정에너지예요. 하지만 하이드레이트를 시추하는 과정에서 발생하는 메탄은 이산화탄소보다 온실 효과가 20배는 강하다고 해요.

습곡 산맥

단층 산맥

화산

정의 | **지층** 진흙, 모래, 자갈 등과 같은 퇴적물이 층층이 쌓여 층을 이루고 있는 것

74 화석

지금으로부터 1억 년 전에 살다가 사라진 공룡 모습을 우리는 어떻게 알 수 있을까요? 그건 바로 공룡의 흔적이 화석에 남아 있기 때문이에요.

공룡은 화석으로 많이 발견되지만 나비는 화석으로 발견되기 아주 어려워요

지구가 생긴 46억 년 전부터 인류의 역사가 기록되기 시작한 약 6천 년 전까지를 지질 시대라고 해요. 그 이후는 역사 시대라고 한답니다. 지질 시대에 살았던 생물의 흔적이 남아 있는 것이 화석이에요. 생물이 퇴적물 속에 파묻혔다고 해서 모두 화석이 되는 것은 아니에요. 화석이 되기 위해서는 생물체에 뼈나 껍데기와 같은 단단한 부분이 있어야 해요. 또한 생물체가 썩기 전에 빨리 땅에 묻혀 보존되어야 화석으로 남을 수 있어요. 생물의 개체수가 많으면 화석으로 남아 있을 확률이 높아져요.

과거 환경에 대한 정보를 주는 시상화석

고사리 화석

고사리는 고생대부터 현재까지 살아 있는 생물이에요. 고사리는 따뜻하고 습기가 많은 지역에서 잘 자란답니다. 지층 속에 고사리 화석이 들어 있다면, 그 지층은 과거에 따뜻하고 습기가 많은 지역이었다는 것을 알 수 있어요.

따뜻하고 수심이 얕은 바다에서 볼 수 있는 산호도 시상화석이에요. 산호가 들어 있는 지층은 과거 따뜻한 바다에서 형성되었다는 것을 알 수 있어요. 고사리나 산호처럼 아주 오랜 기간 동안 특정한 환경에서만 살고 있는 생물을 시상화석으로 사용할 수 있어요.

공룡의 똥 화석과 살아 있는 화석 바퀴벌레

1955년 캐나다에서는 티라노사우루스의 똥 화석이 발견되었어요. 육식 공룡의 똥 화석에서는 뼛조각이 발견되었지요. 초식 동물을 뼈째 잡아먹었다는 사실과 무엇을 먹고 살았는지, 소화 과정은 어떠했는지 알 수 있어요.

은행나무는 고생대 말부터 지금까지 생존하고 있어요. 바퀴벌레도 살아 있는 화석이에요. 고생대와 중생대의 대멸종에서도 살아남아 지구에서 가장 오래된 생명체라고 하지요.

시대를 알려주는 표준화석

삼엽충은 지질 시대 중 고생대에만 살다가 멸종된 생물이에요. 지층 속에 삼엽충 화석이 있다면 그 지층은 고생대에 만들어졌다는 것을 알 수 있어요. 지층 사이에 공룡 화석이 나온다면 그 지층은 중생대에 만들어진 거예요. 삼엽충이나 공룡처럼 아주 넓은 지역에서 특정 기간 동안 살았던 생물은 표준화석으로 사용할 수 있답니다.

삼엽충 화석

화석은 진화의 과정을 보여주는 중요한 증거예요

시조새는 파충류와 조류의 특징을 모두 가지고 있어서, 조류가 파충류에서 진화했다는 것을 알려주는 화석이에요. 바다의 제왕 고래는 바다에 살지만, 새끼를 낳는 포유류예요. 먼 과거에 살았던 원시 고래의 발목뼈와 귀뼈 화석이 발굴되면서 원래 고래는 네 발 달린 육상 동물이었다는 가설이 제기되고 있어요.

시조새 화석

지구에서 가장 오래된 화석은 스트로마톨라이트예요

35억 년 이전에 만들어진 스트로마톨라이트는 얕은 물에 서식하는 미생물들에 의해 작은 퇴적물 알갱이들이 쌓여서 생긴 층상 구조물이에요. 스트로마톨라이트는 고대 해양 생태계에서 중요한 역할을 했을 것으로 연구되고 있어요.

정의 | **화석** 지질 시대에 살았던 생물이나 생물의 흔적이 지층 사이에 남아 있는 것

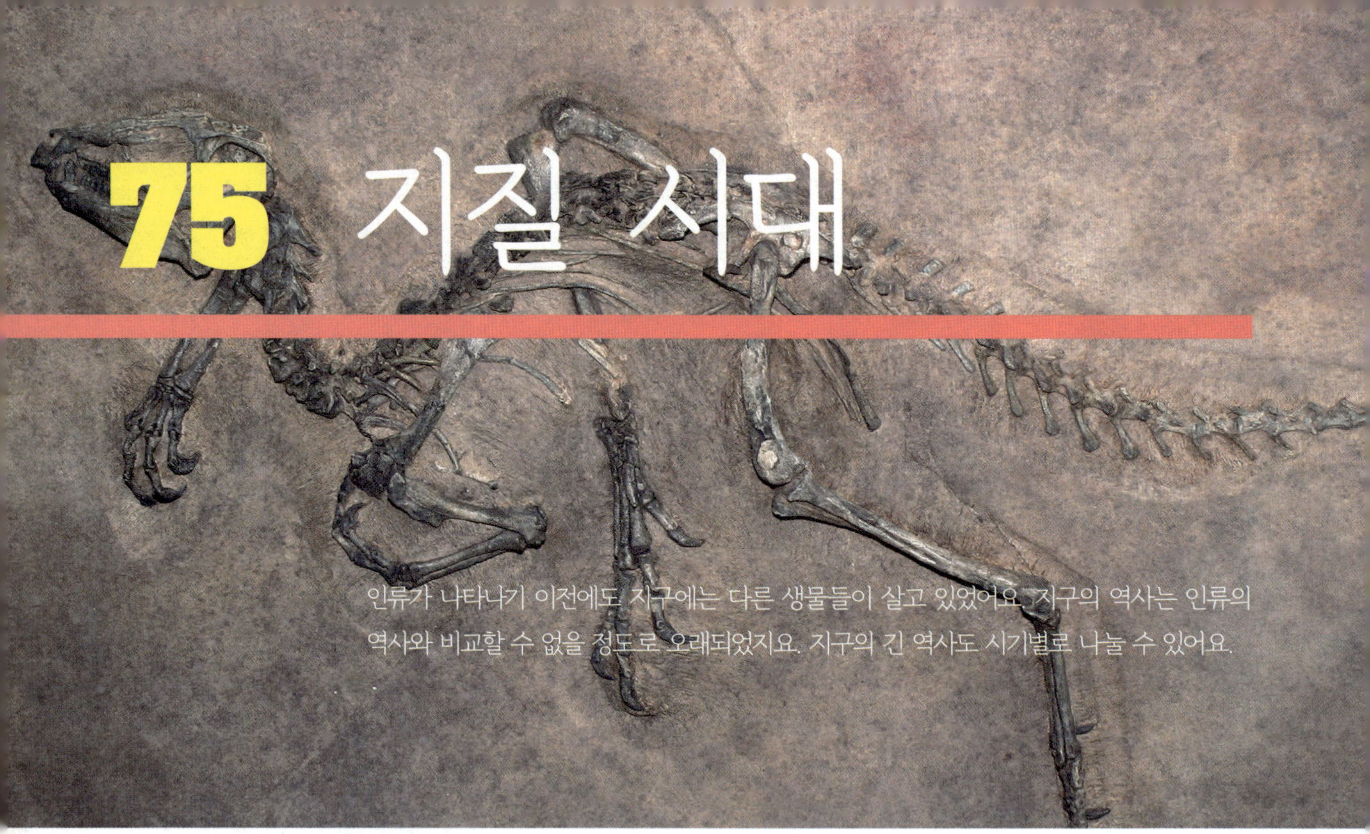

75 지질 시대

인류가 나타나기 이전에도 지구에는 다른 생물들이 살고 있었어요. 지구의 역사는 인류의 역사와 비교할 수 없을 정도로 오래되었지요. 지구의 긴 역사도 시기별로 나눌 수 있어요.

지구가 생기고 역사가 기록되기 전까지의 시대를 지질 시대라고 해요

지구는 지금으로부터 약 46억 년 전에 생겼어요. 현생 인류가 출현한 것은 약 30만 년 전이지요. 지질 시대는 지구 전체에 큰 지각 변동이 일어나거나, 기존 생물체가 사라지고 새로운 생물이 나타나는 시기를 기준으로 선캄브리아시대, 고생대, 중생대, 신생대로 나눌 수 있어요.

선캄브리아시대는 생물들이 본격적으로 나타나기 전까지의 시기예요

▲ 스트로마톨라이트

이 시기에는 박테리아나 단세포 생물들이 주를 이루었기 때문에 화석이 발견되기 어려워요. 원시 지구에는 산소가 거의 없었는데 선캄브리아시대(약 45억 6천만 년~5억 4천만 년 전)에 나타난 남조류들은 광합성을 하면서 산소를 아주 많이 만들어 냈지요. 이로써 지구상에는 생명체가 탄생하기 시작했어요. 이 남조류에 바다에서 떠다니는 물질들이 붙으면서 만들어진 것이 스트로마톨라이트예요.

고생대는 생명체의 대번성기로, 다양한 종류의 생명체가 나타났어요

지구에 산소가 생기면서 바다에서부터 생명체가 탄생하기 시작했지요. 그러다가 폭발적으로 생물의 종류가 다양해지고 수가 증가하기 시작했어요. 최초의 척추동물인 어류가 나타났고, 바다에만 살던 생명체가 처음으로 육지로 올라왔어요. 게다가 최초의 양서류, 곤충, 파충류가 생긴 시기지요. 고생대(5억 8,000만 년~2억 2,500만 년 전)의 대표적인 화석으로는 삼엽충이 있어요. 우리가 지금 쓰고 있는 석탄은 대부분 고생대 때 번성한 식물들이 남긴 것이에요.

고생대 말기에는 지구 전체에 빙하기가 오면서 대부분의 생물들이 멸종했어요. 이를 기준으로 지질 시대는 중생대로 넘어가게 되지요.

중생대는 공룡의 시대예요

암모나이트 화석

중생대(2억 5천만 년~6천 5백만 년 전)는 다시 3개로 구분되는데, 그중 쥐라기는 다양한 공룡이 지구를 지배하던 시기예요. 중생대의 대표적인 화석으로는 암모나이트와 공룡, 시조새가 있어요. 시조새는 날아다니는 공룡이지요. 파충류와 조류의 특징을 모두 가져 진화의 증거가 되기도 해요. 엄청나게 강하고 전 지구를 점령하고 있던 공룡도 결국 멸종하고 말아요. 공룡이 멸종한 이유는 아직까지도 논란이 되고 있지요.

신생대는 포유류의 시대예요

공룡이 멸종하고 포유류가 본격적으로 나타나기 시작했지요. 식물도 진화를 거듭해서 전 세계에 속씨식물이 나타나기 시작했어요. 현재와 가장 비슷한 동물과 식물이 번성했던 시기예요. 하지만 동물들의 몸집에서 큰 차이가 있었답니다. 가령 나무늘보의 조상격인 땅늘보는 무게가 5톤 정도였고, 신생대의 대표 화석인 매머드는 무게가 10톤 이상이었지요. 뿔의 길이만 몇 m가 되는 코뿔소도 있었어요. 거대한 포유류들은 인류가 등장하면서 사라졌어요.

> **정의** **지질 시대** 지구가 생긴 이후부터 역사가 기록되기 전까지의 기간

76 바람

우리나라 여름철에는 습기가 많고 따뜻한 바람이 남동쪽에서 불어오고, 겨울에는 춥고 건조한 바람이 북서쪽에서 불어와요. 계절과 장소에 따라 바람의 종류도 다양해요.

고기압에서 저기압으로 공기가 불어나가서 바람이 불어요

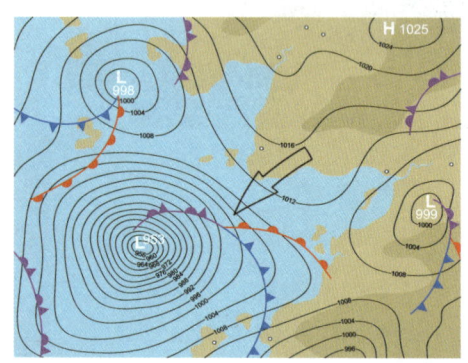

고기압(H)과 저기압(L)

우리 주위를 둘러싸고 있는 공기는 어디든지 같은 양이 있는 게 아니에요. 공기가 많은 곳도 있고 적은 곳도 있어요. 공기가 많은 곳을 고기압, 적은 곳을 저기압이라고 하지요. 주변보다 공기가 많으면 내보내야 해요. 그래서 고기압에서는 공기가 주변으로 빠져나가요. 반면 공기가 적은 저기압에서는 주변에서 공기가 들어오지요.

풍향과 풍속

바람이 불어오는 방향을 풍향이라고 해요. 서풍은 서쪽에서 동쪽으로 부는 바람을 말해요.

풍속은 바람의 속도를 말해요. 풍속이 10m/s 이상이 되면 우산을 쓰기 힘들 정도예요. 20m/s 이상이면 나무가 꺾인다거나 간판이 날아갈 정도로 강한 바람이지요. 태풍이 오면 더욱 강한 바람이 불어요. 우리나라에서 가장 강한 바람이 불었던 태풍은 2003년에 발생했던 매미였는데, 제주 지역에서 순간적으로 60m/s 정도의 바람이 불었다고 해요.

태풍은 어디서 만들어졌는지에 따라 이름이 다양해요

태풍은 습한 바다에서 만들어진 열대성 저기압의 한 종류예요. 태풍은 북태평양에서 만들어져 아시아 지역으로 올라와요. 동태평양에서 만들어져 아메리카 대륙으로 가는 것을 허리케인이라고 하지요. 미국 영화에는 허리케인이 많이 등장해요. 인도양이나 아라비아해에서 발생한 것을 사이클론이라고 하고, 남반구 오스트레일리아 부근 남태평양에서 일어나는 폭풍우는 윌리윌리라고 한답니다. 이 중 태풍은 1년에 20~30회 정도로 가장 많이 발생해요.

허리케인

계절풍은 땅과 바다의 온도 차이 때문에 생겨요

우리나라는 겨울과 여름에 계절풍의 차이가 뚜렷해요. 여름에는 육지가 바다보다 뜨거워서 육지의 공기가 위로 올라가고, 바다에서 육지로 공기가 들어오는 해풍이 불지요. 우리나라 여름에는 바다가 있는 남동쪽에서 바람이 불어와서 남동 계절풍이라고 해요. 남동 계절풍은 덥고 습한 바람이 불어와 여름은 고온 다습해요.

겨울은 바다가 육지보다 뜨거워서 바다의 공기가 위로 올라가고, 육지에서 바다 쪽으로 육풍이 불어요. 우리나라의 겨울에는 대륙이 있는 북서쪽에서 바람이 불어와 북서 계절풍이라고 해요. 북서 계절풍은 춥고 건조한 바람이에요.

한국에서 미국에 갈 때와 올 때 비행시간이 달라요

부산에서 서울을 가거나 서울에서 부산에 갈 때는 비행시간이 같아요. 미국에서 한국으로 올 때는 한국에서 미국으로 갈 때보다 1~2시간가량 더 많이 걸려요. 비행기가 바람의 영향을 많이 받기 때문이에요. 우리나라가 있는 위도 30~60도 사이에서는 편서풍이 불어요. 서쪽에서 동쪽으로 바람이 분다는 의미죠. 한국에서 동쪽에 있는 미국으로 비행할 때는, 동쪽으로 부는 바람이 밀어주는 역할을 해서 비행기가 쉽게 갈 수 있어요. 하지만 미국에서 서쪽에 있는 한국으로 올 때는 맞바람을 이겨내야 하지요. 바람을 이겨내려면 연료도 더 많이 들고 시간도 많이 소요된답니다.

| 정의 | **바람** 기압이 높은 곳에서 낮은 곳으로 이동하는 공기의 흐름 |

77 대기압

일기예보를 들으면 고기압이나 저기압이라는 말이 자주 등장해요. 고기압과 저기압은 대기압이 높고 낮음을 말해요. 그렇다면 대기압은 무엇일까요?

중력과 대기압의 관계

지구에 중력이 없다면 우리 몸은 하늘 위를 둥둥 떠다니거나 아예 지구 밖으로 벗어날 수도 있어요. 우리가 숨을 쉬는 공기도 중력 때문에 지구 표면에 내려앉아 있지요. 공기는 굉장히 가볍지만 중력의 영향을 벗어날 수는 없어요.

비행기를 타고 하늘 위로 올라가면 귀가 먹먹해지는 걸 느낄 수 있어요. 하늘 위는 지표면보다 공기가 적어서 나타나는 현상이에요. 공기층은 지구 표면에 아주 두껍게 깔려 있어요. 지구 표면에서 멀어질수록 중력이 작기 때문에 공기가 점점 희박해져요.

공기도 무게가 있어요. 하늘을 향해 손바닥을 펴고 책을 얹으면 책이 손을 누르듯, 손바닥 위의 공기도 손을 누르고 있어요. 우리는 잘 느끼지 못하지요. 이렇게 공기가 누르는 압력을 기압이라고 해요.

대기압의 존재를 처음으로 밝혀낸 에반젤리스타 토리첼리

이탈리아의 과학자 에반젤리스타 토리첼리(1608~1647)는 갈릴레이의 제자였어요. 갈릴레이는 여러 깊이의 우물을 파고 실험을 했는데, 대략 10m를 기준으로 그보다 깊게 판 우물은 물이 올라오지 않았어요. 안타깝게도 갈릴레이는 미처 그 이유를 밝혀내지 못한 채 세상을 떠났지요.

스승의 연구를 계속한 토리첼리는 1643년 수은주를 이용해 실험을 했어요.

한쪽이 막힌 1m 길이의 유리관에 수은을 가득 채우고, 수은을 넣은 물통에 거꾸로 세웠어요. 그러자 유리관 속의 수은이 점점 내려오더니 멈췄어요. 그 높이가 76cm였지요. 다시 실험을 해도 마찬가지였어요. 수은이 더 내려가지 않고 평형 상태가 된 것은, 유리관 바깥에서 공기가 물통에 담긴 수은의 표면을 누르는 힘과 76cm의 수은이 누르는 힘이 같기 때문이었지요. 토리첼리는 이것이 대기가 누르는 힘, 즉 대기압임을 깨달았어요. 이때 76cm 수은 기둥의 압력을 1기압이라고 하고, 이때 생긴 진공의 공간을 '토리첼리의 진공'이라고 해요.

에반젤리스타 토리첼리

수은은 물보다 밀도가 14배 커요. 그래서 수은 기둥과 같은 압력을 주는 물기둥 높이는 76cm의 14배로 1,064cm예요. 10m보다 깊은 우물이 솟구치지 않는 이유도 바로 이 때문이었답니다.

🪐 기압은 위치나 기상 상태에 따라 달라져요

엘리베이터를 타거나 자동차를 타고 높은 곳에서 낮은 곳으로 빠르게 내려갈 때 귀가 먹먹해진 경험이 있지요? 기압이 낮은 곳에서 높은 곳으로 빠르게 내려와 고막이 눌리는 거예요. 기압은 높이에 따라 달라요.

또 기온이 높은 곳은 공기가 상승하기 때문에 기압이 낮고, 기온이 낮은 곳은 기압이 높지요. 그래서 토리첼리가 처음 기압을 실험한 이탈리아를 기준으로 북위 40도 지역에서 1년 동안 측정한 수치의 평균값을 내서 표준 기압으로 삼고 있어요.

하늘로 올라간 풍선이 터지는 이유
헬륨 가스로 채운 풍선은 하늘로 잘 올라가요. 헬륨 가스가 주변 공기보다 훨씬 가볍기 때문이지요. 하늘로 날아간 풍선은 결국 터져버려요. 풍선도 끊임없이 힘을 받고 있기 때문이에요.
풍선 안에는 헬륨이 있고, 밖에는 공기가 있어요. 안에 있는 헬륨은 풍선을 밖으로 밀어내고, 풍선 밖에 있는 공기는 풍선을 안으로 밀어내지요. 보통은 두 힘이 같기 때문에 터지지 않지요. 그런데 하늘로 올라가면 기압이 낮아져요. 풍선 밖에서 안으로 미는 힘이 약해지는 거지요. 풍선 밖의 힘이 안의 힘보다 약해지면 풍선은 계속 팽창하다가 결국 터져버려요.

정의 **대기압** 지구를 둘러싸고 있는 공기가 중력에 의해 누르는 압력

78 날씨

2008년 베이징 올림픽을 대비해 중국에서는 인공 강우를 만들어 뿌렸어요. 중국 하늘을 뒤덮은 뿌연 대기를 맑게 정화시키기 위해서였지요. 미국에서는 가뭄이 심할 때 인공 강우로 강수량을 늘리기도 했어요. 이제는 날씨를 사람이 조작할 수 있는 시대가 되었어요.

 ## 기온과 습도

기온은 공기의 온도를 말해요. 우리나라 여름의 평균 기온은 23~26도, 겨울의 평균 기온은 -6~3도 정도 되지요. 습도는 공기 중에 있는 수증기의 양을 말해요. 비가 오는 날에 빨래가 잘 마르지 않는 이유도 습도가 높기 때문이지요. 물이 증발하면 수증기가 되어 공기 중으로 날아가요. 우리 눈에 보이진 않지만, 물은 기체가 되어 공기 중에 숨어 있는 거예요. 공기 중에 수증기가 많으면 습도가 높고, 적으면 습도가 낮다고 말해요.

 ## 이슬과 안개, 구름

이슬

온도가 높을수록 공기 중에 수증기가 많이 증발할 수 있어요. 낮 동안 증발해서 수증기가 되었던 물이 밤이 되면 기온이 낮아지면서 다시 물방울로 돌아오지요. 이렇게 공기 중의 수증기가 풀잎에 닿아 물방울로 맺히는 것을 이슬이라고 해요.

안개도 공기 중의 수증기가 다시 물로 변한 것이에요. 안개는 액체예요. 물방울이 풀잎에 맺혀 있는 이슬이라면, 안개는 지표 가까이에 물방울이 떠 있는 거지요. 대신 물방울이 아주 작기 때문에 우리 눈에는 물처럼 보이진 않아요.

구름도 안개처럼 공기 중의 수증기가 물방울이 된 거예요. 구름과 안개는 만들어지는 원리가 같아요. 하지만 하늘 높이 떠 있으면 구름, 지표 부근에 생기면 안개라고 부르지요.

건강에 나쁜 안개, 스모그

스모그

안개는 지형이나 기후 때문에 만들어지는 자연 현상이에요. 산중턱이나 호숫가에서 바라보는 안개는 신비로운 느낌도 들지요. 자연에서 생기는 안개는 습도가 거의 100% 가까이 되었을 때 만들어져요. 하지만 먼지가 많은 도시에서는 80% 정도만 되어도 안개가 쉽게 만들어지는데, 이것을 스모그라고 해요. 산업혁명 이후 도시에서는 스모그가 빈번하게 발생하고 있어요.

공기 중의 수증기가 물방울이 되어 안개나 구름이 만들어지려면 아주 작은 먼지가 필요해요. 먼지에 수증기가 붙으면서 점점 크게 뭉쳐지는 거지요. 이런 역할을 하는 먼지를 응결핵이라고 해요. 그런데 대기 중에 오염 물질이 많으면 응결핵이 많아져 안개가 쉽게 만들어지고, 이렇게 만들어진 스모그는 날아가지 않고 공기 중에 머물면서 건강에 치명적인 영향을 주게 되지요.

장마와 스콜

장마

여름철에 며칠에 걸쳐 계속해서 비가 내리는 것을 장마라고 해요. 보통 6월 말에 시작해서 7월 초에 끝나지요. 동남아와 같은 열대 지방에서는 '마른하늘에 날벼락'치듯 갑작스럽게 소나기가 내리는데, 이것을 스콜이라고 해요. 스콜은 짧은 시간 동안 아주 많은 양의 비가 내리고, 언제 무슨 일이 있었냐는 듯이 그치지요. 열대 지방을 여행하다가 스콜을 만나면 당황하지 말고 잠시만 비를 피하면 된답니다.

열대 지방은 날이 더워 대류 현상이 활발하기 때문에 스콜이 자주 발생해요. 해가 갈수록 우리나라에도 스콜과 같은 소나기가 많아지고 있어요. 기상학자들은 지구 온난화로 인해 우리나라 환경이 점점 아열대가 되어가고 있기 때문이라고 보고 있지요.

> **정의**   **날씨** 덥거나 비가 오거나 바람이 부는 등 한 지역에서 그날의 대기 상태

79 해양(바다)

바다는 오래전부터 동경의 대상이었어요. 알려진 것이 거의 없는 미지의 세계였기 때문이지요. 아직도 깊은 바다에는 인간의 손길이 닿지 않은 영역이 훨씬 많아요. 그만큼 많은 가능성을 가진 곳이기도 해요.

세계의 바다는 5개로 나눌 수 있어요

태평양의 파머스톤 섬

태평양, 인도양, 대서양, 그리고 남극해, 북극해를 오대양이라고 해요. 가장 큰 바다는 태평양이에요. 지구의 모든 대륙을 합친 것보다 더 넓어요. 아시아와 아메리카 사이의 바다가 태평양인데, 우리나라가 접해 있기도 하지요. 대서양은 태평양 다음으로 큰 바다예요. 아메리카와 유럽 사이의 바다로, 옛날 유럽인들이 말하던 '대양'은 대서양을 의미하는 말이었어요. 세 번째로 큰 바다는 인도를 둘러싸고 있는 인도양이에요. 아름다운 섬이 많은 곳이지요. 남극해는 남극을 둘러싸고 있고, 북극해는 북극을 둘러싸고 있어요.

바다는 어떻게 탄생했을까요?

46억 년 전 지구가 탄생한 이후부터 38억 년 전 지각이 생길 때까지의 바다를 원시 바다라고 해요. 원시 바다는 지금처럼 소금물이 아닌 암석이 녹아 만들어진 아주 뜨거운 마그마 바다였어요. 지구가 서서히 식으면서 수증기가 물로 변하고 엄청난 양의 비가 내렸지요. 이때 공기 중의 이산화탄소가 바다로 들어가면서 바다에는 석회암이 만들어지고, 공기 중의 이산화탄소가 줄어들어 지구 전체의 온도가 다시 내려가기 시작했어요. 마침내 하늘이 맑아지고, 바다에서는 광합성을 하는 원시 생물이 탄생했지요.

해류의 순환으로 지구 전체에 골고루 에너지가 돌아요

바다도 강물처럼 일정한 방향으로 흐르는데, 이것을 해류라고 해요. 해류는 지구가 태양으로부터 받은 열을 순환시켜주고 기후를 조절해줘요. 지구에서 태양 에너지를 가장 많이 받는 곳은 적도예요. 극지방은 거의 에너지를 받지 못하지요. 따뜻한 적도 지방의 바닷물은 극지방으로 흐르면서 에너지를 전달해줘요. 그리고 극지방의 차가운 물은 바다 아래로 가라앉아 다시 적도로 흐르지요. 해류는 바닷물의 큰 흐름이고, 썰물과 같은 작은 흐름은 조류라고 해요.

조류

세계에서 가장 깊은 해구, 마리아나 해구

일본에서 더 내려간 괌 근처에는 해양판과 대륙판이 부딪혀 만들어진 마리아나 해구가 있어요. 마리아나 해구는 세계에서 가장 깊은 곳으로 심지어 에베레스트 산 전체를 삼켜버릴 정도예요. 해구 깊은 곳까지 내려가면 내려갈수록 바닷물의 온도는 차가워지고 압력은 굉장히 높아져요. 가장 깊은 곳의 압력은 우리가 살고 있는 지상보다 1,000배 이상 크다고 해요. 마리아나 해구의 깊은 바닷속에는 차가운 온도와 엄청난 압력을 견디고 살아가는 생물들이 있어요. 마리아나 해구는 아마존 밀림처럼 온실가스를 흡수해 지구의 환경을 지키고 있어요.

마리아나 해구의 물고기

> **정의**
> **해양(바다)** 지구 표면에서, 짠물이 고여 있는 넓은 곳. 지구 표면적의 약 70.8%를 차지함
> **5대양** 세계의 해양 가운데에서 특히 넓고 큰 바다. 태평양, 대서양, 인도양, 남극해, 북극해가 있음

80 남극과 북극

지금은 세계 곳곳에 사람의 손길이 닿아 있지만, 100년 전만 해도 세계는 알 수 없는 곳투성이었지요. 남극은 대표적인 미지의 세계였답니다.

 ### 남극은 커다란 얼음으로 덮인 대륙이고, 북극은 얼음이 떠다니는 바다예요

남극과 북극 중 어느 곳이 더 추울까요? 바로 남극이에요. 남극 대륙은 얼음으로 덮여 있기 때문에 햇빛을 아주 잘 반사하지요. 북극의 바다는 열을 흡수해요. 남극의 평균 기온은 영하 55도이고, 북극은 남극보다 덜 추운 영하 35~40도 정도예요.

남극은 아직 인류가 개척하지 못한 미지의 대륙이에요. 역사적으로 원주민이 살았던 흔적도 없어요. 북극에는 에스키모라고 하는 이누이트족 원주민이 살고 있어요. 남극은 대륙이기 때문에 수많은 자연 현상이 일어나요. 화산도 폭발하고, 온천도 있으며, 지하자원도 많이 매장되어 있지요. 지진도 일어나고요. 얼음으로 덮여 있을 뿐 사실상 대륙과 똑같은 지각 현상이 일어난답니다.

남극에는 펭귄, 북극에는 북극곰이 살아요

남극을 대표하는 동물은 펭귄이에요. 검은색 등과 하얀색 배를 가진 펭귄은 날지 못하는 새예요. 대부분의 새는 날기 위해 뼛속이 비어 있어요. 하지만 펭귄은 물속을 헤엄쳐서 물고기를 잡아먹기 때문에 뼛속이 가득 차 있지요. 펭귄은

바닷속 물고기나 남극새우를 잡아먹고, 바다표범에게 먹히지요. 이렇게 남극에서도 먹이사슬을 통해 생태계가 유지되고 있어요.

북극에는 북극곰과 북극여우가 있어요. 북극은 남극보다 덜 춥기 때문에 남극보다 많은 생물이 살고 있지요. 북극곰은 빛의 산란 때문에 하얗게 보이지만, 사실은 투명한 색이에요. 얼음으로 덮인 북극에서 보호색의 역할을 하지요. 북극곰의 털 속 피부는 검은색이랍니다. 검은 피부는 추운 북극에서 빛을 흡수하여 따뜻하게 해줘요.

🪐 북극과 남극을 인류 최초로 정복한 로알 아문센

1908년 미국의 탐험가 로버트 피어리는 북극점에 도착했다고 주장했으나, 1996년 발견된 그의 일기에서 북극점에서 40km 떨어진 곳이었다는 것이 밝혀졌어요. 그 후 최초로 북극점을 탐험한 사람은 아문센(1926)으로 바뀌었어요.

아문센은 1911년 인류 최초로 남극점에 도착했어요. 원래 아문센의 목표는 북극점이었지만, 피어리에게 북극점 정복을 빼앗기면서 남극점으로 목표를 바꾸었지요. 비슷한 시기에 남극으로 떠났던 로버트 팰컨 스콧보다 앞서서 아문센은 최초로 남극점을 밟았어요.

로알 아문센

> **지구 온난화로 북극과 남극의 얼음이 녹으면 어떻게 될까요?**
>
> 북극의 얼음은 매년 계속해서 녹고 있어요. 남극의 얼음마저 모두 녹으면 전 세계 바다의 높이가 지금보다 65m나 높아질 거라고 해요.
>
> 북극에는 얼음 밑에 메탄가스가 많이 매장되어 있다고 알려져 있어요. 얼음이 녹아버리면 이 메탄가스가 공기 중으로 나와버리겠지요. 메탄가스는 온실 효과를 일으키는 온실가스예요. 게다가 얼음은 햇빛을 반사시키는데, 얼음마저 녹아버리면 지구는 더 많은 열을 받게 된답니다. 지구 온난화로 남극과 북극의 얼음이 녹게 되는데, 얼음이 녹으면 지구 온난화가 더 심해지는 거지요.

정의	**남극** 지구의 가장 남쪽에 있는 대륙
	북극 지구의 가장 북쪽 끝 근처 지역

81 지구

드넓은 우주에는 셀 수 없을 정도로 많은 항성과 행성이 있어요. 이 중 지구에만 생명체가 살고 있다고 알려져 있어요. 지구는 과연 어떤 조건 때문에 태양계의 다른 행성과 달리 생명체가 있을까요?

지구는 태양계에 속해 있는 세 번째 행성이에요

태양계에는 8개의 행성이 있지요. 수성과 금성, 화성은 크기가 작고 지구와 마찬가지로 주로 암석으로 되어 있어요. 이런 행성들을 지구형 행성이라고 해요. 주로 가스로 되어 있어 지구에 비해 크기가 큰 목성, 토성, 천왕성, 해왕성은 목성형 행성이라고 해요. 목성형 행성은 자전 속도가 아주 빨라요. 지구에서 하루가 24시간이라면, 토성과 목성은 반도 안 되지요. 반면, 화성은 지구와 자전 속도가 비슷해요. 우주를 개척한다면 화성이 가장 적당한 곳이지요. 목성형 행성은 고리를 가지고 있는 게 특징이에요. 그중 토성은 가장 아름다운 고리를 자랑하고 있어요.

토성

지구 속으로 여행을 떠나요

지구의 구조

우리가 살고 있는 지각은 지구 전체 부피의 1% 정도밖에 되지 않아요. 지각을 따라 약 30km 정도 내려가다 보면 지구의 거대한 지각을 떠받치고 있는 맨틀이 나와요. 맨틀은 두꺼운 암석층이지만 높은 온도로 흐르는 상태예요. 맨틀이 흐르면서 지각을 움직여 지구에서는 다양한 지각 변동이 일어나요.

맨틀 아래 지구의 가장 안쪽에는 핵이 있어요. 핵은 내핵과 외핵으로 나뉘어요. 내핵은 고체, 외핵은 액체 상태예요. 주로 철과 같은 금속으로 되어 있는 외핵이 액체 상태로 움직이면 전류가 발생해요. 그리고 전류는 자기장을 만들지요. 나침반이 남극과 북극에 반응하는 것은 지구가 거대한 자석이기 때문이에요. 이 지구 자기장은 외핵 때문에 생긴답니다.

제2의 지구, 케플러 452b

2015년 미국 항공 우주국(NASA)에서는 지구와 가장 닮은 제2의 지구를 발견했다고 발표했어요. 지구에서 빛의 속도로 달려도 1,400년을 가야 하는 곳에 있는 케플러 452b라는 행성이에요. 이 행성은 지구보다 질량은 5배, 중력은 2배가 더 큰 슈퍼 지구예요. 1년의 길이도 385일로 365일인 지구와 비슷하지요. 과학자들은 우주에 지구와 닮은 행성이 아주 많을 거라고 예측하고 있어요.

케플러 452b 상상도

지구인이 살 수 있는 행성 개척

지구가 아닌 다른 행성이나 위성을 인간이 살아갈 수 있도록 인위적으로 지구와 비슷한 환경을 만드는 것을 테라포밍이라고 해요. 테라포밍 가능성이 가장 높은 곳은 화성과 목성의 위성인 에우로파, 토성의 위성인 타이탄과 엔켈라두스예요.

가장 먼저 해야 할 일은 박테리아를 정착시키는 거예요. 아주 오래전 지구도 미생물이 생기면서 산소가 생겨서 생명체가 살 수 있는 환경이 되었지요. 산소를 만들고 물을 만들고 식물을 심어도 해결하기 힘든 중요한 문제가 남아 있어요. 바로 태양풍이에요. 화성은 자기장이 없어 태양에서 날아오는 방사선에 그대로 노출되는 무서운 곳이거든요.

에우로파

> **생명체가 살기에 적당한 온도를 가진 행성을 골디락스 행성이라고 해요**
> 생명체가 살 수 있는 환경은 아주 까다롭지요. 태양과 같은 항성으로부터 에너지를 얻어 온도가 적당해야 하고, 산소와 물이 있어야 해요. 지구처럼 암석으로 된 지각도 필요해요. 골디락스 존에 있는 행성 중에서 이런 조건들을 만족하는 행성이 생명체가 살고 있을 가능성이 높은 행성이에요. 우주 망원경으로 찾은 골디락스 행성(Goldilocks Planet)은 10개 정도 된다고 해요. 태양계에서는 금성과 화성이 골디락스 존 경계에 있어요.

정의 **지구** 우리가 살고 있는 행성으로 태양계에 속해 있음

82 지구의 자전

제자리에서 뱅글뱅글 돌고 나면 머리가 어지러워서 똑바로 걸을 수가 없어요. 신기하게도 지구 자체는 매우 빠른 속력으로 하루에 한 바퀴씩 회전하고 있는데 우리는 아무렇지도 않아요.

지구의 자전축은 북극과 남극을 이은 상상 속의 선이에요

지구는 자전축을 중심으로 서쪽에서 동쪽으로 하루에 한 바퀴씩 스스로 회전을 해요. 하루에 360도를 회전하니까, 한 시간에는 15도를 도는 셈이에요. 이것을 지구의 자전이라고 하지요. 지구의 자전축은 지구의 공전 궤도면에 수직한 선으로부터 23.5° 기울어져 있어요. 그래서 지구에 계절의 변화가 있는 거예요. 만일 지구가 똑바로 서 있었다면 우리나라는 일 년 내내 똑같은 계절이었을 거예요.

태양, 달, 별의 움직임

태양은 동쪽에서 떠서 서쪽으로 져요. 실제로는 태양이 움직이는 게 아니에요. 지구가 서쪽에서 동쪽으로 자전하기 때문에 태양이 동쪽에서 서쪽으로 움직이는 것처럼 보이는 것이지요. 태양뿐 아니라 하늘에 있는 모든 천체들이 동쪽에서 서쪽으로 움직이는 것처럼 보여요. 달도 동쪽에서 떠서 남쪽을 지나 서서히 서쪽 하늘로 져요. 별도 마찬가지예요. 달과 별이 밤이 되어서 뜨는 게 아니에요. 낮부터 동쪽에서 뜨고 있었던 거예요. 그런데 낮에는 태양 빛이 너무 강해서 달과 별을 볼 수가 없었을 뿐이지요.

모든 행성은 자전을 해요

지구뿐 아니라 태양계에 있는 모든 행성은 자전을 해요. 자전 속도는 모두 달라요. 행성뿐만 아니라 태양과 달도 자전하고 있어요. 지구는 한 바퀴 도는 데 24시간이 걸려요. 달은 스스로 한 바퀴 도는 데 656시간(약 28일)이 걸린답니다. 목성은 약 9.9시간으로 태양계 행성 중 가장 빨라요. 금성은 약 5,832시간으로 가장 느리답니다. 즉 금성에서의 하루는 지구의 243일이랍니다. 화성의 자전 속도는 24.6시간으로 지구와 가장 비슷해요. 지구의 자전 방향과 반대로 회전하는 행성도 있어요. 바로 금성과 천왕성이에요. 그래서 금성에서는 태양이 서쪽에서 떠서 동쪽으로 진답니다.

지구가 한 바퀴 자전하는 데 1년이 걸린다고 상상해볼까요?

우선 밤이 6개월 동안 지속돼서 기온이 내려가 매우 추운 날씨가 계속되겠지요. 낮도 6개월 동안 지속되어 뜨거운 태양 때문에 대부분의 도시에서 사막화가 일어날 거예요. 적도 근처의 바닷물은 점점 북극이나 남극으로 이동해 북쪽 지역의 나라들은 바다에 잠겨버릴 거예요. 기후 변화로 당연히 동식물도 살기 어려워지고 사람도 음식을 구하기가 힘들어질 거고요. 숨 쉴 공기도 점점 희박해져요. 지구의 자전이 인간이 살 수 있는 적합한 환경을 만들어주고 있는 셈이지요.

사실 지구는 지금도 아주 조금씩 자전 속도가 느려지고 있어요. 지구의 자전 속도는 10만 년에 1.6초씩 느려지고 있답니다.

> **낮과 밤이 생기는 이유**
>
> 방 안에 불을 끄고 전기스탠드를 켜요. 그리고 스탠드를 향해 바라보세요. 이제부터 스스로 한 바퀴를 회전하는 자전을 할 거예요. 스탠드를 바라보면 얼굴에 빛이 들어오죠? 이때가 낮이에요. 그런데 반 바퀴를 회전하면 어떻게 되나요? 뒤통수에 빛이 들어오지만, 얼굴에는 빛이 오지 않아요. 이때가 밤이랍니다. 스탠드가 태양이고, 자신이 지구라고 생각해보세요. 이렇게 지구의 자전 때문에 낮과 밤이 생긴답니다. 얼굴이 어두울 때, 뒤통수는 밝지요? 즉 우리가 밤일 때 지구 반대편 나라는 낮이 되는 거예요.

정의 **자전** 천체가 자전축을 중심으로 스스로 회전하는 운동

83 공전

호주에서는 크리스마스가 한여름이에요. 적도의 여러 나라는 일 년 내내 여름이지요. 같은 시기라도 장소에 따라 계절이 다르거나, 같은 장소라도 시기에 따라서 계절이 바뀌기도 하고 그렇지 않기도 하는 이유는 뭘까요?

 "그래도 지구는 돈다"

갈릴레오 갈릴레이

1543년 코페르니쿠스는 처음으로 지구가 태양 주위를 돌고 있다는 지동설을 발표했어요. 당시 교회에서는 천동설을 믿고 있었지요. 코페르니쿠스는 세상의 비난을 두려워한 나머지 죽는 날이 되어서야 지동설에 관한 책의 인쇄를 마쳤다고 해요. 그 후 코페르니쿠스의 이론을 지지하던 브루노는 종교 재판에 끌려가 화형에 처해졌어요.

갈릴레이는 1610년 처음으로 망원경으로 태양과 달, 금성, 목성을 관찰하고 지동설을 지지했어요. 갈릴레이는 1633년에 교황청에 불려갔어요. 세 차례 심문을 받은 뒤 갈릴레이는 유죄를 선고받았어요. 결국 갈릴레이는 천동설이 옳다고 인정하면서 풀려났어요. 하지만 재판정에서 나오며 홀로 중얼거린 한마디가 역사에 전해지고 있지요. "그래도 지구는 돈다."

 계절이 변화는 이유는 지구의 공전 때문이에요

1년 중 봄, 여름, 가을, 겨울의 사계절이 생기는 이유는 지구의 자전축이 기울어져 공전하고 있기 때문이에요. 지구는 태양 주위를 타원 궤도로 돌고 있어요. 이것을 지구의 공전이라고 해요. 지구가 태양을 한 바퀴 도는 데 걸리는 시간, 즉 지구의 공전 주기는 1년(약 365일)이에요.

지구는 자전축이 기울어진 채 태양 주위를 공전하지요. 만약 자전축이 기울어져 있지 않다면 어떨까요? 지구가 태양의 어느 쪽에 있더라도 태양 고도가 같기 때문에 지구가 받는 햇빛의 양이 같아져요. 따라서 계절이 생기지 않을 거예요.

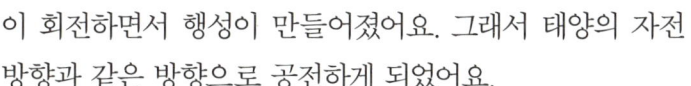
우리나라가 여름일 때 지구는 태양과 가장 멀리 떨어져 있어요

지구는 태양 주위를 타원 궤도로 돌고 있어요. 우리나라가 여름일 때 태양과 가장 멀리 떨어져 있어요. 겨울에는 태양과 가장 가까이 있답니다. 태양과 멀리 있지만 남중 고도(태양이 남쪽 하늘 중앙에 있을 때의 고도)가 높은 여름에는 햇빛을 많이 받고, 태양과 가까이 있지만 남중 고도가 낮은 겨울에는 햇빛을 적게 받아요.

지구 외의 다른 태양계 행성들도 태양 주위를 공전하고 있어요

태양과 가까이 있는 수성의 공전 주기는 88일로 가장 빨라요. 즉 수성에서는 1년이 88일인 셈이에요. 태양에서 가장 먼 해왕성의 공전 주기는 무려 165년이랍니다. 태양계의 모든 행성은 반시계 방향으로 공전하고 있어요. 태양을 만들고 남은 먼지나 티끌들이 회전하면서 행성이 만들어졌어요. 그래서 태양의 자전 방향과 같은 방향으로 공전하게 되었어요.

해왕성

태양도 움직이고 있어요. 태양은 우리 은하의 중심을 공전하고 있어요. 태양이 은하를 한 바퀴 도는 데 걸리는 시간은 약 2억 2천만 년이에요.

왜 우리는 지구의 공전을 못 느낄까요?

지구는 1년에 한 바퀴씩 태양 주위를 돌고 있어요. 1초에 30km를 달리는 셈이랍니다. 지구가 빠르게 움직이는 속도를 우리가 못 느끼는 이유는 우리도 지구와 함께 움직이고 있기 때문이에요. 시속 300km로 달리는 기차나 시속 900km로 달리는 비행기 안에서도 안락하게 잠을 잘 수 있는 것과 같은 이유지요.

정의   **공전** 한 천체가 다른 천체 주위를 원이나 타원 궤도로 도는 운동

84 달

해안가의 밀물과 썰물은 달이 지구 주위를 돌고 있기 때문에 생겨요. 달이 없다면, 지구의 밤은 암흑과 같았을 거예요. 달은 지구에 없어서는 안 될 소중한 친구예요.

달의 기원

달은 지구 주위를 돌고 있는 하나밖에 없는 자연적인 위성이에요. 달을 이루고 있는 성분은 지구와 비슷해요. 달은 어떻게 생기게 되었을까요? 아직까지 확실한 이론은 없지만 네 가지 가설이 있답니다.

하나는 아주 오래전 원시 지구 주위를 돌고 있던 작은 행성들이 뭉쳐서 지구와 달이 생겼다는 가설이에요. 이 설명으로는 지구와 달의 성분에 약간의 차이가 있는 점을 설명하기 어려웠어요. 둘째는 우주 어딘가 형성된 달이 지구의 중력에 이끌려 지구 주위를 돌게 되었다는 가설이에요. 이 가설은 지구와 달의 성분이 많이 비슷한 점을 설명하지 못해요. 셋째는 지구의 일부분이 떨어져나가 달이 되었다는 가설이에요.

마지막으로 지구가 생길 때 화성과 같은 다른 천체가 지구와 충돌해 두 천체가 찰흙처럼 붙었다가 그 일부가 다시 떨어져나가 달이 되었다는 가설이에요. 현재로서는 이것이 가장 설득력 있는 가설이에요.

달에는 거울이 있어요

아폴로 11호는 달에 거울 상자를 설치해두었어요. 지구와 달 사이의 거리를 재기 위한 것이지요. 지구에서 달에 있는 거울로 아주 강한 레이저를 쏘아요. 달에 있는 거울에 맞은 레이저 빛은 반사하여 다시 지구로 돌아와요. 이때 빛이 다시 돌아오는 시간과 빛의 속도를 이용하면 지구와 달 사이의 거리를 측정할 수 있어요. 우리가 보기에 빛은 너무 빨라 눈 깜짝할 사이에 돌아올 것 같지만, 꽤 정밀하게 측정할 수 있어요. 이렇게 측정한 지구에서 달까지의 거리는 38만 5,000km로 알려져 있어요.

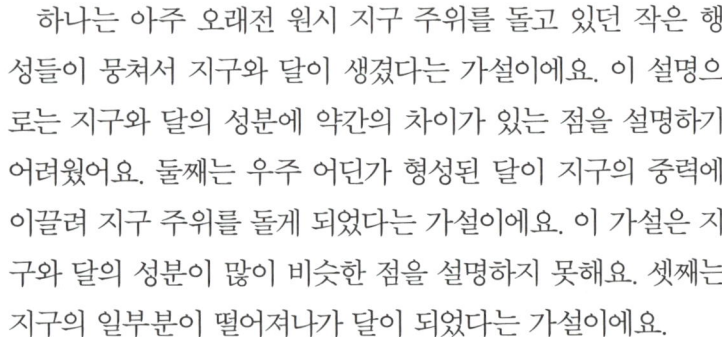 아폴로 계획과 인간의 달 탐사

1969년 7월 16일은 인류가 처음으로 지구 밖의 땅에 서게 된 역사적인 날이었어요. 전 세계 사람들은 닐 암스트롱이 달에 첫발을 내딛는 모습을 긴장하며 지켜보았어요. 그 후 1972

년까지 아폴로 계획에 의해 총 여섯 차례나 직접 달을 탐사하였지요.

아폴로 계획은 달에 직접 착륙하는 유인 우주 비행 계획이었어요. 그중 우주비행사가 달에 내린 첫 비행은 아폴로 11호였어요. 달에 간 과학자들은 달에 지진계나 레이저 반사경과 같은 과학 실험 장치를 설치했어요. 또한 달의 토양과 암석 샘플을 채집해 달이 어떤 물질로 이루어져 있는지 알 수 있게 되었지요. 아폴로 15호 비행사였던 스콧은 날개 깃털과 망치를 동시에 떨어뜨려 진공에서는 무거운 물체와 가벼운 물체가 동시에 바닥에 떨어진다는 것을 직접 보여주기도 했어요.

달에 착륙한 아폴로 15호

🪐 일식과 월식은 지구와 달, 태양이 일직선으로 놓일 때만 일어나는 현상이에요

지구는 태양 주위를 돌고 있고, 달은 지구 주위를 돌고 있지요. 서로 돌다 보면 지구, 달, 태양이 일직선에 놓이게 되는 때가 생겨요. 지구에서 태양이 보여야 하는데, 중간에 달이 태양을 가려버려 태양이 보이지 않는 현상을 일식이라고 해요. 태양, 지구, 달의 순서로 일직선에 놓일 때도 있어요. 밤하늘에 달이 떠 있다가, 지구의 그림자에 가려 달이 보이지 않는 현상을 월식이라고 해요.

과거에는 하늘이 평소와 다르면 불길한 징조로 받아들이는 일이 많았어요. 가령 목성은 복과 덕을 의미하는 행성인데, 달이 목성을 가리면 나라를 잘 다스리지 못한다고 해서 임금이 곤경에 처하기도 했지요. 과학을 알고 나면 이런 오해가 없겠지요?

월식

일식   월식

| 정의 | **달** 지구 주위를 돌고 있는 자연적인 위성. 밀물과 썰물을 일으킴 |

4부 · 지구과학 185

85 태양

집에 있는 가전제품을 사용하기 위해서는 발전소에서 만든 전기가 필요해요. 모든 작동하는 물건을 쓰기 위해서는 에너지가 필요한데 꽃이나 나무 같은 지구 생물은 어디서 에너지를 얻어서 자라는 걸까요?

지구의 에너지원, 태양

태양 전지 패널

태양의 온도
태양 중심부의 온도는 섭씨 1,500만 ℃에 이를 것으로 추정되고 있고, 실제로 우리가 관측할 수 있는 태양 표면의 온도는 약 6,000℃를 유지하고 있어요.

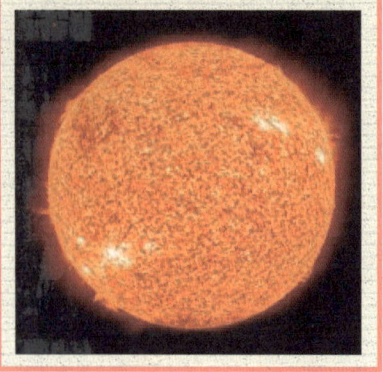

지구에서 일어나는 모든 자연 활동에 사용되는 에너지는 대부분 태양에서 오고 있어요. 태양 에너지는 지구의 땅과 바다, 공기에 흡수되어 온도를 일정하게 유지시켜주고, 물과 바람에 의해 이동하면서 지구 전체에 골고루 퍼져요. 태양이 없으면 구름이 생기지 않아서 비와 눈이 내리는 기상 현상도 생기지 않아요. 물이 수증기가 되는 증발이나 공기가 순환하는 대류, 수증기가 구름이 되는 응결은 모두 태양 에너지로 일어나지요.

지구 식물의 대부분은 태양 에너지를 이용해서 광합성을 해요. 태양에서 온 빛에너지를 화학 에너지로 바꾸는 과정이지요. 광합성을 거쳐서 성장한 식물이 땅속에 묻혀 오랜 시간 지나면 석탄이나 석유와 같은 화석 연료가 만들어져요. 그 외에 바람이 만들어내는 풍력 발전, 파도가 만드는 파력 발전, 태양의 빛과 열을 이용한 태양광 발전과 태양열 발전 또한 태양 에너지를 이용한 것이랍니다.

오로라는 태양풍 때문에 생겨요

오로라는 찬란하고 화려한 빛의 향연이지요. 오로라는 색

오로라

색의 빛이 마치 춤을 추는 듯 밤하늘을 장식하고 있답니다. 오로라는 주로 극지방에서 볼 수 있어요. 오로라는 태양풍으로 날아오는 입자들이 지구에 들어오면서 공기와 부딪혀 빛을 내는 현상이지요.

1895년 노르웨이의 탐험가 프리티오프 난센은 북극 탐험을 떠났어요. 하지만 목표했던 북극까지는 가지 못하고 표류해버렸어요. 게다가 그곳에서 무시무시한 태양풍을 만났어요. 그렇게 북극을 헤매던 중 찬란한 빛, 오로라를 보았답니다. 북극에서 간신히 살아 돌아온 난센은 자신이 본 것을 판화로 그렸어요.

태양은 무슨 색일까요?

태양은 모든 색이 함께 섞여 있어서 맨눈으로 보면 흰색이에요. 그런데 해가 하늘 높게 떠 있을 때는 파란색으로 보이기도 하고, 해가 지거나 떠오를 땐 적색에 가까운 노란색으로 보이기도 해요. 이것은 지구에 있는 공기 때문이에요. 태양 빛이 공기에 부딪혀서 흩어지기 때문에 생기는 현상이랍니다. 만약 지구에 대기가 사라진다면 태양은 언제나 하얗게 반짝거릴 거예요.

어느 날 갑자기 태양이 사라진다면 무슨 일이 일어날까요?

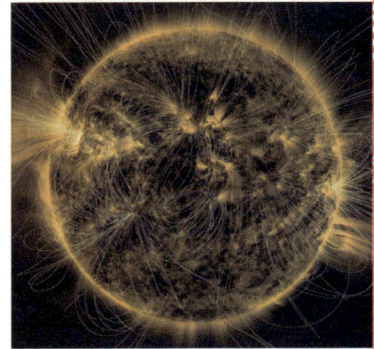
태양의 자기장

지구인은 태양이 사라지고 8분 30초 동안은 태양이 사라졌다는 사실을 모를 거예요. 태양에서 나온 빛이 지구에 도달할 때까지 8분 30초가 걸리기 때문이에요. 그 후 지구는 낮이 없이 밤이 계속될 거예요. 기온이 점점 내려가 아주 추워지고 바다도 얼어버릴 거예요. 지구의 바다 전체가 얼음으로 덮이게 되더라도 바닷속은 얼지 않아요. 얼음이 더 가볍기 때문이에요. 게다가 얼음이 열을 차단해줘서 바닷속 생물은 그대로 살 수 있을지도 몰라요. 어쩌면 태양이 없는 지구에 적응한 지구인은 바닷속에 해저 도시를 만들지도 모르겠네요.

| 정의 | 태양 태양계 중심에서 스스로 빛을 내는 별 |

86 태양 고도

해가 높이 뜨면 그림자 길이가 짧아지고, 해가 낮아지면 그림자 길이가 길어져요. 그림자 길이로 시간을 알 수 있어요.

태양 고도와 남중 고도

계절에 따라, 시간에 따라 태양이 떠 있는 높이가 달라져요. 태양의 높이는 직접 측정하기 어렵기 때문에 각도를 이용하여 나타내지요. 막대기를 세우고 막대기의 그림자 끝과 막대기 끝이 이루는 각도가 태양 고도랍니다. 태양은 동쪽에서 떠서 서쪽으로 지는데, 하루 중에 태양이 가장 높이 있을 때는 남쪽 하늘에 있을 때예요. 태양이 남쪽 하늘 중앙에 있다고 해서 '태양이 남중하였다'고 말해요. 이때의 태양 고도를 남중 고도라고 하지요.

세종대왕이 만든 규표

세종대왕은 과학과 수학에 관심이 많았어요. 세종의 관심 덕분에 천체의 위치를 측정하는 혼천의, 해시계인 앙부일구, 물시계인 자격루, 강우량 측정기인 측우기 등이 발명되었어요. 구리로 만든 규표인 동표도 제작되었는데, 세계 어느 나라보다도 정밀하게 만들어졌어요. 규표는 그림자 길이를 이용하여 동지 때 태양 고도를 측정하는 도구예요. 이를 이용하여 계절의 변화를 예측하고 1년의 길이를 계산하는 기초 자료로도 쓰였답니다.

태양 고도가 높을 때 기온도 높아요

태양이 가장 높이 떠 있을 때가 태양 고도가 가장 높을 때예요. 이때는 지표면이 태양으로부터 에너지를 가장 많이 받아요. 태양이 비스듬히 내리쬐는 경우보다 수직으로 내리쬐는 경우에 더 많은 에너지를 받게 되기 때문이에요. 그래서 태양이 높이 있을수록 기온이 더 올라가지요. 하지만 지표면이 공기를 데우는 데 시간이 걸리기 때문에 기온은 태양 고도보다 좀 더 늦게 올라가요. 예를 들어 태양 고도가 가장 높은 시각이 12시 반이라면 하루 중 가장 더워지는 시간은 2시 반쯤 되는 거지요.

계절에 따라 태양의 남중 고도가 달라져요

여름에는 겨울보다 태양이 높게 떠요. 반대로 겨울에는 남중 고도가 낮기 때문에 낮이 짧고, 지표면은 적게 데워져서 추운 계절이 돼요. 우리나라에 사계절이 있는 것은 태양의 남중 고도와 연관이 있어요. 1년 중 남중 고도가 가장 높은 날을 하지(약 76도)라고 해요. 하짓날은 낮의 길이가 가장 긴 날이지요. 반대로 1년 중 남중 고도가 가장 낮은 날을 동지(약 29도)라고 해요. 동짓날은 낮의 길이가 가장 짧아요.

적도 지방은 왜 일 년 내내 더운 걸까요?

우리나라에서는 남중 고도가 높은 여름은 덥고 남중 고도가 낮은 겨울은 추워요. 적도는 일 년 내내 더운 날씨가 계속되지요. 이것도 남중 고도 때문이랍니다. 여름의 남중 고도는 우리나라가 76.5도, 적도는 66.5도예요. 하지만 봄과 가을에 우리나라 남중 고도는 53도인데, 적도는 90도예요. 태양열을 가장 많이 받는 때가 되지요. 겨울의 남중 고도는 우리나라가 29.5도, 적도는 66.5도예요. 적도 지방은 일 년 내내 남중 고도가 높아서 계절의 변화가 거의 없고 더운 여름이 계속되지요.

적도

> **정의**
> **태양 고도** 태양이 지표면과 이루는 각도. 태양이 지평선에 있을 때 태양 고도는 0도이고, 태양이 수직으로 머리 위에 있을 때 태양 고도는 90도임
> **남중 고도** 하루 중 태양이 남쪽 하늘의 중앙에 있을 때의 태양 고도

87 태양계

2006년 명왕성이 태양계를 이루는 행성에서 제외되었어요. 명왕성이 행성이 아니라면 태양계는 행성 외에 또 무엇으로 이루어져 있을까요? 그리고 명왕성 밖에는 무엇이 있을까요?

태양은 8개의 행성을 거느리고 있어요

금성(위), 수성(아래)

태양 가까이에 있는 수성, 금성, 지구, 화성은 단단한 암석으로 된 작은 행성이에요. 이들을 지구형 행성이라고 하지요. 하지만 지구 외에 다른 행성에는 생명체가 없어요. 수성은 태양과 너무 가까워 낮 평균 온도가 350℃로 굉장히 높아요. 샛별이라 불리던 금성은 태양, 달 다음으로 지구에서 볼 수 있는 세 번째로 밝은 천체예요. 새벽이나 저녁 무렵에 유난히 밝은 별이 보인다면 금성이에요. 금성은 별이 아니라 행성이지요.

목성, 토성, 천왕성, 해왕성은 대부분이 가스나 얼음으로 되어 있는 거대한 행성이에요. 이들을 목성형 행성이라고 불러요. 태양계에는 그 외에도 행성 주위를 돌고 있는 위성과 행성보다 작은 소행성, 혜성, 유성 등으로 구성되어 있어요.

태양계는 얼마나 클까요?

태양계는 마지막 행성인 해왕성까지의 거리보다 훨씬 크지요. 어디까지가 태양계인지에 대한 두 가지 주장이 있어요.

하나는 태양에서 불어오는 태양풍의 영향이 미치는 곳까지가 태양계라는 주장이에요. 하지만 태양의 중력은 이보다도 훨씬 먼 곳까지 미친답니다. 그래서 다른 주장은 태양의 중력이 거의 사라지는 곳을 태양계의 끝이라고 봐야 한다는 의견도 있어요. 태양의 중력은 아주 먼 곳까지 뻗쳐 소행성과 혜성이 태양 주위를 돌고 있답니다. 이곳에는 혜성의 고향인 오르트 구름이 있어요. 오르트 구름의 반지름은 태양에서 마지막 행성인 해왕성까지의 거리의 100배 이상이에요.

화성에서 감자를 재배할 수 있을까요?

미국 항공 우주국에서는 화성에서 감자를 기를 수 있는지 알아보는 실험을 시작했어요. 가장 극한 환경에서도 잘 자랄 수 있는 감자 품종 100개를 선별하고, 화성과 가장 비슷한 토양인 페루 지역의 토양을 이용한다고 해요. 화성은 지구와는 아주 다른 환경이라 식물이 잘 자랄 수 있을지는 아직 미지수예요. 화성은 온도가 아주 낮고 공기가 적어 밤낮의 일교차가 아주 크지요. 태양과 거리가 멀어 태양 에너지도 부족해요. 하지만 화성의 대기에는 식물 성장에 꼭 필요한 질소가 많다는 장점도 있어요. 화성에서 감자를 비롯한 여러 가지 작물들을 재배하는 데 성공한다면, 우주 시대에 한발 더 다가가게 되겠지요.

행성에서 퇴출된 명왕성

명왕성은 달보다도 크기가 작고, 태양 주위를 회전하고 있는 공전면도 다른 행성과는 달리 기울어져 있지요. 그래서 명왕성이 행성인지 아닌지에 대한 논란이 계속되었어요. 그러던 중 명왕성보다 더 먼 곳에서 태양 주위를 돌고 있는 행성들이 차례대로 발견되었어요.

문제는 태양 주위를 돌고 있는 에리스라는 천체의 발견 후에 일어났어요. 소행성으로 분류된 에리스보다 행성인 명왕성이 더 작았던 거지요. 그래서 태양 주위를 돌고, 구형 모양을 유지하고 있지만 행성보다 작은 천체들을 왜행성으로 분류하기로 했어요. 현재 왜행성으로는 명왕성, 에리스, 세레스, 마케마케, 하우메아, 이렇게 5개가 있답니다.

> **정의**   **태양계** 태양과 태양 주위를 돌고 있는 천체의 집합

88 천체

우주에는 태양이나 지구 같은 별과 행성만 있는 것이 아니에요. 항성, 행성, 소행성, 혜성, 위성 등 다양한 종류의 물체들이 있어요.

핼리혜성

행성과 위성

지구와 달

밤하늘에 빛나는 천체 중에서도 스스로 빛을 내지 못하는 것도 있어요. 바로 행성이에요. 행성 중에서 금성과 화성, 목성은 맨눈으로도 관측될 만큼 밝아요. 태양에서 받은 빛을 다시 반사해서 밝게 보이는 거지요. 행성 주위를 도는 천체를 위성이라고 해요. 지구는 하나의 위성, 달을 가지고 있어요. 지구와 가장 닮았다는 화성은 위성이 없어요. 목성과 토성에는 60개가 넘는 위성들이 있어요.

소행성과 혜성

태양 주위를 돌고 있지만 행성보다 작은 천체를 소행성이라고 해요. 주로 목성과 토성 사이에 매우 많이 분포하고 있는데, 가끔 지구 주위로 날아오기도 해요. 크기가 작은 소행성은 지구 대기와 충돌하여 대부분이 타버리지만, 큰 소행성은 지구에 타격을 입힐 수 있어요.

꼬리가 있어 '꼬리별'이라고 불리는 혜성은 예고 없이 나타났다가 사라지는 천

헤일-밥 혜성

76년 주기, 3,000년 주기로 볼 수 있는 혜성

유명한 핼리 혜성은 76년 주기로 관측되고 있어요. 마지막으로 관측된 것은 1986년이니까 다음에는 2061년 여름에 다시 볼 수 있겠네요. 1996년에 나타난 햐쿠타케 혜성은 긴 꼬리로 유명해요. 햐쿠타케 혜성의 꼬리는 5억 km가 넘지요. 20세기에 나타난 혜성 중 가장 밝은 것은 1995년에 나타났던 헤일-밥 혜성이에요. 핼리 혜성보다 100배나 더 밝았던 헤일-밥 혜성은 도심에서도 관측될 정도였지요. 아쉽게도 앞으로는 3,000년 뒤에 다시 볼 수 있다고 해요. 안타깝게 운명을 다한 혜성도 있어요. 슈메이커-레비 혜성은 목성과 정면충돌로 산산조각이 나버렸어요.

체예요. '혜성같이 나타나다'라는 말이 있지요. 공전 주기가 길기 때문이지요. 어떤 혜성은 태양 주위를 한 바퀴 도는 데 수천 년이 걸리기도 해요. 혜성은 얼음과 먼지로 되어 있어요. 태양에서 멀리 있을 때는 핵만 있다가, 태양 근처로 다가오면 얼음이 녹아서 태양 반대 방향으로 긴 꼬리가 생긴답니다.

별이 만든 길, 은하수

태양계가 속해 있는 우리 은하는 나선 모양이에요. 태양계는 우리 은하의 중심이 아닌 나선팔(나선 은하의 양쪽 끝부분) 한쪽에 치우쳐 있답니다. 우리 은하의 중심에는 수많은 별들이 모여 있어, 은하의 중심을 바라보면 아주 많은 별을 볼 수 있어요. 이것이 바로 은하수랍니다. 은하수가 보이는 쪽이 우리 은하의 중심인 거지요. 도심에서는 주변 빛이 너무 밝고 공해가 심해 맨눈으로 은하수를 보기는 어려워요. 사람이 살지 않는 호주의 프레이저아일랜드와 같은 섬에서는 지평선부터 펼쳐지는 수십만 개의 별과 하늘을 가르는 은하수를 볼 수 있어요.

우리 은하

정의

- **천체** 우주를 구성하고 있는 별, 행성, 소행성, 혜성 등의 총칭
- **별(항성)** 스스로 빛을 내는 천체
- **행성** 항성(별) 주위를 돌며 스스로 빛을 내지 못하는 천체
- **소행성** 항성(별) 주위를 돌고 있지만 행성보다 작은 천체
- **혜성** 항성 주변을 타원이나 포물선 궤도로 돌고 있는 천체. 가스 분출시 꼬리처럼 보임

89 별

천문학에서 별의 의미는 스스로 빛을 내는 항성을 말해요. 태양도 항성이지요. 우리가 살고 있는 지구, 금성이나 토성 등은 항성의 빛을 반사하여 빛나는 행성이랍니다.

 ## 밤하늘에서 가장 밝은 별, 시리우스

밤하늘에 가장 밝게 보이는 천체는 금성과 목성이에요. 하지만 태양계 행성을 제외하고 가장 밝은 별은 시리우스랍니다. 시리우스는 태양의 2배 정도의 크기로 지구에서 아주 가까이에 있는 별이에요. 시리우스는 우리나라에서 겨울철에 특히 잘 볼 수 있어요. 시리우스는 하나의 별로 보이지만, 사실 2개의 별이 짝을 이루고 있는 쌍성이에요. 우리 눈에 보이는 밝은 별 옆에는 작고 어두운 별이 하나 더 있답니다.

 ## 별의 밝기는 겉보기 등급과 절대 등급으로 나뉘어요

밝은 별이지만 멀리 떨어져 있어서 우리한테는 어둡게 보일 수도 있어요. 그렇게 밝은 별이 아니지만 가까이 있어서 훨씬 밝게 보일 수도 있지요.

겉보기 등급은 거리를 생각하지 않고 단순히 우리에게 보이는 별의 밝기를 나타내요. 절대 등급은 별들이 만약 모두 같은 거리에 있다면 얼마나 밝게 보일지를 나타내지요. 겉보기 등급에서 제일 밝은 별은 태양이고, 그다음이 시리우스이지요.

절대 등급으로 따져서 제일 밝은 별은 R136a1이라는 별이에요. 무려 태양의 871만 배의 에너지를 빛으로 내지요. 이 별은 너무 멀리 떨어져 있어서 겉보기 등급이 낮답니다.

항해자들의 길잡이가 되어주는 북극성

북극성은 지구 북극점의 하늘 꼭대기에 가장 가까운 별이에요. 현재 북극성은 작은곰자리에서 가장 밝은 별인 폴라리스예요. 북극성은 변해요. 지구 자전축이 세차 운동을 하고 있기 때문에 오랜 시간이 지나면 지구 북극이 가리키는 위치가 바뀌지요. 기원전 3,000년 전 북극성은 용자리에서 가장 밝은 별인 투반이었어요. 피라미드에도 그려져 있어요. 이후 작은곰자리에서 두 번째로 밝은 별인 코카브가 북극성이 되었다가, 다시 폴라리스로 바뀌었어요.

북극성

여름철 밤하늘에 뚜렷이 보이는 베가와 알타이르, 데네브

직녀성인 베가와 견우성인 알타이르는 여름철을 대표하는 별이에요. 직녀성인 베가는 거문고자리에서 가장 밝은 별이에요. 지구에서 비교적 가까운 거리에 있지만, 빛의 속도로 25년을 가야 하는 곳에 있어요. 태양보다 훨씬 큰 베가는 빠르게 돌고 있어 적도 부분이 부풀어 오른 럭비공 모양이에요.

견우성인 알타이르는 독수리자리에서 가장 밝은 별이에요. 알타이르는 베가보다 좀 더 가까운 곳에 있어요. 지구에서 빛의 속도로 16년이 걸리지요.

백조자리의 데네브도 여름철 밤하늘을 대표해요. 데네브는 태양 반지름의 200배가 넘을 만큼 큰 별이에요. 베가, 알타이르, 데네브를 연결하면 이등변 삼각형이 되는데, 이것을 여름철 대삼각형이라고 해요.

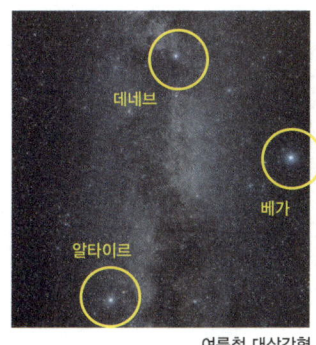
여름철 대삼각형

우주에 있는 별의 개수

우주가 무한한지 아니면 유한한지는 아직 밝혀지지 않았어요. 지구에서 관측 가능한 우주의 영역은 지름이 930억 광년에 이르는 거대한 구예요. 과학자들은 이 구 안에 대략 10^{23}개 이상의 별들이 있을 것으로 예상하고 있어요. 이 숫자는 종이컵으로 바닷물을 모두 퍼낼 때의 횟수보다 1,000배나 크다고 해요. 즉 종이컵으로 바닷물을 모두 퍼내는 일을 1,000번 해야 하는 횟수예요.

| 정의 | **별** 스스로 빛을 내는 천체. 빛을 반사하여 밝게 보이는 천체는 별이 아님 |

영국의 SF 소설가 아서 C. 클라크(1917~2008)는 "충분히 발달한 과학 기술은 마법과 구별할 수 없다"라는 유명한 말을 남겼어요. 메타 물질을 이용한 투명망토. 사람이 운전하지 않아도 스스로 주행하는 자동차. 나노 기술을 이용한 신체 복구 기술. 판타지 소설이나 영화에서 상상 속의 일로 여겨지던 기술이 오늘날 우리 눈앞에서 실현되고 있어요. 또 4차 산업혁명을 통해 인공 지능과 온라인을 중심으로 인간의 모든 활동이 통합되면서 인간 활동의 시간적·공간적 경계가 상상을 초월하는 속도로 변할 것으로 예상돼요. 어마어마한 과학 기술의 발달로 인해 우리의 생활과 그동안 믿어왔던 가치는 큰 변화를 맞을 수밖에 없어요. 미래를 여는 기술 개발 만큼이나 인류의 역량과 역할에 대한 진지한 고민이 요구되는 시대가 오고 있어요.

5부
미래공학

90 다이오드

다이오드는 전지의 방향에 따라서 아예 전류가 흐르지 않을 수도 있는 전자 부품이에요. 빛을 내는 다이오드는 오늘날 형광등이나 백열등을 대체할 광원으로 널리 쓰이고 있어요.

색의 삼원색과 빛의 삼원색

노란색과 자홍색을 섞으면 빨간색이 되고, 청록색과 노란색을 섞으면 초록색이 돼요. 노란색, 자홍색, 청록색을 모두 섞으면 검은색이 만들어져요. 검은색이 만들어지는 세 가지 색, 노란색과 자홍색, 청록색을 색의 삼원색이라고 해요. 빨간빛과 초록빛이 만나면 노란색이 되고, 빨간빛과 파란빛이 만나면 자홍색이 되지요. 빨간빛, 파란빛, 초록빛이 모두 만나면 하얀색이 만들어져요. 그래서 빨간색, 파란색, 초록색을 빛의 삼원색이라고 해요.

 ## 전류가 한 방향으로만 흘러요

전지의 극을 반대로 바꾸면 불이 들어오지 않는 회로가 있어요. 바로 다이오드를 연결한 회로예요. 다이오드는 전류를 한 방향으로만 흐르게 하는 특이한 반도체예요. 아주 작지만 복잡한 회로에서도 중요한 역할을 해요.

생활을 편리하게 해주는 전자 제품 중에는 여행 갈 때나 이동할 때 간편하게 들고 다닐 수 있도록 건전지를 사용하는 제품이 많아요. 건전지를 넣을 때에는 방향이 중요해요. 건전지 전극의 방향을 반대로 넣으면 작동하지 않는 제품들이 대부분이거든요. 이러한 제품들은 회로에 다이오드가 들어 있답니다.

뜨겁지 않은 빛, 발광 다이오드

전류가 흐르면 빛이 나는 다이오드를 발광 다이오드 또는 LED(light-emitting diode)라고 해요. LED는 가정의 조명, 텔레비전, 노트북 등 다양한 곳에서 활용돼요. 최근에는 횡단보도의 신호등이나 어두운 밤을 빛내주는 가로등도 LED로 바뀌고 있지요. LED 텔레비전은 광고에도 많이 등장해요.

발광 다이오드

발광 다이오드는 에너지 효율이 좋아요. 적은 전기 에너지로 밝은 빛을 낼 수 있지요. 가정에서 형광등을 LED로 바꾸면 전기료가 적게 나와요. 수명도 길기 때문에 형광등처럼 조명을 자주 바꾸지 않아도 돼요. 그리고 형광등에 들어가는 형광 물질같이 환경오염을 일으키는 물질을 전혀 쓰지 않아서 친환경적이에요.

빛의 역사를 바꾼 파란색 발광 다이오드

1962년 미국의 닉 홀로니악(1928~)은 최초로 빨간색 발광 다이오드를 만드는 데 성공했어요. 그 후 초록색, 노란색의 다양한 발광 다이오드가 개발되면서 전 세계의 빛이 점차 발광 다이오드로 바뀌기 시작했지요. 하지만 오랫동안 파란색 LED 개발에는 실패했어요. 여러 나라와 기업에서 파란색 LED를 만들려고 노력했지만 난관에 부딪히기만 했지요. 그러다가 일본의 한 중소기업의 연구원

나카무라 슈지와 파란색 LED

이었던 나카무라 슈지(1954~)가 1993년에 파란색 LED를 개발했어요. 그는 파란색 LED의 개발로 2014년 노벨 물리학상까지 받았어요.

세계는 왜 파란색 LED에 이토록 집착했을까요? 그건 바로 파란색 LED가 있어야 하얀색 LED를 만들 수 있기 때문이에요. LED는 한 가지 색의 빛만 낼 수 있기 때문에 빛을 섞어서 하얀색을 만들어야 해요. 빨간색, 초록색, 파란색 빛을 섞어야 하얀색 빛이 나오지요. 이전에는 파란색 LED가 없어서 하얀색을 만들지 못했던 거예요.

정의 **다이오드** 전류가 한쪽 방향으로만 흐르도록 반도체로 만든 전자 부품

91 나노 기술

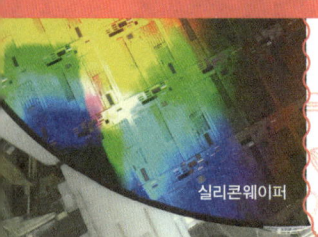
실리콘웨이퍼

먼지가 붙지 않는 자동차, 저절로 청소가 되는 빌딩, 의료용 로봇을 만들고 지구 온난화 문제까지 모두 해결할 수 있는 기술이 있을까요? 원자나 분자를 하나씩 조작할 수 있다면 어떨까요?

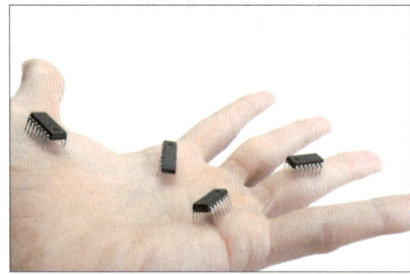

 나노의 크기

1cm를 10분의 1로 나누면 1mm예요. 1mm를 다시 1,000분의 1로 나눈 것이 1㎛(마이크로미터)이지요. 1마이크로미터를 또 1,000분의 1로 나눈 게 1nm(나노미터)예요. 미터로 환산하면 약 10억 분의 1m인 셈이에요. 이것은 우리 머리카락 굵기의 약 10만 분의 1 크기라고 해요. 나노 세계는 우리 몸을 이루는 세포보다도 1,000분의 1 정도로 작고 세균이나 바이러스의 크기보다도 작은 세계에요.

 나노 세계의 특징

나노 세계는 원자 수십 개 정도의 세계로 우리가 주변에서 흔히 볼 수 있는 물체를 나노 크기로 작게 쪼개면 매우 다른 성질들을 보여줘요. 예를 들어 금덩어

나노 기술의 선구자 에릭 드렉슬러

미국의 과학자 에릭 드렉슬러(1955~)는 나노 로봇 등을 이용한 나노 기술의 가능성을 제시했어요. 그는 1986년에 《창조의 엔진(Engines of Creation)》이라는 책을 펴내면서 본격적으로 나노 기술의 미래에 대해 이야기했지요. 그 뒤 나노 기술은 세계 여러 나라에서 미래의 신기술로 인정받으며 엄청난 지원 속에 활발히 연구되고 있어요. 드렉슬러가 제시한 나노 기술의 핵심은 나노 기계를 통해 원자나 분자를 움직여 새로운 물건을 만들어낸다는 것이었어요. 처음에 이러한 아이디어는 엄청난 논쟁에 휘말렸지요. 몽상가라는 비난을 받았을 뿐만 아니라 심지어 신의 영역에 도전하려는 악마의 기술이라는 비난까지 받았답니다.

리는 황금색이지만 20nm 이하의 크기로 쪼개면 빨간색으로 변해요. 또 이산화 티타늄은 크기가 20nm 이하가 되면 형광등 아래에서 살균력이 생기고 김 서림 방지 등의 효과를 보이지요. 코발트 등은 nm 크기에서 자기적인 성질이 최대가 되어서 정보를 저장하는 비트로도 활용될 수 있다고 해요.

나노 기술은 어디까지 응용될까요?

나노 과학을 활용하는 방법에는 물질 자체가 nm 크기를 가질 때 보이는 특징을 이용하는 방법과 nm 크기의 로봇 등을 만드는 방법이 있어요. 지금까지는 반도체, 디스플레이 등에서 물질 자체를 활용하는 나노 기술이 많이 쓰였어요.

앞으로는 나노 크기의 치료 로봇을 인체에 넣어 암세포를 직접 공격할 수도 있고, 합성피부 기술을 개발해 손상된 인체를 완벽하게 복구할 수도 있어요. 또 발 모양에 맞춰 자동으로 변형되는 신발, 공기에서 마실 물을 만들어내는 휴대용 농축기, 자동으로 온도와 습도가 조절되는 옷, 고무처럼 탄력을 지닌 슈퍼 강철 등 다양한 방식으로 응용될 수도 있어요.

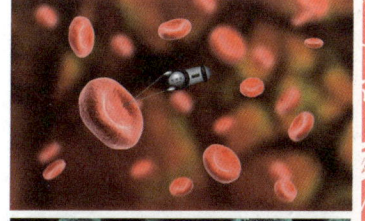
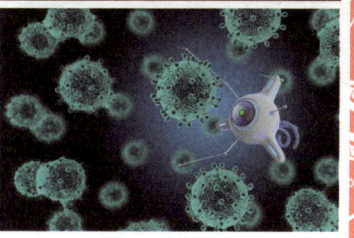

나노 크기의 치료 로봇 상상도(위)
나노 로봇 3D 모형 상상도(아래)

나노 기술은 선물일까요, 재앙일까요?

에릭 드렉슬러가 주장한 분자 기계는 원자와 분자를 벽돌처럼 쌓아 완전히 새로운 물질을 만들어내는 기술이에요. 바이러스 정도의 크기를 가지는 이 분자 기계는 스스로 복제할 수 있는 능력도 있어서 언제든 원하는 물건을 만들어낼 수 있다고 해요. 드렉슬러는 나노 로봇 아이디어를 제시하면서 동시에 무시무시한 전망도 내놓았어요. 스스로 복제할 수 있는 나노 로봇이 무한히 증식하면 지구 전체를 뒤덮어 인류가 멸망할 수도 있다고 주장했지요.

정의	**나노 기술** 원자나 분자 정도의 작은 크기로 물질을 합성하거나 로봇 등의 기계를 만들어 이용하는 기술

92 메타 물질

음의 굴절률을 가지는
어망 메타 물질 3D

영화 〈해리포터〉에는 투명 망토를 입은 주인공이 눈앞에서 사라지는 장면이 나와요. 이 놀라운 장면은 컴퓨터 그래픽으로 만든 가짜 영상이에요. 그런데 실제로 이런 물질을 만들기 위한 연구가 진행되고 있어요.

메타 물질과 신소재는 달라요

신소재는 자연에 없는 새로운 물질을 만들어낸 것을 말해요. 기존에 있는 물질들의 화학적인 합성을 통해 만들지요. 메타 물질은 물리적인 구조를 설계하여 만든다는 점에서 새로운 접근이라고 할 수 있어요. 들어오는 파동의 파장보다 매우 작은 크기의 금속이나 유전誘電 물질을 주기적으로 배열하여 만드는 거지요. 유전 물질은 전류가 흐르지 않는 부도체이지만 전기장 안에서 (+)를 띠는 부분과 (−)를 띠는 부분으로 나뉘는 물질이에요. 이런 물질들의 구조나 크기, 배열을 잘 설계하면 빛이나 소리가 자연에서 진행하는 것과는 전혀 다른 방향으로 반사되거나 굴절되면서 새로운 성질을 갖게 할 수 있어요.

예를 들어, 빨간 찰흙과 파란 찰흙을 완전히 섞어서 초록색 찰흙을 만드는 것이 신소재를 만드는 방법이라면, 빨간 찰흙과 파란 찰흙을 번갈아 배열하여 새로운 특성을 만들어내는 것은 메타 물질이지요.

메타 물질의 원리

물질이 전기장에 반응하는 정도를 물질의 유전율이라 하고, 자기장에 반응하는 정도를 물질의 투자율이라고 해요. 빛은 전자기파이기 때문에 유전율과 투자율의 조합에 따라서 물질이 빛에 반응하는 방식을 바꿀 수 있어요. 즉 유전율과 투자율이 물질의 굴절률을 결정하는 것이지요. 일반적인 물질의 굴절률은 1보다 큰 양수예요. 예를 들어 물의 굴절률은 1.33이고, 유리의 굴절률은 1.52예요. 다이아몬드는 2.42랍니다. 그렇지만 메타 물질의 굴절률은 음수가 될 수도 있고, 30 이상의 매우 높은 양수의 굴절률을 가질 수도 있어요.

메타 물질에서의 빛의 굴절과 반사

빛이 나아가다가 다른 물질을 만나면 굴절하거나 반사해요. 자연에서는 빛이 굴절하거나 반사하는 방향이 정해져 있어요. 메타 물질을 사용하면 자연에서 빛이 굴절하는 방향과는 전혀 다르게 굴절하도록 만들 수 있어요. 메타 물질에서는 빛과 소리가 자연에서와는 다르게 진행하면서 새로운 현상을 보여요.

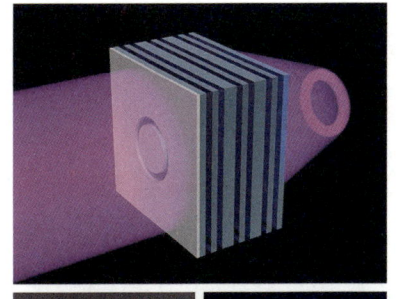
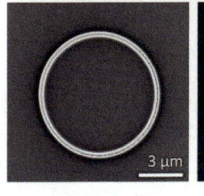
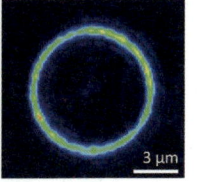

평평한 메타 물질이 렌즈처럼 물체의 상을 맺는 모습(위)
메타 물질이 맺은 상의 모습(아래의 오른쪽)
메타 물질 위에 놓인 실제 고리 모양 홈(아래의 왼쪽)

메타 물질의 무궁무진한 활용

슈퍼 렌즈를 사용하면 기존의 렌즈에 비해서 훨씬 고배율의 이미지를 얻을 수 있어요. 이것은 의학 분야에 큰 도움을 줄 것으로 기대되고 있어요. 투명 망토도 현실화할 수 있어요. 이것은 메타 물질을 통과한 빛이 진행 방향을 바꾸어서 메타 물질이 없는 경우와 같은 방향으로 빛이 진행해서 가능해요.

광학적 메타 물질, 음파 메타 물질, 지진파 메타 물질

빛과 관련이 있는 대표적인 광학적 메타 물질은 빛의 파장보다 훨씬 작은 물체를 관측하거나 그릴 수 있게 해줘요. 음파 메타 물질은 보통의 물질이 소리를 반사하거나 굴절하는 방식과는 다르게 소리와 반응하여 소리의 직진성을 높이거나 소리를 방해하지 않는 물체를 만들 수 있어요. 지진파 메타 물질은 지진이나 쓰나미 등의 파동을 조절하는 데 활용할 수 있을 것으로 기대되고 있어요.

정의   **메타 물질** 매우 작은 크기의 금속이나 유전 물질을 조합하여 자연에 없는 새로운 특성을 가지도록 만든 물질

93 생체 모방

천장에 거꾸로 매달려서 빠르게 달려가는 도마뱀, 날갯짓만으로 하늘에 머물러 있는 새와 곤충들 등, 생물의 신비한 능력은 공학적으로 응용 가능한 아이디어의 원천이에요.

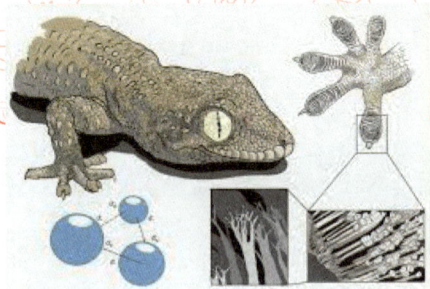

게코 도마뱀

 ### 생체 모방은 자연에 존재하는 모든 것에서 아이디어를 얻어요

인간을 비롯해서 동물, 식물, 곤충 등의 기본 구조를 모방할 수도 있고, 특정한 동식물이 가진 능력의 원리를 파악해서 모방할 수도 있어요. 예를 들어 게코 도마뱀의 접착 능력을 분석하고 모방해서 새로운 접착 패드를 개발하는 것이지요. 상어의 피부 돌기를 응용해서 마찰이 적은 수영복을 제작하고, 공기 저항력을 줄이는 자동차의 구조를 개발하는 것도 생체 모방을 통한 기술 개발이랍니다.

 ### 생체 모방 탐색 방법

초고속 카메라가 찍은 벌새

주사 전자 현미경은 일반 현미경으로는 볼 수 없는 미세한 구조를 관찰하는 데 쓰여요. 곤충 발끝의 구조, 게코 도마뱀 발바닥의 섬모, 연잎의 표면, 상어의 피부 돌기 등의 나노 수준의 구조도 알 수 있지요.
새의 날갯짓을 모방하기 위해서는 풍동이 필요해요. 풍동은 인위적으로 공기의 흐름을 발생시키는 장치예요. 풍동을 통해 고정된 물체 주위에 일정한 속도의 공기 흐름을 유도하면 날아다니는 생물을 흉내 낼 수 있어요.

생물체의 빠른 움직임을 분석하고 싶을 때에는 초고속 카메라가 도움을 줄 수 있어요. 최근에는 1초에 10,000장 이상의 사진을 찍을 수 있는 초고속 카메라가 등장하여 순간적으로 발생하는 생명 현상이나 동물의 운동, 자연 현상을 천천히 관측할 수 있게 되었어요.

디자인 모방

생체 모방은 디자인에도 다양하게 활용되고 있어요. 세계 최고 속도를 자랑하는 일본의 신칸센 고속 열차의 첫 모델은 터널을 통과할 때 소음이 너무 심했다고 해요. 공학자들은 이 문제를 물총새를 모방하여 해결했어요. 물총새는 대기 중에서 빠른 속도로 물속으로 다이빙하는데도 물이 거의 튀지 않아요. 그래서 물총새의 부리 모양을 열차 앞면 디자인에 적용해서 이전보다 조용한 고속 열차를 완성했지요.

생체 모방 기술은 로봇 공학에서 활발하게 이용되고 있어요

지상 로봇에는 2족, 4족, 6족, 다족 로봇이 있어요. 공중 로봇에는 새의 날갯짓이나 곤충의 날갯짓을 모방한 로봇이 있지요. 수중 생체 모방 로봇은 프로펠러가 아니라 지느러미의 운동을 모방하여 헤엄을 친답니다.

신칸센

물총새

화학 재료를 만드는 데에도 생체 모방 기술이 이용돼요

홍합 접착제는 현재까지 만들어진 어떤 화학 합성 접착제보다도 접착력이 뛰어날 뿐만 아니라 휘어질 수 있는 유연성도 있어서 혁신적인 물질로 큰 관심을 받고 있어요. 또한 플라스틱, 금속, 유리, 생체 등 매우 다양한 종류의 표면에 붙을 수 있는 능력이 있고 물에 젖을수록 접착력이 더욱 강력해진다고 해요.

| 정의 | **생체 모방** 자연에 있는 생물 또는 환경으로부터 활용할 만한 특징을 찾아서 새로운 기술 도약을 꾀하는 방법 |

94 로봇

재난 현장, 화성 탐사 등 로봇은 사람이 직접 할 수 없는 영역의 일을 해내고 있어요. 심지어 우주인의 반려 역할을 하는 로봇까지 개발되어 18개월 동안 국제우주정거장에서 머무르기도 했어요.

로봇의 역사

'로봇robot'이라는 말은 1920년에 체코슬로바키아의 극작가 카렐 차페크(1890~1938)가 자신의 희곡에서 처음으로 사용했어요. 체코어로 노동을 하는 기계의 의미로 로봇을 사용한 것이지요. 로봇이라는 단어가 생긴 이후 정말로 로봇을 만든 것은 미국의 공학자 조셉 엥겔버거(1925~2015)였어요. 그는 1961년 최초의 산업용 로봇 유니메이트Unimate를 개발하였어요. 유니메이트는 자동차 공장에서 사람이 직접 하기에는 위험한 용접 작업 등을 수행했어요. 컴퓨터로 조종되는 로봇은 1974년에 개발된 T3라는 로봇이 최초예요. T3는 여러 개의 관절을 가지고 있어서 훨씬 유연한 작업이 가능했어요.

혼다 P2

로봇의 발전

요즘 우리가 접할 수 있는, 사람을 닮은 모습에 두 발로 걸으면서 계단을 오를 수 있는 최초의 로봇은 일본의 혼다에서 1997년 발표한 P2예요. 로봇 기술은 계속 발전하여 1999년에는 심지어 일본의 소니에서 최초의 로봇 강아지 AIBO가 발표되었지요. 그 후 마침내 로봇은 사람보다 먼저 화성을 탐사하기에 이르렀어요. 미국 항공 우주국에서 2003년 발사한 탐사 로봇 스피릿은 화성에 성공적으로 착륙해서 산화철과 물이 흘렀던 흔적을 발견하는 등 화성에 물이 있다는 가설을 입증하기도 했어요.

인간과 비슷하게 만든 로봇, 휴머노이드

일본의 후쿠시마 원자력 발전소 사고(2011년) 이후 휴머노이드 로봇에 대한 관심이 높아졌어요. 사고 당시 군사용 로봇이 투입되었지만 어떠한 로봇도 사태를 해결하지 못했지요. 결국 발전소의 공학자 수십 명이 들어갔지만, 방사선에 피폭되어 암에 걸리거나 안타깝게도 목숨을 잃었답니다. 이러한 비극이 다시 일어나서는 안 된다고 다짐한 로봇 공학자들은 다르파DARPA 로봇 챌린지(다르파 로봇 경진 대회)를 만들어 휴머노이드를 발전시키고 있어요.

2015년 다르파 로봇 챌린지에 출전한 카이스트의 DRC-Hubo ⓒ
Jose Gil / Shutterstock.com

화성 탐사 로봇, 스피릿과 오퍼튜니티

탐사 로봇 스피릿은 2003년 6월 10일에 발사되어 2004년 1월 4일에 화성 표면에 착륙했어요. 스피릿과 쌍둥이 로봇인 오퍼튜니티는 2003년 7월 7일에 발사되어 2004년 1월 25일에 스피릿이 착륙한 지점과 반대편에 착륙했지요. 스피릿의 원래 탐사 계획은 92화성일이었지만 놀랍게도 2210화성일(약 6년 이상)을 탐사했어요. 오퍼튜니티 역시 탐사 계획은 92화성일이었지만 2017년 현재도 탐사 활동을 하고 있어서 화성에서만 13년을 보낸 로봇이 되었어요.

스피릿 탐사 상상도

로봇은 기계이고, 인공 지능은 컴퓨터로 만들어진 프로그램이에요
공장에서 자동차를 만드는 로봇 팔은 로봇이지만 지능은 없어요. 프로 바둑 기사 이세돌 9단을 이긴 알파고는 인공 지능이지만 로봇 팔이나 몸통이 없어요. 컴퓨터에 저장되어 있는 프로그램이지요. 사람보다 강한 육체를 가진 로봇과 사람보다 뛰어난 지능을 가진 인공 지능이 합쳐진다면 어떻게 될까요? 아직까지는 이러한 생각이 공상의 영역이지만 언젠가는 현실이 될 수도 있답니다.

정의   **로봇** 미리 주어진 일을 자동으로 할 수 있도록 만들어진 기계

95 3D 프린트와 4D 프린트

3D 프린트가 고정된 형태의 물건을 만들어내는 것이었다면 4D 프린트는 변형이 가능한 물건을 만들어내는 기술이에요.

🧪 3D 프린터는 물건 그 자체를 만들어내요

3D 프린터와 3D 프린터로 제작된 물건들

상상력만 있으면 세상의 모든 물건뿐만 아니라 새로운 발명품을 눈앞에서 바로 제작할 수 있어요. 3D 프린터는 기존의 모든 산업에 활용될 수 있는 잠재력을 가지고 있어요. 옷, 신발, 시계, 초콜릿, 피자 등 우리가 생활에서 소비하는 물건뿐만 아니라 의수, 인공뼈 등 의료보조 기구를 만드는 데 이미 활용되고 있지요. 심지어 세포를 3D 프린터로 쌓아올려서 혈관이나 신장을 만들어내는 기술까지 연구되고 있어요. 3D 프린터는 우주 산업에도 유용하게 이용될 전망이에요.

🧪 3D 펜과 3D 스캐너

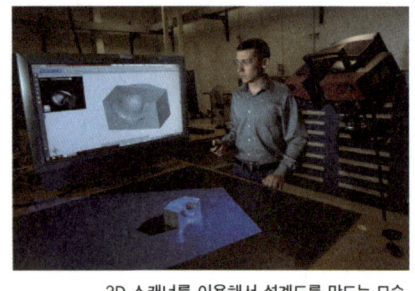

3D 스캐너를 이용해서 설계도를 만드는 모습

3차원 스캐너를 통해서 실물은 있지만 3차원 설계도가 없는 문화재, 사람, 동식물 등의 모양을 담은 설계도를 만들 수 있어요. 설계도를 만들면 3D 프린터로 똑같은 모양을 반복해서 만들어낼 수 있지요. 이것을 활용하면 사람마다 자신의 신체에 맞는 인공뼈, 의족, 의수, 치아 등을 만들 수 있고 박물관에 전시된 모형을 세계 어디서나 3D 프린터로 제작해서 감상할 수 있어요.

2차원 종이에 펜으로 그림을 그리듯이 3차원에 그려서 물건을 만들 수도 있어요. 3D 펜이 바로 그런 도구예요. 펜 끝에서 나오는 플라스틱 재료가 그대로 굳으면서 3차원 뼈대를 그릴 수 있답니다.

 4D 프린트

온도에 따라 팽창하는 정도가 다른 금속 2개 이상을 이용하여 변형이 되더라도 원래 모양으로 돌아오도록 만든 것을 형상 기억 합금이라고 해요. 3D 프린터로 물체를 만들 때 2개 이상의 재료를 이용한다면 온도나 전류에 따라 모양이 변하는 물체를 만들 수 있지 않을까요? 이것이 바로 4D 프린트의 발상이에요. 시간에

4D 프린트로 제작된 조리개

따라서 물체의 모양이 변할 수 있기 때문에 3차원에 시간을 더한 4차원 프린트라고 불려요. 4D 프린트를 이용하면 습도나 온도에 따라 크기가 변하는 옷이나, 찌그러지더라도 다시 펴지는 자동차 외관을 만들 수도 있어요. 파손된 다리나 건축물에 이용해서 스스로 복구하게 할 수도 있지요.

FDM 방식·SLA 방식·SLS 방식의 3D 프린터

과학관에서 볼 수 있는 3D 프린터는 주로 플라스틱 필라멘트를 이용해서 한 겹씩 층을 쌓아서 물체를 만들어요. 이런 3D 프린터를 FDM(Fused Deposition Modeling) 방식이라고 해요. 최근에는 다양한 질감의 필라멘트가 개발되어서 목재로 된 물체도 제작할 수 있어요. 한 겹씩 일일이 노즐이 움직이면서 그려야 하기 때문에 제작 시간이 길다는 단점이 있어요.

SLA(Stereo Lithography Apparatus) 방식은 빛이 닿으면 굳어지는 액체 물질을 이용해요. 투명한 수조에 액체 물질을 담고 수조 바닥에서 레이저로 한 겹씩 그리면서 굳어지는 물체를 들어 올리면 빠른 시간 안에 3차원 물체를 제작할 수 있어요. 액체 원료가 비싸고 제작 후에 반드시 세척해야 하는 단점이 있어요.

SLS(Selective Laser Sintering) 방식의 3D 프린터는 분말 재료를 얇고 균일하게 뿌린 다음 레이저로 한 겹을 그려요. 그 후 앞서 그려진 분말 층 위에 다시 분말 재료를 균일하게 뿌린 후 레이저로 다음 층을 그리지요. 금속 등 단단한 재질의 재료에도 사용될 수 있지만 장비가 크고 비싸다는 단점이 있어요.

> **정의**
> **3D 프린트** 3차원 물체의 모양에 대한 정보를 바탕으로 2차원의 층을 차례차례 쌓거나 깎아서 3차원 물체를 만들어내는 것
> **4D 프린트** 서로 다른 여러 물질 층을 사용하여 특수한 환경이나 조건에 맞추어 자가 조립 등의 행동을 보이는 구조물을 만드는 것

96 질병과 약

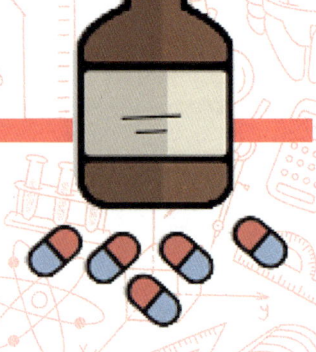

백신은 바이러스에 감염되기 전에 미리 접종하여 바이러스에 대한 면역을 길러주는 역할을 하지만, 항생제는 세균에 감염되었을 때 투약하여 세균의 번식을 막아주는 역할을 해요.

과거의 질병

인류는 정착 생활을 하면서 식량 공급이 안정되어 평균 수명이 늘어났을 것 같지만 그렇지 않았어요. 가축을 사육하면서 가축으로부터 새로운 질병을 얻었기 때문이에요. 가장 대표적인 예가 소로부터 전염된 천연두예요. 서기 165년 인도와 교역을 시작한 로마 제국은 인도 상인을 통해 퍼진 천연두로 제국 인구의 1/4을 잃고, 중국도 310년경에 인도를 통해 들어온 천연두로 전체 인구의 1/4을 잃었어요. 14세기에 유럽을 비롯해서 전 세계적으로 퍼진 흑사병(페스트)은 쥐와 쥐벼룩으로부터 전염된 병으로 인류 역사상 가장 피해가 컸지요. 당시 사망자만 7천 5백만 명에서 2억 명에 달할 정도였으니까요.

최초의 백신 접종

에드워드 제너의 우드 접종을
이해하지 못해서 비난했던 당시 모습

천연두는 치사율이 75%까지도 올라가는 매우 무서운 질병이었어요. 영국의 에드워드 제너(1749~1832)는 우두(소가 앓는 천연두)에 걸렸다가 나은 사람은 천연두에 걸리지 않는다는 것을 알게 되었어요. 우두에 걸린 사람의 우두 고름을 건강한 남자 아이의 상처에 문질렀어요. 최초의 백신 접종이었던 셈이에요. 두 달 정도 지나 천연두에 걸린 사람의 고름을 접종했지만 소년은 천연두에 걸리지 않았지요.

백신 접종법은 프랑스의 루이 파스퇴르(1822~1895)의 광견병 백신 개발 등을 거쳐 오늘날까지도 이어지는 매우 효과적인 질병 예방법이에요.

항생제의 내성과 부작용

"한 가지 경고의 말씀을 드리고자 합니다. 필요한 양보다 항생제를 적게 사용할 경우 세균을 박멸하지 못하고 세균이 항생제에 저항력을 가지게 할 수 있습니다."

플레밍이 노벨상 시상 연설 후반부에 한 말이에요. 플레밍은 인류 최초의 항생제인 페니실린을 발견한 때부터 이미 항생제에 내성을 가지는 균을 예견했던 것이지요. 페니실린의 발견 덕분에 이전까지는 손을 쓸 수 없었던 폐렴, 결핵, 말라리아, 콜레라 등 세균성 질환으로부터 수많은 사람의 목숨을 구할 수 있었어요. 하지만 내성을 가진 균은 항생제를 사용해도 퇴치되지 않아서 치료에 어려움이 있어요.

페니실린 분자 모형

또 우리 몸속에는 해로운 균과 유익한 균이 섞여 있어서 항생제를 사용하면 유익한 균까지도 모두 죽게 되지요. 이 때문에 부작용이 생길 수 있어요. 항생제로 수많은 목숨을 살렸지만 이처럼 잘못 사용하면 건강에 좋지 않아요.

미래의 신약은 화학적으로 합성하거나 바이오 공정을 통해서 만들어요

바이오 공정을 통해서 만들어진 약을 바이오 의약품이라고 해요. 바이오 공정에는 다시 유전자 재조합 기술과 단백질 구조를 이용하는 기술이 있어요. 인슐린과 생장 호르몬이 대표적인 유전자 재조합으로 만들어진 약이에요. 폐암, 류머티즘, 백혈병 등에 쓰이는 약들은 단백질 구조를 이용하는 기술로 개발되었어요. 미래에는 바이오 공정을 뛰어넘어서 줄기세포를 이용한 치료제, 탄소 나노튜브를 이용한 신경질환 치료제 등 인류가 발견한 새로운 기술들이 신약 개발에 활용될 거예요.

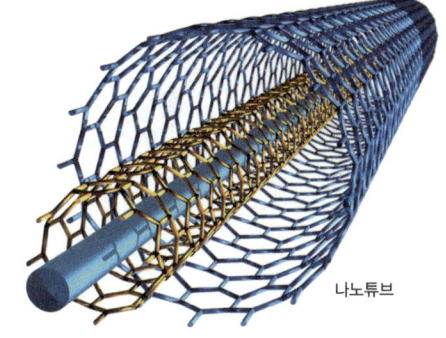
나노튜브

정의	
질병	생물의 전체 또는 일부 기능이 정상적으로 작동하지 않는 상태
약	질병이나 부상으로 인해 발생한 생물체의 이상을 치료하거나 완화하기 위해 생물체에 투여하는 모든 물질

97 인공 지능과 알파고

2016년 3월 인공 지능 바둑 프로그램 알파고가 프로 바둑 기사 이세돌 9단에게 4대 1로 승리했어요. 스스로 학습하는 인공 지능은 인간의 모든 활동에 엄청난 변화를 가져오고 있어요.

애니악

인공 지능의 초기 발자취

인공 지능은 인간의 전문 영역에서도 활약해요

우리나라의 가천대 길병원은 IBM의 왓슨 포 온콜로지라는 인공 지능 의사를 도입하여 진료에 활용하고 있어요. 왓슨은 현재 거의 1,500만 페이지에 달하는 방대한 의료 정보를 학습한 상태로, 환자 개개인에 맞는 진료 정보를 제공하는 데 도움을 줄 것으로 기대돼요. 금융 분야에서는 금융 투자를 돕는 인공 지능인 로보어드바이저가 활용되고 있어요. 인공 지능은 교육에도 커다란 변화를 가져올 것으로 기대하고 있어요.

현대적인 의미의 첫 번째 전자식 컴퓨터는 1947년에 작동을 시작한 애니악ENIAC이에요. 애니악은 이전보다 빠르게 많은 계산을 수행하는 기계였어요. 그러다가 단순한 사칙연산 외에도 수많은 일을 할 수 있다는 것을 알게 되었지요. 1950년 영국의 앨런 튜링(1912~1954)은 여기서 한발 더 나아가서 스스로 생각할 수 있는 프로그램이 가능할지를 처음으로 제시했어요. 이를 바탕으로 학자들은 인공 지능을 진지하게 생각하게 되었지요.

1951년 미국의 마빈 민스키(1927~2016)는 최초로 인간 두뇌의 신경망을 모방하여 스스로 학습하는 기계인 스나크SNARC를 만들었어요. 이 기계는 마치 쥐가 미로를 빠져나갈 때 학습하여 길을 찾듯이 미로의 출구를 찾을 수 있었다고 해요. 오늘날 뉴럴넷이라는 인공 지능 설계는 민스키의 신경망 모형을 바탕으로 하고 있답니다. 알파고에도 뉴럴넷이 사용되었어요.

컴퓨터가 데이터로부터 스스로 학습할 수 있는 딥러닝

1956년 미국의 존 매카시(1927~2011)가 처음으로 인공 지능이라는 용어를 사용한 이래 인공 지능 연구는 다방면으로 활발하게 이루어졌어요. 1997년에는 IBM이 개발한 체스 컴퓨터 딥블루가 당시 체스 챔피언을 이기기도 했지요. 그 후 기계가 데이터로부터 스스로 학습할 수 있도록 하는 머신러닝 분야가 주목을 끌게 되었어요.

2006년 영국의 제프리 힌튼(1947~)이 머신러닝을 더욱 강화한 딥러닝 개념을 발표했어요. 딥러닝을 통해서 컴퓨터는 데이터가 주어지면 사람의 가르침이 없어도 스스로 학습할 수 있게 되었어요. 2016년에 딥러닝을 통해서 바둑을 배운 구글의 알파고가 최고의 바둑 프로 기사 중 한 명인 이세돌 9단과 대결해 4대 1로 승리했지요.

딥블루

인공 지능의 미래

현재까지 만들어진 모든 인공 지능은 특정한 조건의 문제만 풀 수 있거나 주어진 명령만을 따르는 약한 인공 지능이에요. 사람처럼 스스로 생각해서 자신의 의견을 가질 뿐만 아니라 나아가서 사람의 지시에 반대하거나 전혀 다른 일을 하는 인공 지능을 강한 인공 지능이라고 해요. 어떤 미래학자는 강한 인공 지능보다도 뛰어나서 인간의 지능을 훨씬 초월하는 초지능도 등장할 것이라고 예측하고 있어요. 이러한 인공 지능이 실현된다면 사람과 인공 지능은 어떻게 공존할지, 우리의 일상생활은 어떻게 바뀔지 진지하게 고민해야 할 거예요.

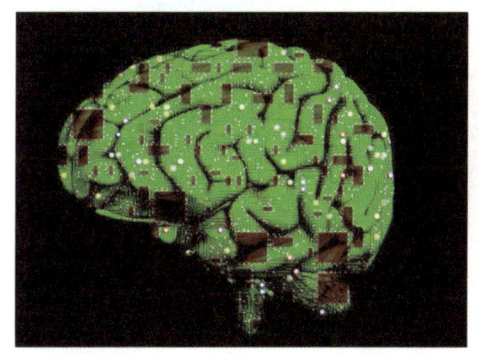

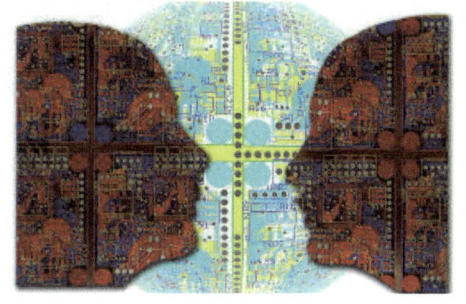

| 정의 | **인공 지능** 인간이 할 수 있는 모든 지적인 활동을 부분적으로 또는 전체적으로 해낼 수 있도록 만들어져 작동하는 것 |

98 우주 탐사와 개발

"우주가 없다면 우리의 미래는 소금과 후추가 빠진 음식처럼 싱겁고 맛이 없을 것이다. 우주는 공상도 아니지만 인간의 근본적인 탐색 대상도 아니다. 우주는 미래로 가는 유일한 통로인 것이다." (알바로 아즈카라가 국제우주연맹 전 회장)

민간 기업과 일반인을 위한 우주 산업의 발달

2008년 우주왕복선 인데비호가 국제우주정거장에 랑데부하는 모습

21세기에 들어 기술과 자본을 바탕으로 민간 기업인도 우주 개발을 할 수 있게 되었어요. 기업이 주도하는 대표적인 사업에는 민간 인공위성 발사, 우주여행, 우주 수송 등이 있어요. 우주 자원 채취, 우주 식민지 개발을 목표로 하는 기업까지도 출현했지요.

스페이스엑스는 민간 우주 기업 중 현재 가장 기술력이 높은 기업 중 하나로 2012년 세계 최초로 상용 우주선을 국제우주정거장(ISS)에 도킹시키고 2015년에는 발사된 추진체 로켓을 그대로 발사대로 돌아오게 해서 회수하기도 했어요. 버진갤럭틱은 우주여행 티켓을 이미 팔고 있는데 2014년까지 예약한 사람만 700명이라고 해요. 어느덧 일반인들이 우주에 나가는 우주 시대도 멀지 않은 것 같아요.

1957년에 첫발을 디딘 인류의 우주 탐사

1957년 소련이 인류 최초로 인공위성 스푸트니크 1호를 성공적으로 발사하여 지구 저궤도 탐사를 시작한 이래로 우주 탐사는 새로운 탐험의 연속이었어요. 1969년에서 1972년 사이에 인류는 달에 여섯 번 착륙하여 월석을 채취하고 월면차를 이용하여 달의 고지대를 탐험했지요. 태양계 행성 탐사도 꾸준히 이루어졌어요. 1976년 바이킹호가 화성에 착륙하여 화성의 표면을 인류가 볼 수 있었어요. 1997년에는 패스파인더와 이동식 탐사선 소저너가 화성에서 무사히 임무를 마쳤어요.

화성의 소저너

스푸트니크 1호

화성 너머의 행성 탐험

보이저 1호는 1977년에 발사되어 1980년에 목성과 토성을 지나치며 탐사했어요. 보이저 2호는 1989년까지 목성, 토성, 천왕성, 해왕성을 차례대로 지나며 탐사했어요. 놀랍게도 보이저 1호는 2012년 태양계를 벗어나 별과 별 사이의 공간을 계속 여행하며 아직도 지구와 교신하고 있어요. 보이저 2호도 2015년 9월에 태양계의 가장자리를 여행하고 있어요.

토성과 카시니-하위언스

탐사선 카시니-하위언스는 1997년에 발사되어 2004년 토성과 토성의 위성인 타이탄의 대기를 탐사해서 토성의 신비를 조금씩 밝혔지요. 2016년 7월 5일 탐사선 주노가 목성에 도착하여 목성 주위를 도는 궤도에 안전하게 이르렀어요. 주노는 목성의 대기와 자기장을 조사해서 가스 행성인 목성의 진면목을 보여줄 것으로 기대되고 있어요.

우리나라의 우주 개발

1992년 인공위성, 우리별 1호를 만든 우리나라는 상업용 인공위성을 만들 정도로 인공위성 제작 기술이 세계 상위권 수준에 올랐어요. 그러나 인공위성을 우주에 쏘아 올릴 우주발사체 기술은 부족한 편이었어요. 나로호는 우리나라가 발사체 기술 개발을 목표로 제작한 로켓이에요. 두 번의 실패 끝에 2013년 세 번째 시도에서 무사히 발사되어 나로 과학위성(STSAT-2C)을 위성 궤도에 성공적으로 올렸지요.

정의 **우주 탐사** 우주 공간을 직접 방문하여 조사하는 것. 사람이 직접 방문하는 것을 유인 탐사, 기계가 방문하는 것을 무인 탐사라고 함. 천체를 관측하는 것은 천문학이라고 함

우주 개발 우주 공간이나 우주를 떠도는 물체를 사람에게 유용하도록 만드는 것

99 자동차의 미래

기원전 3500년경 메소포타미아에서 바퀴를 사용한 이래 인류의 운송 수단은 최첨단 자동차에 이르렀어요. 하늘을 나는 자동차, 물속을 잠수하는 자동차, 반으로 접히는 자동차 등 새로운 개념의 자동차가 개발되면서 미래의 교통 혁명은 이미 시작되고 있지요.

1769년에 증기 자동차가 발명되었어요

자동차가 처음 등장했을 때 대부분의 사람들은 여전히 마차를 이용했어요. 휘발유를 쓰는 내연기관 자동차가 1885년에 이미 나왔지만 1900년의 뉴욕 거리는 여전히 마차가 지배하고 있었지요. 에디슨의 제자였던 기업인이자 기술자인 헨리 포드(1863~1947)가 대량 생산을 통해 가격이 저렴한 자동차를 만들어 내면서 비로소 자동차가 마차를 대신하게 되었어요. 포드의 회사에서 만들어 낸 차는 1908년부터 20년 동안에 무려 1,500만 대가 팔렸지요.

휘발유 자동차보다도 먼저 개발된 전기 자동차

1899년의 전기 자동차

전기 자동차는 1873년 최초로 개발되었어요. 증기 자동차, 휘발유 자동차, 전기 자동차의 속도 경쟁에서 최초로 100km/h를 넘어선 것도 전기 자동차였지요. 1910년대까지는 전기 자동차가 휘발유 자동차보다 많이 팔렸어요. 대규모 석유 유전이 개발되어 휘발유 가격이 저렴해지면서 휘발유 자동차가 자동차 시장을 지배하게 되었지요. 휘발유를 쓰는 내연기관 자동차는 배출 가스가 나올 수밖에 없어요. 이 배출 가스에는 이산화탄소, 일산화탄소, 질소 산화물 등 환경을 오염시키는 성분이 있어요.

환경 보호와 성능 면에서 월등한 전기 자동차

전기 자동차는 연료를 태우는 엔진 대신 배터리에 연결된 모터를 사용해요. 연료 폭발음이 없으니 매우 정숙하고, 정지 상태에서 출발할 때도 속도를 내기 위한 변속이 불필요하기 때문에 휘발유 자동차보다 출발 가속 능력이 뛰어나요. 휘발유 엔진의 에너지 효율이 15~20%인데, 전기 자동차의 모터는 에너지 효율이 80% 이상이에요.

충전 중인 전기 자동차

내연기관 자동차와 전기 자동차의 장점을 결합한 하이브리드 자동차

하이브리드 차량은 1899년에 개발되었어요. 하이브리드 자동차는 휘발유와 전기를 적절하게 번갈아 사용하기 때문에 휘발유 자동차에 비해서 같은 양의 기름으로 2배 이상의 거리를 갈 수 있고, 한 번의 충전으로 600km 이상을 갈 수도 있어요. 비록 배출가스가 0은 아니지만 전기 자동차가 완전히 보급될 때까지 친환경 자동차의 역할을 훌륭히 수행하고 있지요.

최초의 하이브리드 자동차 믹스테(1899)

우주에서도 사용되는 전기 자동차

1971년에 달에서 달렸던 월면차도 전기 자동차였어요. 달에는 산소가 없어서 기름에 불이 붙지 않기 때문에 휘발유 자동차는 시동조차 걸리지 않거든요.

월면차

정의

전기 자동차 석유와 엔진을 사용하지 않고 전기 배터리와 전기 모터로 움직이는 자동차

하이브리드 자동차 엔진과 전기 모터가 모두 설치되어 있어서 필요에 따라 엔진 또는 모터를 사용하여 움직이는 자동차

자율 운행 사람이 자동차를 운전하지 않고 기계 또는 컴퓨터가 도로 환경과 주변을 파악하여 스스로 운전하는 것

100 창업가 정신

"늘 갈구하고, 늘 우직하게 도전하라." 애플의 창업자 스티브 잡스가 한 말이에요. 주어진 현실에 안주하지 않고 새로운 도전과 새로운 가치를 끊임없이 제시하고자 하는 노력이 바로 창업가 정신이에요.

과학, 공학, 인문학, 창업의 융합 시대

오늘날을 융합의 시대라고 해요. 다양한 기술을 새로운 방식으로 조합하거나 완전히 새로운 시각으로 문제에 접근하여 돌파구를 만들어내는 사례가 여러 분야에 걸쳐서 생기고 있어요. 우주선 발사 때 발사체를 회수하여 재사용한다면 비용을 줄일 수 있지 않을까요? 화성에서 산다면 화성의 대기에는 산소가 부족하니까 전기로 움직이는 자동차가 필요하지 않을까요? 사람이 가보지 못한 미개척지에는 인공 지능을 갖춘 자동차를 탐사용으로 보내면 어떨까요? 공상 과학처럼 들리는 질문을 실현하려는 사람들이 실제로 있어요. 이들은 창업가 정신을 앞세워 세상을 바꾸고 있답니다.

미국 IT 창업의 요람, 실리콘밸리

실리콘밸리

애플, 구글, 인텔, 페이스북은 오늘날의 일상생활과 일하는 방식에 큰 영향을 끼친 회사들이에요. 이 회사들은 모두 미국의 한 지역에 모여 있어요. 1970년대에 실리콘 칩을 만드는 회사가 많이 모여 있어서 그때부터 실리콘밸리라고 불리고 있지요. 미국 서부의 샌프란시스코 남쪽 지역으로, 서울에서 오산시까지의 거리에 맞먹는 규모예요. 현재 실리콘밸리는 미국의 첨단 IT 산업과 벤처 기업

스페이스엑스의 창업자 엘론 머스크

엘론 머스크는 1971년 남아프리카 공화국에서 태어난 미국의 기업가예요. 그는 청년 시절 동료들과 함께 창업했던 인터넷 회사인 페이팔을 2002년에 이베이eBay에 팔아서 30대에 재산이 약 2,000억 원에 이르는 기업가가 되었어요.

그는 2002년 6월에 스페이스엑스SpaceX라는 회사를 설립했지요. 이 회사의 목표는 우주여행을 위한 저렴한 로켓을 만드는 것이었어요. 목표는 분명했지만 그 과정이 쉽지만은 않았어요. 세 번의 로켓 발사가 모두 실패로 돌아가자 엘론 머스크는 남은 재산을 모두 털어서 한 번 더 로켓을 발사하기로 했어요. 그리고 마침내 네 번째 발사에 성공해 미국 항공 우주국에서 투자를 받아 기술 개발을 계속할 수 있었어요.

의 요람이에요. 수많은 벤처 기업들이 생겼다가 사라지는 와중에 인류의 삶에까지 영향을 미칠 정도로 성공한 기업이 이곳에서 많이 탄생했어요.

무한한 상상력이 4차 산업혁명 시대의 밑거름이 될 거예요

2016년 1월 20일 스위스 다보스에서 전 세계 기업인, 정치인, 경제학자 등 전문가 2천여 명이 모여 세계가 직면한 문제에 대해서 논의하는 세계경제포럼이 열렸어요. 이 포럼에서 4차 산업혁명이 처음으로 이야기되었지요. 4차 산업혁명의 특징은 온라인 세상과 오프라인 세상이 기술적으로 융합되어 경계가 사라지고, 전자산업, 바이오산업, 제조업 등 이전에는 별개의 업종으로 여겨졌던 산업이 통합되어 상상할 수  없었던 새로운 서비스와 제조 방식이 가능해진다는 것이에요. 인공 지능과 빅 데이터는 공장에서 물건을 생산하는 방식, 생산된 물건의 유통 방식, 소비자의 구매 방식까지 모든 것을 새로운 방식으로 바꿀 전망이에요. 여러분의 무한한 상상력이 4차 산업혁명 시대의 밑거름이 될 거예요.

> **정의**
>
> **창업가(기업가) 정신(Entrepreneurship)** 사회나 자연환경의 변화에서 늘 새로운 기회를 찾아내고자 하며, 그 기회를 현실로 만들기 위해 남다른 사고와 행동으로 기술과 인력을 새롭게 조합하여 새로운 가치를 창출하고자 하는 태도. 영리를 목적으로 회사를 만들어 운영하는 사업가와는 다른 태도임

ⓒ 강다현 김현벽 2017

1판 1쇄 | 2017년 12월 15일
1판 3쇄 | 2022년 12월 30일

지은이 | **강다현 김현벽**
펴낸이 | **정미화** 기획편집 | **정미화 장기선** 디자인 | **김현철**
펴낸곳 | **(주)이케이북** 출판등록 | 제2013-000020호 주소 | 서울시 관악구 신원로 35, 913호
전화 | 02-2038-3419 팩스 | 0505-320-1010 홈페이지 | ekbook.co.kr 전자우편 | ekbooks@naver.com

ISBN 979-11-86222-16-4 74400
ISBN 979-11-86222-02-7 (세트)

* 이 도서의 국립중앙도서관 출판예정도서목록(CIP)은 서지정보유통지원시스템 홈페이지(http://seoji.nl.go.kr)와 국가자료공동목록시스템(http://www.nl.go.kr/kolisnet)에서 이용하실 수 있습니다.(CIP제어번호: CIP2017030134)
* 이 책은 저작권법에 따라 보호받는 저작물이므로 무단 전재와 복제를 금합니다.
* 이 책의 일부 또는 전부를 이용하려면 저작권자와 (주)이케이북의 동의를 받아야 합니다.
* 잘못된 책은 구입하신 곳에서 바꾸어드립니다.